国家社会科学基金（教育学）重大项目（VDA200004）阶段性研究成果
北京外国语大学"双一流"建设标志性项目（BW202018）阶段性研究成果

"一带一路"国家文化教育大系   总主编 王定华

埃及
文化教育研究

التعليم والثقافة في
جمهورية مصر العربية

吴旻雁　黄超　著

外语教学与研究出版社
FOREIGN LANGUAGE TEACHING AND RESEARCH PRESS
北京 BEIJING

图书在版编目（CIP）数据

埃及文化教育研究 / 吴旻雁，黄超著. —— 北京：外语教学与研究出版社，
2022.10（2023.10 重印）
（"一带一路"国家文化教育大系 / 王定华总主编）
ISBN 978-7-5213-3978-9

Ⅰ. ①埃… Ⅱ. ①吴… ②黄… Ⅲ. ①教育研究－埃及 Ⅳ. ①G541.1

中国版本图书馆 CIP 数据核字 (2022) 第 174943 号

出 版 人　王　芳
项目负责　孙凤兰　巢小倩
责任编辑　张小玉
责任校对　王　菲
装帧设计　李　高
出版发行　外语教学与研究出版社
社　　址　北京市西三环北路 19 号（100089）
网　　址　https://www.fltrp.com
印　　刷　北京盛通印刷股份有限公司
开　　本　787×1092　1/16
印　　张　20　　彩插 1 印张
版　　次　2022 年 10 月第 1 版 2023 年 10 月第 3 次印刷
书　　号　ISBN 978-7-5213-3978-9
定　　价　158.00 元

如有图书采购需求，图书内容或印刷装订等问题，侵权、盗版书籍等线索，请拨打以下电话或关注官方服务号：
客服电话：400 898 7008
官方服务号：微信搜索并关注公众号"外研社官方服务号"
外研社购书网址：https://fltrp.tmall.com

物料号：339780001

记载人类文明
沟通世界文化
www.fltrp.com

"一带一路"国家文化教育大系编写委员会

顾　问：顾明远　　马克垚　　胡文仲

总主编：王定华

委　员（按姓氏音序排列）：

常福良	戴桂菊	郭小凌	金利民	柯　静	李洪峰
刘宝存	刘　捷	刘生全	刘欣路	钱乘旦	秦惠民
苏莹莹	陶家俊	王　芳	谢维和	徐　辉	徐建中
杨慧林	张民选	赵　刚			

"一带一路"国家文化教育大系编审委员会

主　任：王　芳

副主任：徐建中　　刘　捷

秘书长：孙凤兰

委　员（按姓氏音序排列）：

蔡　喆	柴方圆	巢小倩	杜晓沫	华宝宁	焦缨添
刘相东	刘真福	马庆洲	彭立帆	石筠弢	孙　慧
万作芳	王名扬	杨鲁新	姚希瑞	苑大勇	张小玉
赵　雪	祝　军				

解放广场

开罗塔

黑白沙漠

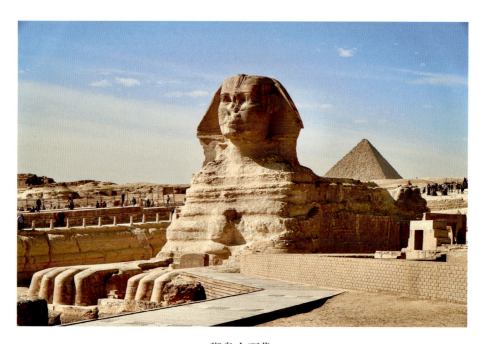

狮身人面像

萨拉丁城堡

开罗歌剧院广场

尼罗河宫桥桥头

赫利奥波利斯区联合小学

烈士穆斯塔法·尤斯里·阿米拉女子中学

烈士穆罕默德·艾哈迈德·鲁特菲·阿什里语言学校

赫利奥波利斯区男子高中

米努夫省技术学校

开罗英国学校

爱资哈尔大学

开罗大学

亚历山大大学学生服务中心

开罗美国大学图书馆

艾因·夏姆斯大学文学院

苏伊士运河大学孔子学院

HSK考试考前说明

出版说明

　　2013 年 9 月 7 日，国家主席习近平提出共建"丝绸之路经济带"重大倡议。2013 年 10 月 3 日，习近平主席提出共建"21 世纪海上丝绸之路"重大倡议。两者合称"一带一路"倡议。以 2013 年金秋为起点，"一带一路"倡议作为构建人类命运共同体的伟大设想，在开拓和平、繁荣、开放、绿色、创新、文明之路的非凡征程中，孕育生机和活力，汇聚信心和期待，在世界范围内广受欢迎和响应。

　　文化交流、文明互鉴是构建人类命运共同体的人文基础。文化发展，教育先行。作为"共和国外交官的摇篮"、文化教育的主动践行者、"一带一路"倡议的踊跃响应者和构建人类命运共同体的积极参与者，北京外国语大学在党委书记王定华教授的带领下，放眼世界，找准坐标，勇于担当，主动作为，深耕文化教育相关领域，研究、策划并组织编写了"一带一路"国家文化教育大系（以下简称大系）。国内相关高校和研究机构的众多专家学者献计献策，踊跃参加，形成了一个范围广泛、交流互动、共同进步的"一带一路"国家文化教育学术研究共同体。大系旨在填补国内相关研究领域的学术空白，实现"一带一路"国家教育研究全覆盖，为中国教育"走出去"和相关国家先进教育理念"请进来"提供科学理论和实践指导，具有重要的学术价值。同时，大系服务国家重大战略，通过分期分批出版，形成规模和品牌，向中国共产党建党一百周年和"一带一路"倡议提出十周年献礼，具有深远的意义。

作为国家社会科学基金（教育学）重大项目"新时代提升中国参与全球教育治理的能力及策略研究"、北京外国语大学"双一流"建设标志性项目"'一带一路'国家文化教育研究"的课题研究成果和北京外国语大学党委的"奋进之举"，大系秉承学术性与可读性兼顾的原则，对"一带一路"国家文化教育理论与实践问题展开深入研究，从国情概览、文化传统、教育历史、学前教育、基础教育、高等教育、职业教育、成人教育、教师教育、教育政策、教育行政、教育交流等方面，全景擘画"一带一路"国家的教育风貌，帮助读者了解"一带一路"国家教育的历史与现状、经验与特点，为我国教育的发展和对外交流合作提供有益的借鉴、思考与启迪。

肆虐全球的新冠肺炎疫情严重影响了各国人民的生产生活，带来了二战以来人类面临的最严重的全球性危机，同时也再次阐述了人类命运共同体深刻内涵的世界性意义。在疫情防控常态化背景下，大系所有专家学者不畏困难，齐心协力，直面挑战，守望相助，化危为机，切实履行了响应和支持"一带一路"倡议的承诺。在此，特别感谢大系总策划、总主编王定华教授，以及所有顾问、编委和作者的心血倾注、智慧贡献和努力付出。

外语教学与研究出版社对大系的编写和出版工作给予了高度重视。自2019年项目启动以来，外研社抽调精锐力量成立大系工作组，多次组织相关部门和人员召开选题论证会，商建编委会，召开全体作者大会，制订周密、科学的出版计划，以保证项目的顺利开展和图书的优质出版。目前，大系的出版工作已取得阶段性成果，预计在2023年"一带一路"倡议提出十周年之前，将分期分批推出数量和规模可观的、具有相当科研价值和学术价值的系列专著。期望大系的编写和出版能为"一带一路"建设、中外教育交流及我国文化教育发展发挥基础性、服务性、广远性的作用。

外语教学与研究出版社

2021 年 4 月

总　序

王定华

改革开放以来，中国各项事业取得了巨大成就。中国经济和世界经济高度关联，中国一以贯之地坚持对外开放的基本国策，构建全方位开放新格局，深度融入世界经济体系。2013 年 9 月和 10 月，习近平主席在出访中亚和东南亚国家期间，先后提出共建"丝绸之路经济带"和"21 世纪海上丝绸之路"的重大倡议（以下简称"一带一路"倡议），得到国际社会的高度关注。其中，"丝绸之路经济带"东边牵着亚太经济圈，西边系着发达的欧洲经济圈，是世界上最长、最具发展潜力的经济大走廊；"21 世纪海上丝绸之路"串起连通东盟、南亚、西亚、北非、欧洲等各大经济板块的市场链，发展面向南海、太平洋和印度洋的战略合作经济带，以亚欧非经济贸易一体化为发展的长期目标。

一、精准把握"一带一路"倡议的时代意蕴

"经济带"概念是对地区经济合作模式的创新。其中经济走廊涵盖中蒙

俄经济走廊、新亚欧大陆桥、中国-中亚-西亚经济走廊、孟中印缅经济走廊、中国-中南半岛经济走廊等，以经济增长极辐射周边，超越了传统发展经济学理论。"丝绸之路经济带"概念不同于历史上所出现的各类"经济区"与"经济联盟"，同后两者相比，经济带具有灵活性高、适用性广以及可操作性强的特点，各国都是平等的参与者，本着自愿参与、协同推进的原则，发扬古丝绸之路兼容并包的精神。

"一带一路"倡议是我国在新时代推进全方位对外开放的重要举措，为当今世界提供了一个充满东方智慧、实现共同发展的中国方案，也是对历史文化传统的高度尊重，凝聚了世界各国利益的最大公约数。丝绸之路是起始于古代中国，连接亚洲、非洲和欧洲的古代陆上商业贸易路线，最初的作用是运输古代中国出产的丝绸、瓷器等商品，后来成为东方与西方之间在经济、政治、文化等方面进行交流的主要通道。1877 年，德国地质、地理学家李希霍芬（F. P. W. Richthofen）在其著作《中国》一书中，把公元前 114 年至公元 127 年，中国与中亚、中国与印度间以丝绸贸易为媒介的这条西域交通道路命名为"丝绸之路"，这一名词很快为学术界和大众所接受，并正式运用。其后，德国历史学家赫尔曼（A. Herrmann）在 20 世纪初出版的《中国与叙利亚之间的古代丝绸之路》一书中，根据新发现的文物考古资料，进一步把丝绸之路延伸到地中海西岸和小亚细亚，并确定了丝绸之路的基本内涵，即它是中国古代与中亚、南亚、西亚以及欧洲、北非的陆上贸易交往通道。进入 21 世纪，海上丝绸之路也被纳入丝绸之路的涵盖范围，即从中国沿海港口过南海到印度洋并延伸至欧洲，从中国沿海港口过南海到南太平洋。随着时代的发展，"丝绸之路"成为古代中国与西方所有政治经济文化往来通道的统称。

推进"一带一路"建设既是中国扩大和深化对外开放的需要，也是加强和世界各国互利合作的需要，中国愿意承担更多责任和义务，为人类和平发展做出更大的贡献。文明交流互鉴是构建人类命运共同体的重要途径，是推动人类文明共同进步、实现世界和平发展的重要动力。共建"一带一路"要顺应世界多极化、经济全球化、文化多样化、社会信息化的潮流，秉持开放的区域合作精神，致力于推动"一带一路"各国实现经济政策协调，开展更大范围、更高水平、更深层次的区域合作，共同打造开放、包容、均衡、普惠的区域经济合作架构，维护全球自由贸易体系和开放型世界经济格局。

"一带一路"贯穿亚欧非大陆，一头是活跃的东亚经济圈，一头是发达的欧洲经济圈，中间广大腹地国家经济发展潜力巨大。根据"一带一路"走向，陆上依托国际大通道，以中心城市为支撑，以重点经贸产业园区为合作平台，共同打造新亚欧大陆桥以及中蒙俄、中国－中亚－西亚、中国－中南半岛等国际经济合作走廊；海上以重点港口为基点，共同建设通畅安全高效的运输大通道。

"一带一路"建设是有关国家开放合作的宏大经济愿景，需要各国携手努力，朝着互利互惠、共同安全的目标相向而行：努力实现区域基础设施更加完善，安全高效的陆海空通道网络基本形成，互联互通达到新水平；投资贸易便利化水平进一步提升，高标准自由贸易区网络基本形成，经济联系更加紧密，政治互信更加深入；人文交流更加广泛深入，不同文明互鉴共荣，各国人民相知相交、和平友好。

"一带一路"倡议是具有开放性和包容性的友好建议。当今世界是一个开放的世界，开放带来进步，封闭导致落后。中国认为，只有开放才能发现机遇、抓住并用好机遇、主动创造机遇，才能实现国家的奋斗目标。"一带一路"倡议就是要把世界的机遇转变为中国的机遇，把中国的机遇转变为世界的机遇。正是基于这种认知与愿景，"一带一路"倡议以开放为导向，冀望通过加强交通、能源和网络等基础设施的互联互通建设，促进经济要素有序自由流动、资源高效配置和市场深度融合，开展更大范围、更高水平、更深层次的区域合作，打造开放、包容、均衡、普惠的区域经济合作架构，以此来解决经济增长和平衡问题。"一带一路"倡议的开放包容性是区别于其他区域性经济倡议的一个突出特点。

"一带一路"倡议是超越地缘政治的务实合作的广阔平台。"和平合作、开放包容、互学互鉴、互利共赢"的丝路精神是人类共有的历史财富，"一带一路"倡议就是秉承这一精神与原则提出的新时代重要倡议，通过加强相关国家间的全方位多层面交流合作，充分发掘与发挥各国的发展潜力与比较优势，形成互利共赢的区域利益共同体、命运共同体和责任共同体。在这一机制中，各国是平等的参与者、贡献者、受益者。因此，"一带一路"倡议从一开始就具有平等性、和平性特征。平等是中国坚持的重要国际准则，也是"一带一路"建设的关键基础。只有建立在平等基础上的合作才能是持久的合作，也才会是互利的合作。"一带一路"倡议平等包容的合作特征为其推进减轻了阻力，提升了共建效率，有助于国际合作真正"落地生根"。同时，"一带一路"建设离不开和平安宁的国际环境和地区环境，和平是"一带一路"建设的本质属性，也是保障其顺利推进所不可或缺的重要因素。这些就决定了"一带一路"倡议不应该也不可能沦为大国政治较量的工具，更不会重复地缘博弈的老路。

"一带一路"倡议是政府、企业、团体共同发力的项目载体。"一带一路"建设是在双边或多边联动基础上通过具体项目加以推进的，是在进行充分政策沟通、战略对接以及市场运作后形成的发展倡议与规划。2017年5月发布的《"一带一路"国际合作高峰论坛圆桌峰会联合公报》强调了建设"一带一路"的合作原则，其中就包括市场运作原则，即充分认识市场作用和企业主体地位，确保政府发挥适当作用，政府采购程序应开放、透明、非歧视。可见，"一带一路"建设的核心主体与支撑力量并不是政府，而是企业，根本方法是遵循市场规律，并通过市场化运作模式来实现参与各方的利益诉求，政府在其中发挥构建平台、创立机制、政策引导等指向性、服务性功能。

"一带一路"倡议是与现有相关机制对接互补的有益渠道。参与"一带一路"建设的国家要素禀赋各异，比较优势差异明显，互补性很强。有的国家能源资源富集但开发力度不够，有的国家劳动力充裕但就业岗位不足，有的国家市场空间广阔但产业基础薄弱，有的国家基础设施建设需求旺盛但资金紧缺。我国目前经济总量居全球第二，外汇储备居全球第一，优势产业越来越多，基础设施建设经验丰富，装备制造能力强、质量好、性价比高，具备资金、技术、人才、管理等综合优势。这就为我国与其他"一带一路"建设参与方实现产业对接与优势互补提供了现实可能与重大机遇。因而，"一带一路"倡议的核心内容就是要加强基础设施建设和促进互联互通，对接各国政策和发展战略，以便深化务实合作，促进协调联动发展，实现共同繁荣。由此可见，"一带一路"倡议不是对现有地区合作机制的替代，而是与现有机制互为助力、相互补充。实际上，"一带一路"建设已经与俄罗斯主导的欧亚经济联盟、印尼全球海洋支点发展规划、哈萨克斯坦光明之路经济发展战略、蒙古国草原之路倡议、欧盟欧洲投资计划、埃及苏伊士运河走廊开发计划等实现了对接与合作，并形成了一批标志性项目，如中哈（连云港）物流合作基地。作为新亚欧大陆桥经济走廊建设成果之一，中哈（连云港）物流合作基地初步实现了深水大港、远洋干线、中欧班列、物流场站的无缝对接。该项目与哈萨克斯坦光明之路经济发展战略高度契合。

"一带一路"倡议是促进人文交流的沟通桥梁。"一带一路"倡议跨越不同区域、不同文化、不同宗教信仰，但它带来的不是文明冲突，而是各文明间的交流互鉴。"一带一路"倡议在推进基础设施建设、加强产能合作与发展战略对接的同时，也将"民心相通"作为工作重心之一。民心相通是"一带一路"建设的社会根基。民心相通就是要传承和弘扬丝绸之路友好合作精神，广泛进行文化交流、学术交流、人才交流往来、媒体合作、青年和妇女交往、志愿者服务等，为深化双边和多边合作奠定坚实的民意基础。一是扩大相互间留学生规模，开展合作办学；国家间互办文化年、艺术节、电影节、电视周和图书展等活动，深化国家间人才交流合作。二是加强旅游合作，扩大旅游规模，联合打造具有丝绸之路特色的国际精品旅游线路和旅游产品。三是强化与周边国家在传染病疫情信息沟通、防治技术交流、专业人才培养等方面的合作，提高合作处理突发公共卫生事件的能力。四是加强科技合作，共建联合实验室（研究中心）、国际技术转移中心、海上合作中心，促进科技人员交流，合作开展重大科技攻关，共同提升科技创新能力。五是整合现有资源，开拓和推进参与国家在青年就业、创业培训、职业技能开发、社会保障管理服务、公共行政管理等共同关心领域的务实合作。六是充分发挥政党、议会交往的桥梁作用，加强国家之间立法机构、主要党派和政治组织的友好往来，互结友好城市。七是加强各国民间组织的交流合作，重点面向基层民众，广泛开展教育、医疗、减贫开发、生物多样性和生态环保等主题的各类公益慈善活动，改善贫困地区生产生活条件；加强文化传媒领域的国际交流合作，积极利用网络平台，运用新媒体工具，塑造和谐友好的文化生态和舆论环境；通过强化民心相通，弘扬丝绸之路精神，开展智力丝绸之路、健康丝绸之路等建设，在科学、教育、文化、卫生、民间交往等领域广泛合作，使"一带一路"建设的民意基础更为坚实，社会根基更加牢固。"一带一路"建设就是要以文明交流超越文明隔阂，以文明互鉴超越文明冲突，以文明共存超越文明优越，为相关国家人民加强交流、增进理解搭起新的桥梁，为不同文化和文明加强对话、交流互鉴织就新的纽带，推动各国相互理解、相互尊重、相互信任。

"一带一路"是促进共同发展、实现共同繁荣的友谊之路。共建"一带一路"旨在促进各国发展战略的对接和耦合，有利于发掘区域市场的潜力，推动经济要素有序自由流动、资源高效配置和市场深度融合，促进投资和消费，创造需求和就业，增进各国人民的人文交流与文明互鉴，从而让各国人民相逢相知、互信互敬，共享和谐、安宁、富裕的生活。共建"一带一路"符合国际社会的根本利益，彰显了人类社会的共同理想和美好追求，是国际合作及全球治理新模式的积极探索，将为世界和平发展增添新的正能量。中国政府倡议秉持和平合作、开放包容、互学互鉴、互利共赢的理念，全方位推进务实合作，打造政治互信、经济融合、文化包容的利益共同体、命运共同体和责任共同体。

"一带一路"倡议已经得到世界上众多国家和地区的积极响应，成为维护全球自由贸易体系和开放型世界经济的重要支撑。截至 2021 年 1 月 30 日，中国已经同 171 个国家和国际组织签署 205 份共建"一带一路"合作文件。[1] 特别是 2017 年 5 月第一届"一带一路"国际合作高峰论坛、2019 年 4 月第二届"一带一路"国际合作高峰论坛和 2019 年 5 月亚洲文明对话大会的成功举办，充分彰显了我国开放、包容的大国外交风范。在此背景下，我们一方面应致力于向世界介绍中国，推动中国文化"走出去"，讲好中国故事；另一方面也应加强对"一带一路"国家的历史、文化、语言、教育、艺术等方面的介绍和研究，让中国人民更多地了解"一带一路"国家的具体国情，特别是文化传统和教育体系。

"一带一路"倡议合作范围不断扩大，合作领域愈加广阔。它不仅给参与各方带来了实实在在的合作红利，也为世界贡献了应对挑战、创造机遇、强化信心的智慧与力量。

当今世界，新冠肺炎疫情带来诸多挑战，局部战争风险依然存在，经济增长动能不足，"逆全球化"思潮涌动，地区动荡持续，恐怖主义蔓延。和平赤字、发展赤字、治理赤字带来的严峻问题，已摆在全人类面前。这充分说明现有的全球治理体系面临结构性问题，亟须找到新的破解之策与应对方略。作为一个新兴大国，中国有能力、有意愿同时也有责任为完善全球治理体系贡献智慧与力量。面对新挑战、新问题、新情况，中国给出

---

[1] 中国一带一路网. 我国已签署共建"一带一路"合作文件 205 份 [EB/OL].（2021-01-30）[2021-02-23].
https://www.yidaiyilu.gov.cn/xwzx/gnxw/163241.htm.

的全球治理方案是：构建人类命运共同体，实现共赢共享。"一带一路"倡议正是朝着这个目标努力的具体实践。"一带一路"倡议强调各国的平等参与、包容普惠，主张携手应对世界经济面临的挑战，开创发展新机遇，谋求发展新动力，拓展发展新空间，共同朝着人类命运共同体方向迈进。正是本着这样的原则与理念，"一带一路"倡议针对各国发展的现实问题和治理体系的短板，创立了亚洲基础设施投资银行、丝路基金等新型国际机制，构建了多形式、多渠道的交流合作平台。这既能缓解当今全球治理机制代表性、有效性、及时性难以适应现实需求的困境，在一定程度上扭转公共产品供应不足的局面，提振国际社会参与全球治理的士气与信心，又能满足发展中国家尤其是新兴市场国家变革全球治理机制的现实要求，大大增强了新兴国家和发展中国家的话语权，是推进全球治理体系朝着更加公正合理方向发展的重大突破。

"一带一路"倡议涵盖了发展中国家与发达国家，实现了"南南合作"与"南北合作"的统一，有助于推动全球均衡可持续发展。"一带一路"建设以基础设施建设为着眼点，促进经济要素有序自由流动，推动中国与相关国家的宏观政策的对接与协调。对于参与"一带一路"建设的发展中国家来说，这是一次搭中国经济发展"快车""便车"，实现自身工业化、现代化的历史性机遇，有利于推动"南南合作"的广泛展开，同时也有助于增进"南北对话"，促进"南北合作"的深度发展。不仅如此，"一带一路"倡议的理念和方向同联合国《2030年可持续发展议程》也高度契合，完全能够加强对接，实现相互促进。联合国秘书长古特雷斯表示，"一带一路"倡议与《2030年可持续发展议程》都以可持续发展为目标，都试图提供机会、全球公共产品和双赢合作，都致力于深化国家和区域间的联系。

二、深入推动"一带一路"国家的教育交流

2020 年 6 月印发的《教育部等八部门关于加快和扩大新时代教育对外开放的意见》指出，教育对外开放是教育现代化的鲜明特征和重要推动力，要以习近平新时代中国特色社会主义思想为指导，坚持教育对外开放不动摇，主动加强同世界各国的互鉴、互容、互通，形成更全方位、更宽领域、更多层次、更加主动的教育对外开放局面。

教育为国家富强、民族繁荣、人民幸福之本，在共建"一带一路"中具有基础性和先导性作用。教育交流为各国民心相通架设桥梁，人才培养为各国政策沟通、设施联通、贸易畅通、资金融通提供支撑。各国间教育交流源远流长，教育合作前景广阔，大家携手发展教育，合力共建"一带一路"，是造福各国人民的伟大事业。推进"一带一路"国家教育共同繁荣，既是加强与各国教育互利合作的需要，也是推进中国教育改革发展的需要，中国愿意在力所能及的范围内承担更多责任和义务，为区域教育大发展做出更大的贡献。

（一）教育合作的原则

"一带一路"国家教育合作应遵循四个重要原则。

一是育人为本，人文先行。加强合作育人，提高区域人口素质，为共建"一带一路"提供人才支撑。坚持人文交流先行，建立区域人文交流机制，搭建民心相通桥梁。

二是政府引导，民间主体。政府加强沟通协调，整合多种资源，引导教育融合发展。发挥学校、企业及其他社会力量的主体作用，活跃教育合作局面，丰富教育交流内涵。

三是共商共建，开放合作。坚持共商、共建、共享，推进各国教育发

展规划相互衔接，实现各国教育融通发展、互动发展。

四是和谐包容，互利共赢。加强不同文明之间的对话，寻求教育发展最佳契合点和教育合作最大公约数，促进各国在教育领域互利互惠。

（二）教育合作的重点

"一带一路"各国教育特色鲜明、资源丰富、互补性强、合作空间巨大。中国将以基础性、支撑性、引领性三方面举措为建议框架，开展三方面重点合作，对接各国意愿，互鉴先进教育经验，共享优质教育资源，全面推动各国教育提速发展。

1. 开展教育互联互通合作

一是加强教育政策沟通。开展"一带一路"国家教育法律、政策协同研究，构建各国教育政策信息交流通报机制，为各国政府推进教育政策互通提供决策建议，为各国学校和社会力量开展教育合作交流提供政策咨询。积极签署双边、多边和次区域教育合作框架协议，制定各国教育合作交流国际公约，逐步疏通教育合作交流政策性瓶颈，实现学分互认、学位互授联授，协力推进教育共同体建设。

二是助力教育合作渠道畅通。推进"一带一路"国家间签证便利化，扩大教育领域合作交流，形成往来频繁、合作众多、交流活跃、关系密切的携手发展局面。鼓励有合作基础、相同研究课题和发展目标的学校缔结姊妹关系，逐步深化和拓展教育合作交流。举办校长论坛，推进学校间开展多层次、多领域的务实合作。支持高等学校依托优势学科和专业，建立"产学研用"相结合的国际合作联合实验室（研究中心）、国际技术转移中心，共同应对各国在经济发展、资源利用、生态保护等方面面临的重大挑战与机遇。打造"一带一路"国家学术交流平台，吸引各国专家学者、青年学生开展研究和学术交流。推进"一带一路"国家优质教育资源共享。

三是促进语言互通。研究构建语言互通协调机制，共同开发语言互通开放课程，逐步将国家语言课程纳入各国的学校教育课程体系。拓展政府间语言学习交换项目，联合培养、相互培养高层次语言人才。发挥外国语院校人才培养优势，推进基础教育多语种师资队伍建设和外语教育教学工作。扩大语言学习国家公派留学人员规模，倡导各国与中国院校合作在华开办本国语言专业。支持更多社会力量助力孔子学院和孔子课堂建设，加强汉语教师和汉语教学志愿者队伍建设，全力满足不同国家的汉语学习需求。

四是推进民心相通。鼓励学者开展或合作开展中国课题研究，增进各国对中国发展模式、国家政策、教育文化等各方面的理解。建设国别和区域研究基地，与对象国合作开展经济、政治、教育、文化等领域研究。逐步将理解教育课程、丝路文化遗产保护纳入各国中小学教育课程体系，加强青少年对不同国家文化的理解。加强"丝绸之路"青少年交流，注重通过志愿服务、文化体验、体育竞赛、创新创业活动和新媒体社交等途径，增进不同国家青少年对其他国家文化的理解。

五是推动学历学位认证标准联通。推动落实联合国教科文组织《亚太地区承认高等教育资历公约》，支持联合国教科文组织建立世界范围学历互认机制，实现区域内双边、多边学历学位关联互认。呼吁各国完善教育质量保障体系和认证机制，加快推进本国教育资历框架开发，助力各国学习者在不同种类和不同阶段教育之间进行转换，促进终身学习社会的建设。共商、共建区域性职业教育资历框架，逐步实现就业市场的从业标准一体化。探索建立各国教师专业发展标准，促进教师流动。

2．开展人才培养培训合作

一是实施"丝绸之路"留学推进计划。设立"丝绸之路"中国政府奖学金，为各国专项培养行业领军人才和优秀技能人才。全面提升来华留学人才培养质量，把中国打造成为深受各国学子欢迎的留学目的地。以国家公派留学为引领，推动更多中国学生到"一带一路"其他国家留学。坚持"出国留学和来华留学并重、公费留学和自费留学并重、扩大规模和提高质量并重、依法管理和完善服务并重、人才培养和发挥作用并重"，完善全链条的留学人员管理服务体系，保障平安留学、健康留学、成功留学。

二是实施"丝绸之路"合作办学推进计划。有条件的中国高等学校开展境外办学要集中优势学科，选好合作契合点，做好前期论证工作，构建科学的人才培养模式、运行管理模式、服务当地模式、公共关系模式，使学校顺利落地生根、开花结果。发挥政府引领、行业主导作用，促进高等学校、职业院校与行业企业深度产教融合。鼓励中国优质职业教育配合高铁、电信运营等行业企业"走出去"，探索开展多种形式的境外合作办学，合作设立职业院校、培训中心，合作开发教学资源和项目，开展多层次职业教育和培训，培养当地急需的各类"一带一路"建设者。整合资源，积极推进与各国在青年就业培训等共同关心领域的务实合作。倡议国家之间开展高水平合作办学。

三是实施"丝绸之路"师资培训推进计划。开展"丝绸之路"教师培训，加强先进教育经验交流，提升区域教育质量。加强"丝绸之路"教师交流，推动各国校长交流访问、教师及管理人员交流研修，推进优质教育模式在各国的互学互鉴。大力推进各国优质教学仪器设备、教材课件和整体教学解决方案的输出，跟进教师培训工作，促进各国教育资源和教学水平均衡发展。

四是实施"丝绸之路"人才联合培养推进计划。推进国家间的研修访学活动。鼓励各国高等院校在语言、交通运输、建筑、医学、能源、环境工程、水利工程、生物科学、海洋科学、生态保护、文化遗产保护等国家发展急需的专业领域联合培养学生，推动联盟内或校际教育资源共享。

3．共建丝路合作机制

一是加强"丝绸之路"人文交流高层磋商。开展国家间的双边、多边人文交流高层磋商，商定"一带一路"教育合作交流总体布局，协调推动各国建立教育双边和多边合作机制、教育质量保障协作机制和跨境教育市场监管协作机制，统筹推进"一带一路"教育共同行动。

二是充分发挥国际合作平台作用。发挥上海合作组织、东亚峰会、亚太经合组织、亚欧会议、亚洲相互协作与信任措施会议、中阿合作论坛、东南亚教育部长组织、中非合作论坛、中巴经济走廊、孟中印缅经济走廊、中蒙俄经济走廊等现有双边、多边合作机制的作用，增加教育合作的新内涵。借助联合国教科文组织等国际组织力量，推动各国围绕实现世界教育发展目标形成协作机制。充分利用中国–东盟教育交流周、中日韩大学交流合作促进委员会、中阿大学校长论坛、中非高校20+20合作计划、中日大学校长论坛、中韩大学校长论坛、中俄综合性大学联盟等已有平台，开展务实的教育合作交流。支持在共同区域、有合作基础、具备相同专业背景的学校组建联盟，不断延展教育务实合作平台。

三是实施"丝绸之路"教育援助计划。发挥教育援助在"一带一路"教育共同行动中的重要作用，逐步加大教育援助力度，重点投资于人、援助于人、惠及于人。发挥教育援助在"南南合作"中的重要作用，加大对相关国家尤其是最不发达国家的支持力度。统筹利用国家、教育系统和民间资源，为相关国家培养培训教师、学者和各类技能人才。积极开展优质教学仪器设备、整体教学方案、配套师资培训一体化援助。加强中国教育培训中心和教育援外基地建设。倡议各国建立政府引导、社会参与的多元化经费筹措机制，通过国家资助、社会融资、民间捐赠等渠道，拓宽教育经费来源，做大教育援助格局，实现教育共同发展。

三、精心组织"一带一路"国家文化教育大系的编著出版

在编写"一带一路"国家文化教育大系过程中，应当全面了解国内外对"一带一路"倡议的响应情况，关注进展，总结做法；应当在新冠肺炎疫情得到控制后到对象国去走一走，看一看，实地感受其教育情况和发展变化；应当广泛收集对象国一手资料，认真阅读，消化分析，吐故纳新；应当多方检索专家学者已经开展的相关研究，虚心参阅已有的研究成果。肆虐全球的新冠肺炎疫情，给人类身体健康和生命安全带来了巨大威胁，对世界格局和世界治理体系产生了重大影响，给全球各行各业带来了巨大挑战。教育置身其间，影响十分明显。因而，对"一带一路"国家文化教育进行研究时，必须观察分析疫情对相关国家文化教育和全球教育治理的深刻影响。

"一带一路"倡议提出后，中外已形成多个"一带一路"多边大学联盟。2015 年 5 月 22 日，由西安交通大学发起的新丝绸之路大学联盟成立，迄今已吸引 38 个国家和地区的 150 余所大学加盟。该联盟是海内外大学结成的非政府、非营利性的开放性、国际化高等教育合作平台，以"共建教育合作平台，推进区域开放发展"为主题，推动"新丝绸之路经济带"国家和地区大学之间在校际交流、人才培养、科研合作、文化沟通、政策研究、医疗服务等方面的交流与合作，增进青少年之间的了解和友谊，培养具有国际视野的高素质、复合型人才，服务"新丝绸之路经济带"及欧亚地区的发展建设。

2015 年 10 月 17 日，丝绸之路（敦煌）国际文化博览会筹委会文化传承创新高端学术研讨会在敦煌举行。中国的复旦大学、北京师范大学、兰州大

学和俄罗斯乌拉尔国立经济大学、韩国釜庆大学等 46 所中外高校在甘肃敦煌成立了"一带一路"高校战略联盟，以探索跨国培养与跨境流动的人才培养新机制，培养具有国际视野的高素质人才。46 所高校当日达成《敦煌共识》，联合建设"一带一路"高校国际联盟智库。联盟将共同打造"一带一路"高等教育共同体，推动"一带一路"国家和地区大学之间在教育、科技、文化等领域的全面交流与合作，服务"一带一路"国家和地区的经济社会发展。

2016 年 9 月，中国、中亚及丝绸之路经济带沿线 7 个国家的 51 所高校共同发起成立了中国–中亚国家大学联盟，旨在打造开放性、国际化互动平台，深化"一带一路"科教合作。

此外，高等教育合作研讨会也日渐增多，既有官方推动形成的研讨会，也有民间自发举办的研讨会。比如，中外大学校长论坛、新加坡–中国–印度高等教育论坛、"一带一路"教育对话论坛，以及北京师范大学举办的"一带一路"国家教育交流与合作高端研讨会，北京外国语大学举办的"一带一路"与行业国际化人才培养高峰论坛，北京理工大学主办的"一带一路"高等教育研究国际会议，浙江大学举办的"一带一路"背景下的工程科技人才培养国际研讨会等。这些多边研讨会的召开，不仅吸引了大量"一带一路"沿线国家的教育研究者与实践者参会，推动了研究与实践合作，而且创新了教育合作模式，促进了国际化高端人才培养，为"一带一路"建设奠定了民意基础。

"一带一路"倡议提出之后，中国学术界迅速开展了关于"一带一路"的研究活动，有关"一带一路"主题的图书主要有以下五类。第一类是倡议解读类图书，一般是梳理"一带一路"倡议的提出、发展及其理论内涵与外延。第二类是经济贸易类图书，专业性较强，主要为理论研究型图书。第三类是国情文史类图书，多为介绍"一带一路"国家国情概览、历史情况、发展概况的工具书，语言平实，部分图书学术性较强。第四类是丝路历史类图书，一般回顾古代丝绸之路的形成与发展、丝绸之路上的人物和大事记等，追古溯源，以便更好地开启"一带一路"新篇章。第五类是法律税收类图书，多为法律指引、税务规范手册等。

可以看出，国内对"一带一路"国家的研究已有一定基础，但是囿于语言翻译的障碍，已经出版的"一带一路"图书，大多是政策解读、数据报告、概况介绍等，对对象国的研究广度和深度还很不够，尤其是针对"一带一路"国家文化教育的系统研究还比较少。

在"一带一路"国家中，遴选具有代表性的对象，对其文化、教育进行系统性的研究，并在此基础上编写"一带一路"国家文化教育大系，分期分批出版，对于帮助中国普通读者和研究人员了解"一带一路"国家的文化教育情况，以及对于拓展我国比较教育研究领域、丰富比较教育研究文献，乃至对于促进中外文明互通、更好地参与推进"一带一路"建设，都具有重要意义。基于对选题背景与意义、相关出版产品调研和北京外国语大学比较优势的分析，"一带一路"国家文化教育大系坚持学术性、可读性兼顾原则，分批次推出，不断积累，以形成规模和品牌。

大系在内容上，一方面呈现"一带一路"国家的文化概貌，展示"一带一路"国家教育发展的文化背景和社会依托。大系采用专题形式，力求用简洁平实的语言生动活泼地介绍"一带一路"国家的自然地理、人文景观、历史发展、风土人情、文化遗产等内容，重点呈现对象国独有的文化现象和独特风貌，集中揭示其民族文化内涵、民族精神、人文意蕴。另一方面，大系重点研究、评价、介绍"一带一路"国家教育的基本情况、发展历史、发展战略、政策法规、现存体系、治理模式与师资队伍等，这方面内容占较大篇幅，是全书的重点和主要内容。

"一带一路"倡议正在成为我国参与全球开放合作、改善全球治理体系、促进全球共同发展繁荣、推动构建人类命运共同体的中国方案。作为国家社会科学基金（教育学）重大项目"新时代提升中国参与全球教育治理的能力及策略研究"的部分研究成果和北京外国语大学"双一流"建设重大标志性成果，"一带一路"国家文化教育大系计划在 2021 年中国共产党建党 100 周年和北京外国语大学建校 80 周年之际，推出首批图书。2023 年"一带一路"倡议提出 10 周年时，推出该项目二期成果。同时积极参与党和国家相关主题纪念活动，以及国家重大图书项目的申报评选工作。

北京外国语大学以外语见长，国际交往活跃，被誉为"共和国外交官的摇篮"，先后培养了 400 多位大使、2 000 多位参赞，以及更多的外交外事外贸工作者。凡是有五星红旗飘扬的地方，都能看到北外人的身影。北外不仅承担着培养各类国际化人才的任务，更担负着向中国介绍世界、向世界介绍中国的历史使命。迄今为止，北外已获批开设 101 种外国语言，成立了 37 个区域与国别研究中心，丰富的涉外资源正在助力"一带一路"国家的研究。

大系由外研社具体组织实施。外研社隶属北外，多年来致力于"一带一路"国家的合作交流，服务讲好"中国故事"，在中华思想文化传播、打造中外出版联盟、推动中外学术互译等方面积累了丰富经验，对于协助研究、编著、出版"一带一路"国家文化教育大系具有良好的工作基础。这也是北外及外研社的使命和担当之所在。

大系编著者以北外教师为主。服务国家重大战略，北外人责无旁贷。同时，国内有研究专长和研究意愿的专家学者也踊跃参与，他们或独自撰著一书，或与北外同仁合作。大系还邀请了驻外使领馆的同志和对象国的学者参加撰写或审稿，他们运用一手资料，开展实地调研，力图提升大系的准确性。

四、结语

"一带一路"倡议植根历史，更面向未来；源于中国，更属于世界。"一带一路"作为文明互鉴的桥梁，从亚欧大陆延伸到非洲、美洲、大洋洲，与世界各国发展战略及众多国际和地区组织的发展实现对接联通，在通路、通航的基础上更好地通商，进而开展文化教育交流与沟通，加强商品、资金、技术、文化、教育流通，达成互学互鉴的文明愿景。"一带一路"倡议的目标是中国与"一带一路"国家在互联互通基础上分享优质产能，共商项目投资，共建基础设施，共享合作成果，内容包括政策沟通、设施联通、贸易畅通、资金融通、民心相通"五通"。"一带一路"倡议肩负重大使命，它要探寻经济增长之道，将中国自身的产能优势、技术与资金优势、经验与模式优势转化为市场与合作优势，实行全方位开放，共享中国改革发展红利；它要实现全球化再平衡，鼓励向西开放，带动西部开发以及中亚、蒙古等内陆国家和地区的开发，在国际社会推行全球化的包容性发展理念，主动向西推广中国优质产能和比较优势产业，惠及沿途、沿岸国家，避免西方国家所开创的全球化造成的贫富差距和地区发展不平衡情况，推动建立持久和平、普遍安全、共同繁荣的和谐世界；它要开创地区新型合作，强调共商、共建、共享原则，超越了马歇尔计划和传统的对外援助活动，给 21 世纪的国际合作带来了新的理念。所以，新时代中国的教育学者应当将"一带一路"国家文化教育研究作为比较教育新的增长点，全面深入开展研究，以自己的聪明才智丰富学术，为国出力，服务国家重大发展战略；在加强与"一带一路"国家的交流合作中，推动"一带一路"建设高质量发展，努力建设高质量的中国教育体系，并积极参与全球教育治理体系改革，加快构建以国内大循环为主体、国际国内双循环相互促进的新发展格局。

2021 年春
于北京外国语大学

（王定华，北京外国语大学党委书记、博士、教授、博士生导师，国家督学。历任河南大学教师、中国驻纽约总领事馆教育领事、教育部基础教育一司司长、教育部教师工作司司长等。）

本书前言

埃及和中国一样，同为世界的文明古国，正是因为教育事业的贡献，数千年的文明和一代代埃及人的智慧与发现才能传承至今。凭借深厚的文明底蕴，埃及自20世纪50年代起逐渐成为阿拉伯世界和非洲的教育大国、强国。开罗大学、爱资哈尔大学等至今仍是阿拉伯世界、伊斯兰世界和非洲的教育重镇。

基于此，对埃及文化和教育进行研究的重要性不言而喻。因此，能够有机会承担国家社会科学基金（教育学）重大项目和北京外国语大学"双一流"建设标志性项目——"一带一路"国家文化教育大系之埃及卷的撰写工作，我们荣幸至极。埃及是第一个和新中国建交的阿拉伯和非洲国家。埃及也是"一带一路"倡议的重要支点国家，它在区域政治、经济、外交事务中都发挥着至关重要的作用。但是，目前国内对埃及的研究主要聚焦政治、国际关系、社会文化、经贸等领域，而教育领域的研究却十分不足。希望本书的出版能为我国埃及国别研究，尤其是教育研究做出一定的贡献。

本书是一部系统介绍埃及教育全貌并分析其中关键问题的著作，共有十二章。前两章为埃及国情概览及文化传统介绍，涵盖了埃及的自然地理、国家制度、社会生活、历史沿革、风土人情、文化流派与文化名人介绍，既是埃及国情与社会文化的集中梳理、介绍，又是后续章节的铺垫，能让读者快速了解对象国。第三章是埃及的教育历史，梳理了埃及教育历史的发展脉络，介绍了埃及最突出的教育流派和著名教育家。第四章至第九章聚焦埃及教育体系，从历史发展过程、现状与特点、问题与对策的角度分别系统论述了埃及的学前教育、基础教育、高等教育、职业教育、成人教育、教师教育等相关问题。这六章以丰富的一手资料为基础勾勒埃及教育的总轮廓，以关键问题为抓手刻画其中的细节。第十章至第十一章聚焦埃及的教育治理，分别介绍了埃及的教育政策与教育行政。第十二章为中埃教育交流，回顾了中埃教育交流历史，通过丰富的案例介绍了两国教育交流与合作的现状，并通过对现有经验与不足的分析，设想两国教育交流与合作的未来发展趋势。

衷心感谢北京外国语大学党委书记、中国教育学会国际教育分会理事长、"一带一路"国家文化教育大系总主编王定华教授和外语教学与研究出版社有关编审人员提供的专业支持和指导。埃及的教育体系十分庞大，资料的收集与梳理需要耗费大量的时间与精力，且疫情之下无法亲自赴埃及实地调研、收集资料，这无疑让编写工作变得更加艰难。感谢孔令严、林建彬、顾逸凡、贾悦琪、杨婉莹、题钟毓同学在资料收集、整理、翻译等方面提供了得力的帮助，才使我们能在规定期限内按要求完成编写工作。特别感谢中央广播电视总台驻开罗记者米春泽为本书提供高质量的插图。

因作者研究水平有限，书中可能存在一些不足，恳请各位专家和读者批评指正。

吴旻雁　黄超
2022 年 9 月于北京外国语大学阿拉伯学院

目　录

第一章 国情概览

阿拉伯埃及共和国，简称埃及，首都开罗，官方语言与通用语言均为阿拉伯语，埃及阿拉伯人、科普特人、贝都因人、柏柏尔人约占总人口的99%；努比亚人、希腊人、亚美尼亚人、意大利人后裔和法国人后裔约占总人口的1%。埃及的主要宗教为伊斯兰教，此外还有科普特基督正教、天主教、希腊基督正教等多个基督教教派。

第一节 自然地理

一、地理位置

埃及地处亚欧非三大洲交汇处，具有得天独厚的地理位置优势。埃及东临红海并与巴勒斯坦、以色列接壤，西邻利比亚，南接苏丹，北濒地中海，海岸线长约 2 900 千米。埃及国土总面积约 100.1 万平方千米，大部分领土位于非洲东北部，仅苏伊士运河以东的西奈半岛位于亚洲西南部。[1] 境

---

[1] 数据来源于中华人民共和国外交部网站。

内的苏伊士运河是沟通地中海和红海，提供从欧洲至印度洋和西太平洋最
近航线的水道。世界上最长的河流尼罗河纵贯南北。

二、地形地貌

埃及 94% 的国土为沙漠，可分为 4 个自然区：尼罗河河谷和三角洲、
西部沙漠、东部沙漠、西奈半岛。

尼罗河河谷和三角洲地区地势平坦，面积约 3.3 万平方千米。每逢夏季，
尼罗河河水定期泛滥，流入两岸田间。待汛期过后，洪水退去，留下夹杂着
丰富矿物质的肥沃黏土，使尼罗河河谷特别是三角洲地区成为重要的农业
区。这里孕育了古埃及文明，是人类最早的定居地与文明发源地之一。

西部沙漠地区为撒哈拉沙漠的东北部，面积约 67.1 万平方千米。整个
地区有 7 块洼地，其中最大的盖塔拉洼地基本在海拔以下，被视为"恶魔
之地"。其余 6 块洼地有绿洲之称，其中法尤姆地区拥有加龙湖和丰富的地
下水，加上优素福运河引入的尼罗河河水，该地区成为埃及重要的农耕区，
有"埃及粮仓"之称。

东部沙漠地区属阿拉伯沙漠的一部分，西至尼罗河河谷，东到红海之
滨，面积约 22.5 万平方千米，约占全国国土总面积的 1/4。该地区多崎岖山
峦与干涸河道，内部没有可供人类生存的绿洲。

西奈半岛大部分为沙漠，面积约 6 万平方千米。南部山峦起伏，有埃及
最高峰圣凯瑟琳山，海拔 2 637 米。中部为高原，北部为沿海平原，仅有间
歇性河流。[1]

---

[1] 数据来源于埃及政府门户网站。

三、气候特征

埃及仅有冬夏两个季节，每年 11 月至次年 4 月是温和的冬季，5 月至 10 月是炎热的夏季，区别季节的标志是温度和风向变化。尼罗河三角洲和北部沿海地区属亚热带地中海气候，夏季平均气温 25℃，冬季平均气温 12℃；其余大部分地区属热带沙漠气候，昼夜温差大，特别是夏季，可由夜间的 7℃ 陡升至白天的 48℃。

埃及全境干燥少雨，大部分地区年降雨量不足 80 毫米。雨水集中于北部沿海地区，由西向东逐步减少。每年冬末，干热风从东南方与南方袭来，所到之处黄沙漫天，遮天蔽日，后越过地中海，直扑南欧，被埃及人称为"五旬风"，被欧洲人称为"西罗科风"。

四、河流湖泊

埃及境内仅有一条天然河，即尼罗河。尼罗河全长 6 670 千米，流经多国，流域面积约 287 万平方千米。尼罗河上游分别为发源于乌干达境内维多利亚湖的白尼罗河和发源于埃塞俄比亚北部的青尼罗河与阿特巴拉河，其中白尼罗河水量较为稳定，青尼罗河和阿特巴拉河则流量不定。青白尼罗河于苏丹首都喀土穆交汇并形成尼罗河主流。尼罗河进入埃及后，纵贯南北，下游在距开罗以北 23 千米处一分为二，分别为杜姆亚特河与拉希德河，最后注入地中海。

埃及共有 14 个湖泊，比较重要的湖泊有迈尔尤特湖、伊德库湖、布鲁卢斯湖、曼扎拉湖和贝尔蒂勒湖。

五、自然资源

（一）水资源

埃及 97% 的水源来自尼罗河。埃及目前年用水需求为 800 亿立方米，实际可用水量为 600 亿立方米，除了尼罗河河水，其余水源来自深层地下水、海水淡化与少量降雨等。埃及人均用水量不足 600 立方米，低于联合国确定的人均 1 000 立方米的用水标准，属"缺水国家"。2019 年 8 月，世界资源研究所将埃及列入"水资源紧张"国家名单，排第 43 位。[1]

（二）生物资源

埃及生物资源丰富，约有 1 148 种藻类植物，337 种蕨类植物，2 094 种被子植物。[2]

埃及约有 10 000 种昆虫，4 701 种其他无脊椎动物，85 种淡水鱼，669 种海鱼，8 种两栖动物，99 种陆生爬行动物，5 种海洋爬行动物，150 种常驻鸟，320 种冬候鸟，95 种陆生哺乳动物。[3] 骆驼在埃及随处可见，以单峰驼为主。

受气候变化、自然保护区面积收缩、大肆捕鸟、不可持续的消费与生产模式等原因影响，埃及的生物多样性迎来多重挑战。[4] 在物种红色名录中，埃及有 1 952 种动物、226 种植物、381 种鸟类、1 336 种昆虫上榜。[5] 为维护生物多样性、促进可持续发展，埃及环境部采取了一系列举措，如监测

---

[1] 资料来源于世界资源研究所官网。

[2] 资料来源于埃及环境部网站。

[3] 资料来源于埃及环境部网站。

[4] 资料来源于埃及环境部网站。

[5] 资料来源于埃及环境部网站。

野生生物资源使用情况、打击非法野生生物贩卖、同动物保护协会展开多方面合作等。[1]

（三）矿物资源

埃及拥有近 30 种矿产资源，已探明磷酸盐储量约 70 亿吨，铁矿 6 000万吨，此外有金、银、钽、铌、钨、锌、锶、铀、钼、二氧化硅、钛铁等矿藏。西奈半岛地下资源丰富，锰矿储量大，磷酸盐丰富。阿斯旺的马哈拉地区有大量铁矿石，东部沙漠与红海省有金矿。

埃及主要石油公司有由埃及石油总公司和英国石油公司合资成立的苏伊士湾石油公司、由埃及石油总公司与意大利阿吉普公司合资的 Petrobel、埃及石油总公司与壳牌合资的 BadrellDin、埃及石油总公司与 Deminex 合资的苏伊士石油公司等。[2] 截至 2020 年年末，埃及石油探明储量为 4 亿吨，约占全球总量的 0.2%，居中东国家第七位。

埃及天然气资源充足。1967 年，尼罗河三角洲的艾布马迪地区发现第一块陆上气田，成为埃及天然气大规模勘探的开端。尼罗河三角洲目前是世界级的天然气盆地，近年来又接连在地中海海域发现数个储量较大的气田，如祖哈尔气田，其探明储量达 8 500 亿立方米。截至 2020 年年末，埃及天然气探明储量为 2.1 万亿立方米，占全球总量的 1.1%，位居中东国家第三位。[3]

---

[1] 资料来源于埃及环境部网站。

[2] 张振克，任则沛. 埃及石油天然气工业发展与国际能源合作 [M]// 舒运国，张忠祥. 非洲经济评论. 上海：上海三联书店，2014：24.

[3] 资料来源于《BP 世界能源统计年鉴 2017》。

第二节 国家制度

一、国家标志

埃及国旗呈长方形，长宽之比为 3：2，自上而下由红、白、黑三个平行相等的长方形组成，其中红色代表革命，白色代表纯洁与光明的未来，黑色代表埃及过往的黑暗岁月。国旗中央印有国徽图案，核心是一只昂然挺立注视西方的金黄色雄鹰，称为"萨拉丁雄鹰"，鹰爪下方用阿拉伯文书写着国名：阿拉伯埃及共和国。

埃及的国歌为《我的祖国》，国花为睡莲，法定货币为埃镑（L.E.）。

二、宪法

1922 年埃及获得名义上的独立后，于 1923 年颁布宪法，宣布实行君主立宪制。该宪法是埃及历史上第一部真正意义上的宪法。1953 年，埃及共和国成立。1956 年 6 月 23 日，新宪法《埃及共和国宪法》公布并实施。该宪法以美国宪法为蓝本，以立法、行政、司法三权分立为原则，规定埃及是一个独立自主的阿拉伯国家，建立起了以总统为核心的行政主导型政治体制。1958 年 2 月，埃及同叙利亚合并成立阿拉伯联合共和国后，纳赛尔总统签署阿拉伯联合共和国临时宪法。该宪法总体上保持 1956 年宪法特征，但进一步扩大了总统的权力，规定由总统决定国民议会议员的数量，且有权在议会休会期间颁布法律。1961 年，叙利亚退出阿拉伯联合共和国。1964 年埃及在保留阿拉伯联合共和国国名的情况下公布又一部临时宪法，增添了纳赛尔社会主义的部分基本指导思想。萨达特总统上任后不久，1971

年 9 月 11 日，经公民投票通过，埃及颁布永久宪法，改国名为阿拉伯埃及共和国，奠定了埃及议会民主政体的基础，强调法律至上和司法独立的原则，明确立法权、行政权与司法权分离，总统依然是凌驾于国家之上的超级权威。

1971 年永久宪法颁布施行后，先后于 1980 年、2005 年、2007 年进行了三次修订。

2011 年穆巴拉克下台后，1971 年宪法被废止。2012 年 12 月，埃及全民公投以 63.8% 的支持率通过新宪法。新宪法主要特点为：确定人民主权原则，伊斯兰化色彩浓厚，赋予总统更多权力，提升协商会议地位，有关公民权利平等的条款相对模糊。2013 年 7 月 3 日，埃及军方宣布中止 2012 年宪法。2014 年 1 月，新宪法草案以 98.1% 的支持率（投票率 38.6%）通过全民公投，主要特点为：淡化伊斯兰色彩，减少伊斯兰教法的强制力范围；强化以塞西为首的军方的宪法地位，用权威的宪法保障塞西的执政安全及其对军队的掌控；重申总统任期限制，严格参选条件；改"两院制"为"一院制"，扩大人民议会职权；规定宗教信仰自由，但对组建宗教政党有所限制。[1]

2019 年 4 月，埃及举行全民公投，以 88.83% 的支持率（投票率 44.33%）通过宪法修正案。此次修宪主要内容包括：延长总统任期，规定总统任期从现任开始按 6 年一任计算，可连任一次；设立参议院和副总统；提升军队在国内的政治权力，赋予军队在国家危机时直接介入政治及实行军事管制的权力；强调国家的世俗性质以防伊斯兰主义者再次执政；使司法权更多受到行政机构制约，赋予总统任命司法机构领导人的权力。[2]

---

[1] 丁峰，夏新华. 后穆巴拉克时代埃及的宪法变迁 [J]. 西亚非洲，2015，4（5）：127-143.

[2] 段九州. 埃及成功修宪的背后 [J]. 世界知识，2019，4（10）：46-47.

三、议会

2019 年宪法设定"两院制"。众议院拥有立法权、监督权和财政权，政府对众议院负责，受其监督；任期 5 年，设不少于 450 个席位。参议院为资政机构，主要职能是就立法、结约、外交政策等重大事项向众议院和总统提出建议；任期 5 年，设 300 个席位。

四、政府

根据宪法规定，埃及政府是埃及最高执行及管理组织，由总理和部长构成，总理是埃及政府首脑，由埃及总统提名和任命。2019 年年底埃及内阁改组后，设 33 个部委，分别为军工生产部，国防部，内政部，外交部，财政部，旅游与文物部，环境部，地方发展部，国际合作部，农业与农垦土地改良部，水资源与灌溉部，通讯与信息技术部，文化部，卫生与人口部，社会团结部，人力资源部，移民与侨务部，宗教基金部，民航部，交通部，贸易与工业部，国有企业部，供应与内贸部，计划与经济发展部，司法部，议会事务部，教育与技术教育部（简称教育部），高等教育与科学研究部（简称高教部），住房、公共设施和城市发展部，电力与可再生能源部，石油与矿产资源部，青年与体育部，新闻国务部。[1]

五、司法

埃及法院包括最高法院、上诉法院、中央法院、初级法院以及行政法

---

[1] 资料来源于埃及国家信息服务中心网站。

院，开罗还设有最高宪法法院。2008 年起，开罗等主要省份开始设立经济法庭。检察机构包括总检察院和地方检察分院。2019 年宪法规定设立由总统领导的司法机构最高委员会。

六、政党

埃及共和国成立初期，禁止政党活动。1976 年，萨达特总统宣布实行多党制，并于 1977 年颁布《政党法》。1980 年 5 月，经全民公投修改宪法，规定埃及政治制度建立在多党制基础上。2011 年，埃及政局发生重大变化后，执政 30 多年的民族民主党被解散，埃及武装力量最高委员会颁布新《政党法》。[1]

埃及现有政党及政治组织 100 多个，主要政党有祖国未来党、自由埃及人党、共和人民党、新华夫脱党、祖国保护者党。祖国未来党于 2015 年 7 月底成立，目前在议会中占 317 席，为议会第一大党。[2] 自由埃及人党于 2011 年 7 月 3 日成立，主张：建立世俗国家和司法独立；保持原有的社会价值观和习俗；全体公民拥有信仰自由及民主、自由权利；妇女应发挥社会作用，参与各领域建设。共和人民党于 2012 年 9 月 12 日成立，主张：夯实基于组织的现代国家基础；无论派别、宗教或阶层，每位埃及国民均有相同的政治权利与义务；扩大各级各领域决策的参与；采取可获一致同意的选举制度，保证所有埃及人不受歧视地参与选举过程。新华夫脱党于 1978 年 2 月成立，主张：加快政治、经济和社会改革，保障基本自由和人权，密切同阿拉伯国家和伊斯兰国家的关系，重点发展与非洲国家的关系。祖国保护者党于 2014 年 2 月成立。该党主要由退休军官创立，主张理性参

---

[1] 郭亚洲. "一带一路" 沿线国家及重要政党概览 [M]. 北京：党建读物出版社，2017：329.

[2] 资料来源于埃及议会网站。

与政治，为保卫国家贡献力量。该党对其他政党采取开放态度，不主张政党或团体间相互对立。

七、行政区划

埃及全国共分为 7 个经济区，下含 27 个省，概况如下。

（一）大开罗区

该经济区位于尼罗河三角洲及其南部谷底的汇合点，东毗苏伊士运河区，西临亚历山大区，南接上埃及北部区，北倚三角洲区，占地 17 393 平方千米，包含开罗省、吉萨省与盖勒尤比省。

开罗省仅有首都开罗这一座城市，是埃及的政治、经济和商业中心，人口约 1 000 万 [1]，是非洲国家中人口最多的城市，也是阿拉伯国家联盟总部所在地。开罗始建于 642 年，曾屡遭战争破坏，13 世纪起发展为贸易与文化中心。

开罗工业较为发达，主要有石化业、建材业、冶金业、运输业、食品业、纺织业、造纸业、电子电气业等；旅游资源丰富，拥有埃及国家博物馆、伊斯兰艺术博物馆、科普特博物馆，以及历史古迹萨拉丁城堡和汗·哈利利市场等。开罗伊斯兰老城 1979 年被列入《世界文化遗产名录》。开罗清真寺鳞次栉比，有"千塔之城"的美誉。建于公元 970 年的爱资哈尔清真寺，融埃及各民族建筑精华为一体，是阿拉伯伊斯兰建筑艺术的典范，后发展为伊斯兰世界历史最悠久的宗教大学之———爱资哈尔大学。

---

[1] 资料来源于埃及门户网站。

吉萨省省会为吉萨市。食品业、纺织业、化工业、电子工业、采矿业等发达。吉萨省旅游资源丰富，有很多历史文化旅游景点与疗养旅游景点。前者的代表性景点是金字塔群与狮身人面像，其中吉萨金字塔群是"世界七大奇迹"之一，1979年被列入《世界文化遗产名录》。后者的代表性景点是有众多温泉的巴哈利亚绿洲。

盖勒尤比省省会为盖勒尤比市。主要农作物有玉米、棉花、柑橘、香蕉及各类蔬菜；工业较为发达，拥有大量电器厂、塑料厂、汽车制造车间、炼油厂、食品加工厂、纺织厂等；有较丰富的旅游资源。

（二）三角洲区

该经济区位于埃及北部中心，东毗苏伊士运河区与东部沙漠，西临亚历山大区与西部沙漠，南接大开罗区，北倚地中海沿岸，占地12 356平方千米，包含曼努菲亚省、杜姆亚特省、达卡利亚省、西部省和卡夫拉·谢赫省。

曼努菲亚省省会为史宾·库姆市。主要农作物为各类蔬果，主要有食品、建材、化工、石化、纺织等工业，主要旅游类型为乡村旅游。

杜姆亚特省省会为杜姆亚特市。该省主要农作物有棉花、水稻、玉米等；工业以手工业和制造业为主，如家具、乳制品、鞋类、糖果等；旅游资源以休闲旅游为主，主要旅游景点有拉斯贝尔度假村等。

达卡利亚省省会为曼苏拉市。主要农作物有棉花、小麦、土豆等；主要工业有化工、纺织、肥皂、木材、轧棉、印刷与出版、电力、玻璃纤维等。

西部省省会为坦塔市。主要农作物有茉莉花、香草、土豆、亚麻、棉花、水稻、小麦等；主要工业有纺织、印染、肥皂、化肥、香水等；主要旅游资源是历史文化古迹，如拜赫比特·希贾尔神庙、萨曼努德古城等。

卡夫拉·谢赫省省会为卡夫拉·谢赫市。主要农作物有水稻、甜菜、小麦、棉花等，主要工业有食品、木材、纺织等，主要旅游类型为休闲旅游与宗教旅游。

（三）亚历山大区

该经济区位于埃及西部，沿地中海海岸延伸560千米，是马格里布地区通往埃及的西部陆路入口，也是地中海沿岸国家与欧洲通往埃及的主要北部海上入口，占地约178 689平方千米，包含亚历山大省、布海拉省和马特鲁省。

亚历山大省省会为埃及第二大城市亚历山大市，是埃及和东地中海最大港口，曾为古埃及托勒密王国首都所在地。工业发达，集中了埃及三分之一的工业产业，主要包括纺织、水泥、印刷、造纸、化肥、食品、钢铁、矿物等；旅游资源丰富，主要旅游景点有凯特贝城堡、亚历山大图书馆、庞贝石柱、蒙塔扎宫等。该省的阿布米那遗址1979年被列入《世界文化遗产名录》。受区域农业用水的影响，该遗址地下水位持续下降，生态环境濒临崩溃，2001年被列入《濒危世界遗产名录》。

布海拉省省会为达曼胡尔市。主要农作物有棉花、大米、小麦、玉米、土豆等，是埃及最早出口所产柑橘、番茄、甜瓜、豆类、辣椒等果蔬的省份之一；主要工业有纺织、轧棉、化工、印染等。

马特鲁省省会为马特鲁市。该省旅游资源丰富，主要景点有锡瓦绿洲、拉美西斯二世神庙、克利奥帕特拉浴场等。

（四）苏伊士运河区

该经济区位于埃及东北部，包含苏伊士省、伊斯梅利亚省、塞得港省、东部省、北西奈省与南西奈省。

苏伊士省省会为苏伊士，是埃及的港口城市，位于苏伊士运河出地中海的北端，1859年随苏伊士运河的开凿而兴建，1956年在英法侵略埃及的战争中遭严重破坏。战后重建，发展成为设施完备的人工港，是世界最大的煤炭与石油贮藏港之一，有完备的船舶修理设备及造船、化学等工业。苏伊士省自然资源丰富，主要包括煤炭、石油等资源；工业门类多样，包括石油炼制、水泥生产、纺织、化肥、货物装卸、海运服务、渔业等；旅游景点密布，如奥云穆萨泉、绿岛、穆罕默德·阿里宫等。

伊斯梅利亚省省会为苏伊士运河地区的中心城市及苏伊士运河管理中心所在地——伊斯梅利亚。该省农作物主要有芒果、柑橘、草莓、花生、番茄、芝麻等；有三座主要工业区及若干自由贸易区，主要工业有冶金、食品、纺织、建筑与电子；拥有一定量的旅游资源，主要景点有鳄鱼湖等。

塞得港省省会为塞得港。该省主要经济活动为港口贸易、过境贸易与渔业。塞得港地理位置得天独厚，是连接阿拉伯东西方的门户，1859年随苏伊士运河开凿而修建。1975年苏伊士运河重新开放后，该港重建并成为自由贸易区。目前，塞得港已成为埃及主要港口城市之一，也是世界最大转运港、煤炭和石油储藏港之一。

东部省省会为扎加齐格。主要农作物有棉花和小麦，主要工业有纺织、化工、建材等，主要旅游资源为历史文化古迹。

北西奈省省会为阿里什。主要农作物有无花果、葡萄、桃、椰枣、橄榄、杏仁等；主要工业有采矿、木材、食品加工、化工等；旅游资源较为丰富，主要历史文化景点有贝鲁西亚遗址、阿里什城堡等，主要自然景点有扎拉尼克自然保护区等。

南西奈省省会为坎塔拉。主要农作物有椰枣、橄榄等；主要自然资源有锰矿、玻璃砂、石油、石膏、胆碱、花岗岩等；旅游资源较为丰富，主要旅游景点有西奈山、法老浴场、达哈卜蓝洞、穆罕默德角国家公园等。

13

（五）上埃及北部区

上埃及为埃及南部地区，主要是农业区，包括开罗以南到苏丹边境的尼罗河谷底。该经济区位于上埃及北部，包含明亚省、贝尼·苏夫省与法尤姆省。

明亚省省会为明亚市。主要农产品有棉花、小麦、玉米、土豆、甘蔗等；主要工业投资领域为食品业、纺织业、化工业等；旅游资源相对丰富，拥有一定量古文明遗址，如阿玛纳、赫尔莫波利斯、图纳山墓地等。

贝尼·苏夫省省会为贝尼·苏夫市。该省是埃及重要的农业省，主要农产品有小麦、棉花、大蒜、洋葱、甜瓜、药草等；主要工业有水泥、黏土砖制造、纺织；旅游资源较为丰富，拥有大量历史文化古迹，如美杜姆金字塔、埃及古都赫拉克来俄波利斯等。

法尤姆省省会为法尤姆市。主要农产品有葡萄、无花果、小麦、棉花、水稻、玉米、甜菜、向日葵等。有两座工业区，分别为法塔赫工业城和古他工业区，主要从事葵花籽油、陶瓷、冰箱、油漆生产。该省水域广阔，境内的加伦湖与拉扬湖是埃及渔业资源最为丰富的水域之一。

法尤姆省旅游资源极为丰富，拥有乡村、海岸、沙漠等多重自然景观，其中，鲸鱼谷自然保护区拥有数以百计的早期鲸类化石，2005 年被列入《世界自然遗产名录》。此外，该省还拥有古埃及法老文明、希腊罗马文明、科普特文明、伊斯兰文明等多元历史文化古迹。其中，法老文明古迹包括塞拉金字塔、辛努塞尔特方尖碑、拉罕金字塔等，希腊罗马文明古迹包括加伦宫神庙、卡拉尼斯遗址等，科普特文明古迹包括加百列天使修道院等，伊斯兰文明古迹包括苏莱曼王子清真寺等。

（六）上埃及南部区

该经济区位于上埃及南部，包含索哈杰省、基纳省、阿斯旺省、卢克索省与红海省。

索哈杰省省会为索哈杰市，该城位于尼罗河西岸，是索哈杰省的政治、经济与文化中心。索哈杰省的经济基础是农业活动，主要农产品有棉花、小麦、玉米等。主要工业包括食品、纺织、手工业等；有四座工业区，分别为考萨区工业区、泰赫塔西侧工业区、阿海威东工业区和吉尔贾西侧工业区。

索哈杰省享有丰富的旅游资源，法老文明、科普特文明与伊斯兰文明均曾在这块土地上熠熠生辉，并留下众多古迹。法老文明遗迹主要分布在艾赫米姆城与巴利亚纳城。

巴利亚纳城的阿拜多斯遗址，其历史可追溯至公元前 4 000 年，属新石器时代或青铜时代的阿姆哈拉古文化。最早为埃及皇室的墓地，后成为朝拜奥西里斯的中心。最著名的神庙遗迹为塞提一世神庙与拉美西斯二世神庙。

科普特文明遗迹主要分布在索哈杰城与艾赫米姆城，包括索哈杰城的白色修道院、红色修道院等，以及艾赫米姆城的艾布·赛义夫教堂、圣乔治修道院、烈士修道院等。

伊斯兰文明遗迹主要分布在索哈杰城、艾赫米姆城、泰赫塔城、吉尔贾城，包括索哈杰城的斯迪·阿里夫清真寺，艾赫米姆城的哈桑王子清真寺，泰赫塔城的谢赫·贾莱勒丁·艾布·卡西姆清真寺，吉尔贾城的贾莱勒清真寺等。

基纳省省会为基纳市。该省主要农产品有甘蔗、番茄、香蕉、芝麻等。主要工业有化工、冶金、水泥、制药等，拥有数家制糖厂与纺织厂以及中东地区最大的铝厂。有两个工业区，分别为卡法特中心工业区和拿戈玛第中心工业区。

基纳省的旅游资源较为丰富，拥有法老文明、科普特文明与伊斯兰文明的历史古迹。法老文明遗迹有丹得拉神庙等，科普特文明遗迹有天使长米迦勒修道院等，伊斯兰文明遗迹有奥马里清真寺、阿卜杜·拉希姆·卡纳维清真寺等。

阿斯旺省省会为阿斯旺市，是著名的古城、旅游景点与贸易中心。古埃及时期被认为是埃及民族的发源地，是埃及与努比亚之间的贸易重镇。阿斯旺旅游资源极为丰富，旅游产业是经济支柱，拥有众多法老时代的遗迹，如菲莱神庙、卡拉布沙神庙、考姆翁布神庙、方尖碑等，其中阿布辛贝神庙于 1979 年被列入《世界文化遗产名录》。还拥有两个动植物与自然资源保护区，分别为瓦迪·阿拉奇自然保护区、萨洛加与加扎尔自然保护区。

1970 年，在苏联的援助下，全世界最著名的大坝之一——阿斯旺高坝正式竣工。阿斯旺高坝呈金字塔形状。高坝拦截水流后，形成长 500 千米、平均宽 10 千米的、世界上最大的人工湖。该湖最大容量为 1 640 亿立方米，每年可正常供水 840 亿立方米。为纪念纳赛尔的功绩，该人工湖被命名为纳赛尔湖。[1]

卢克索省省会为卢克索市，被誉为"露天的博物馆"。主要农产品有甘蔗、小麦、番茄、高粱、香蕉等，常出口葡萄、哈密瓜等作物。主要工业为轻工业与手工业。

卢克索的旅游资源十分丰富，旅游是该省最主要的支柱产业。卢克索拥有众多法老时代的古迹，如卢克索神庙、卡尔纳克神庙、帝王谷、王后谷、塞提一世神庙。底比斯古城及其墓地于 1979 年被列入《世界文化遗产名录》，曾是古埃及皇室居所与宗教活动中心。

红海省省会为古尔代盖。该省是埃及的东部门户，海岸线绵延 1 080 多千米，顺红海沿岸与东部沙漠延伸至尼罗河谷地，对埃及的国家安全具有重要的战略意义。该省自然资源丰富，建立了若干自然保护区，如拥有大量珍稀海龟与海鸟的红树林保护区、厄尔巴山保护区等。该省的矿产资源在埃及最为富裕，包括金、铁、白沙、石膏、大理石、花岗岩、锰、钨、

---

[1] 王海利. 埃及通史 [M]. 上海：上海社会科学院出版社，2014：239-240.

钼、磷酸盐、钾、硅藻土、石灰石、石棉、玛瑙、石英、铬、银、铜、铅、油页岩等，该省石油原油产量约占全国产量的 67%。

（七）艾斯尤特区

该经济区位于埃及西南部，地处尼罗河谷底中段，又称上埃及中部区。占地约 402 431 平方千米，是埃及面积最大的经济区，包含艾斯尤特省与新河谷省。

艾斯尤特省省会为艾斯尤特，历史悠久，是新柏拉图学派代表性哲学家普罗提诺（204—270）的出生地。艾斯尤特自古以来便是商旅必经之路，商业十分繁荣。如今，艾斯尤特城建有纳赛尔纪念馆。

艾斯尤特省主要农产品有棉花、小麦、玉米、花生等；主要工业有化肥、制药、水泥、石油等大型工业和地毯、木材、象牙制品等小型手工业；有 4 个工业区，分别为艾斯尤特工业区、阿布努布中心工业区、代鲁特中心工业区、阿布提格中心工业区。

艾斯尤特省最著名的历史文化遗迹为古绥耶城外 12 千米处的摩哈拉修道院。传说该地是孩提时代的耶稣逃到埃及后的临时避难所之一，现已成为科普特修道院中规模最大的一座。

新河谷省是埃及土地面积最大的省，省会为哈里杰，位于广阔无垠的撒哈拉沙漠。20 世纪 50 年代，人们通过打深井取地下水和引尼罗河水，灌溉开发绿洲洼地，扩大耕地面积，再造了一条"尼罗河谷"，即"新河谷"。新河谷主要有三块绿洲，分别为哈尔加绿洲、达赫莱绿洲与费拉菲拉绿洲。农业主要集中在上述绿洲，以种植椰枣、小麦、稻米、柑橘、蔬菜和苜蓿为主。此外，该省还有磷矿开采、游牧业等产业。

第三节 社会生活

一、农业

埃及的主要农作物有大米、玉米、黄玉米、叙利亚玉米、高粱等谷物，以及芝麻、花生、向日葵、橄榄、亚麻等油料作物。主要蔬菜有土豆、洋葱、黄瓜、番茄、生菜、茄子、胡萝卜、西葫芦、锦葵、芋头、海蓟等。水果以柑橘为主，此外有芒果、柠檬、香蕉、杏、李、桃、梨等。树木有椰枣树、枫树、槐树、白杨、黑杨、阿拉伯胶树、柏树、榆树、桉树、爱神木、木樨等。其中，椰枣树四季常青，耐旱型极强，用途广泛，枣肉可食用或酿酒，枣核磨碎后可制成圆饼饲养骆驼，树皮与树叶可用于编织篮子等用具。

埃及的棉花种植业值得一提。1820年，埃及发现了质地柔软的长纤维棉花，当时的统治者大力推广种植，并发展棉花经济，使棉花成为主要出口产品。埃及在棉花的病虫害生物防治、区域化种植等方面处于国际领先水平。[1]

二、劳动就业

埃及现任总统塞西执政以来，为应对就业难问题，采取了一系列举措，其中包括：积极吸引投资，开展基础设施建设；大力发展制造业，增加就业容量；继续发展私有经济，支持中小微企业；加强职业技术教育；等等。这些举措初显成效，埃及就业人数逐步上升。[2]

---

[1] 全国农业技术推广服务中心. 国外农业推广 十二国经验及启示 [M]. 北京：中国农业出版社，2001：75-78.

[2] 陈天社，胡睿智. 穆巴拉克时期埃及就业困境及其成因：兼论当前埃及就业问题的解决途径 [J]. 阿拉伯世界研究，2020，4（6）：124-139+158.

受新冠肺炎疫情影响，2020 年埃及劳动力市场面临严峻挑战，就业压力较大。2020 年第二季度，埃及失业率升至 9.6%。5 月，61.9% 的劳动力因疫情而产生工作状态变动，55.7% 的就业人员工作时长缩短，26.2% 暂停全部工作，18.1% 间断性工作。从 2020 全年来看，埃及失业率为 7.9%，同2019 年持平。15—29 岁失业青年占总劳动力的 15%，同比下降 1.7%。其中，15—19 岁青年失业率为 11.8%，20—24 岁青年失业率为 19.6%，25—29 岁青年失业率为 12.5%。[1]

三、物价消费

2010—2020 年，埃及居民消费价格指数整体上升，如图 1.1 所示。

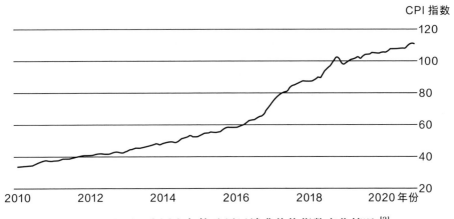

图 1.1 2010—2020 年埃及居民消费价格指数变化情况 [2]

2016 年 11 月，埃及镑实行浮动汇率改革，埃及镑随即大幅贬值，通货膨胀率冲高，各类商品与服务价格一直保持上涨态势。在这种情况下，埃

---

[1] 资料来源于阿拉伯人新闻网。

[2] 资料来源于全球经济指标数据网。

及政府不得不放慢削减补贴进程，并逐步提高最低工资标准，由 2014 年每月 1 200 埃及镑提升至 2019 年 3 月的 2 000 埃及镑。

截至 2021 年 7 月，埃及各类消费支出占比为：食品及其他消费品（服装除外）36.4%、交通 16%、房租 15%、外出餐饮 14.5%、体育休闲 7.9%、服装鞋帽 6.3%、公用事业 3.9%。[1]

四、社会福利与保障

埃及社会保障制度主要有以下三个特点。[2]

第一，社会保障制度基本框架已形成。埃及的养老保险采用有限受益型法定社会保险的法式模板，在养老保障方面，形成覆盖公有部门和部分私有部门雇员的社会保障制度，同时有养老、医疗、劳动保障以及较为健全的财政福利补贴制度，但存在养老金制度的覆盖面有限、递减式的再分配机制、管理成本过高、福利难以为继等问题。

第二，存在碎片化、残缺不全、效率低问题。埃及的有限受益型社会保障制度源自西方现代化社会的保障制度，同东方国家的政治经济与社会现实对社会保障制度的需求并不完全吻合，加之处于社会转型时期的埃及企业补充养老保险、商业保险发展与职业结构不配套，尚未建立财政税收体制对于埃及社会保障制度建设的激励制度，因此存在众多疏漏之处。

第三，社会保障体制仍处于过渡转型阶段。埃及对外面临着全球化与世界经济一体化的人类社会发展大趋势，对内则面临着人口高增长、传统社会向现代社会转型、区域经济发展不均衡等问题，尤其是就业问题中的青年人就业与妇女就业所遭遇的社会保障体制供给不足难题。

---

[1] 资料来源于世界各大城市生活消费水平指数平台。

[2] 李超民. 埃及社会保障制度 [M]. 上海：上海人民出版社，2011：331-332.

五、医疗卫生

埃及现代医疗卫生事业起步于穆罕默德·阿里时期。英国统治期间，埃及已有的卫生基础设施有所改善。纳赛尔时期，埃及基本形成了公共医疗体系。萨达特时期，埃及私营医疗机构开始发展。穆巴拉克时期，埃及医疗卫生事业继续发展，但仍存在医疗卫生资源分布不均、医疗保险利用率低、青年医疗卫生问题突出、妇女医疗卫生状况不容乐观、管理疏漏等问题。[1]

目前，埃及医疗卫生体系逐步健全完善，但仍存在多重问题。

一是对基础医疗卫生重视不足，政府卫生支出较低。埃及医疗服务尚属于自付模式，富人可享受较多的医疗照护，穷人所受保护则极为有限。药品价格上涨、私立医院诊疗费上涨、个人诊所就诊费上涨等问题无法得到解决。

二是人力资源不足，卫生工作人员匮乏。埃及拥有执业执照的注册医师（不含退休人员）达 212 835 人，但仅 82 000 人在卫生部门工作。约 62% 的埃及医生或在国外工作，或从公立医院辞职而转去私立医院与个人诊所。埃及每 1 162 名公民拥有一名医生，低于世界平均水平。

三是政府医疗基础设施存在问题。首先是过于"多样"，公立医疗体系包括卫生部直属医院、大学附属医院、武装部队医院等，卫生部直属医院又下设不同种属分院，但不同公立医院规章制度、预算、收费模式等均未实现统一。其次是医疗保障体系薄弱。尽管医疗保险覆盖超 60% 国民，但仅可为约 8% 的国民提供卫生服务。再是私营医疗机构的扩张，私营部门占埃及卫生行业投资回报的 70%。最后是公立医院建设质量差，常有医院暂停营业或关停，且重症加强护理病房（ICU）匮乏。

---

[1] 陈天社，王鹏鹏. 论穆巴拉克时期埃及医疗卫生困境及其形成因素 [J]. 陕西师范大学学报（哲学社会科学版），2017，46（6）：156-163.

四是疾病预防建设不足。[1] 埃及暴发第一轮新冠疫情后，医疗卫生体系的人才流失与医疗暴力等问题更为凸显，[2] 约 7 000 名医生迁居海外工作。[3]

六、新闻传媒

埃及传媒业较为发达。有 500 余种报刊，其中报纸 180 余种，杂志 300 余种。主要阿拉伯文报刊有《金字塔报》《消息报》《共和国报》《晚报》等，主要英文报刊有《每日新闻》《埃及公报》《金字塔周报》，主要法文报刊有《埃及前进报》《埃及日报》。主要私营报刊有《七日报》《今日埃及人报》《日出报》等。

埃及有 269 家广播台站，平均每天播报节目时长 478 小时。主要有 1928 年创建的国家广播电台、1964 年创建的中东广播电台和 1960 年创建的亚历山大广播电台。2000 年，埃及开始通过"非洲之星"广播卫星和尼罗河卫星等发射广播节目，可覆盖全球。

埃及电视台建于 1960 年，旗下影响力较大的有尼罗河电视台等。目前埃及电视频道分中央、地方、卫星、专题四类数十个频道，节目覆盖亚、非、欧、北美等地区。2001 年 6 月，私营卫星电视频道获准开播。目前影响较大的有 DMC 电视台、MBC 电视台、EXTRA NEWS 电视台等。

中东通讯社是埃及国家通讯社，也是目前中东地区和阿拉伯世界最大的通讯社，于 1956 年成立，以宣传政府政策为主，有阿拉伯、英、法三种语言。

---

[1] 资料来源于埃及研究院网站。

[2] 资料来源于科学美国人网站。

[3] 资料来源于半岛新闻网。

第二章 文化传统

第一节 历史沿革

埃及是世界四大文明古国之一，历史上先后经历了法老文明、波斯文明、希腊罗马文明、科普特文明、伊斯兰文明等古老文明的洗礼，后又同西方文明产生碰撞与交融。本节以埃及主流文明发展阶段为线索叙述埃及的文化发展沿革。

一、史前与法老时期（远古—公元前 331 年）

（一）史前与前王朝时期（远古—约公元前 3100 年）

奥杜韦文化是埃及旧石器时代最早期的文化，大约始于 175 万年前，主要特征为使用天然手斧及用卵石制作的砍砸器。奥杜韦文化之后是阿舍利文化，距今约 20 万—9 万年，主要工具以三面体为特征，如手斧等。考古学家在尼罗河流域的台地上出土过一些旧石器时代晚期的石器，表明这个时期的原始人群过着渔猎采集生活，已能打制较为精细的石器，如带刀刃的狭长叶状石器。

公元前 10000—前 7000 年，埃及进入中石器时代，即旧石器时代向新石器时代的过渡时期。尼罗河流域与西部沙漠等地出土了众多具有该时代特征的箭头、燧石工具和石磨具等石器。

约公元前 7000—前 4500 年，埃及进入新石器时代。此时，古埃及人从狩猎与采集阶段发展到畜牧与农耕阶段，由猎人与采集者演变为牧民与农民。磨制石器的流行与陶器的发明是新石器时代的标志。埃及磨制石器种类主要有磨光的石斧、镰刀等。陶器的样式品种繁多，但工艺简陋，陶质疏松，多呈单色。

约公元前 4500 年，埃及进入铜石并用时代。典型的铜石并用文化有巴达里文化（约公元前 4500—前 4000 年）、涅伽达文化（约公元前 4000—前 3100 年），通常称为前王朝文化，是埃及人从野蛮时代向文明时代的过渡阶段，也是古埃及文明的开端。其中涅伽达文化亦称格尔塞文化，该时期石器加工技术得到了进一步的提高，金属器的使用范围进一步扩大，陶器生产也大为改善。最具代表性的陶器是有动植物与人物图案的彩绘陶，这些图案后来逐渐演化为埃及的象形文字。在涅伽达文化后期，埃及阶级分化与贫富不均现象明显，氏族制度解体，埃及的城市国家逐渐向统一王国过渡。

（二）早王朝时期（约公元前 3100—约前 2686 年）

早王朝时期包括第一王朝和第二王朝，是埃及中央集权和专制统治机构逐步形成的时期。约公元前 3100 年，那尔迈完成统一大业，建立第一王朝，定都提尼斯城。统一之初，上下埃及 [1] 矛盾重重。为稳定政局，那尔迈先去下埃及加冕红冠，再去上埃及戴上白冠，又下令在尼罗河三角洲南部

---

[1] 上埃及主要指尼罗河河谷地区，其外就是沙漠。当时该地区崇尚白色，国王头戴白冠，国库称白屋。下埃及主要指尼罗河三角洲地区。下埃及崇尚红色，国王头戴红冠，国库称红屋。

兴建孟斐斯城。

第一王朝历经 7 位国王的统治，第二王朝历经 10 位国王的统治，最后一任国王是哈塞海姆威，他真正完成了埃及的统一大业，采用了分别代表下埃及和上埃及的"荷鲁斯王衔"和"塞特王衔"。

（三）古王国时期（约公元前 2686—约前 2181 年）与第一中间期（约公元前 2181—约前 2040 年）

古王国时期包括第三王朝至第六王朝，该时期埃及绝大部分时候处于和平与兴盛之中，君主制与王权世袭制已形成。国王称为"法老"，被认为是不可战胜的太阳神之子，揽大权于一身，拥有统治全国、指挥军队、下达政令、任命和调动大臣与州长等权力。但是，国王的权力也受到国家法律的制约，因为古埃及是政教合一的政体，从宗教角度而言，法老作为僧侣，既是法律的执行者，也是法律的服从者。

古王国时期，埃及农业、商业、海运业、建筑业和文学都有较快发展。农业方面，专设灌溉大臣，负责组织臣民在上埃及和近河谷地区开挖河渠，灌溉农田。农民已会使用双牛耕地，除粮食外，还种植葡萄、青菜等果蔬。

商业方面，采用以物换物的方式，交换的商品有面包、点心、蔬菜、鱼及一些器皿用具。对外贸易活动也十分活跃，开始向努比亚、叙利亚及腓尼基出口粮食谷物与香料。

海运业方面，造船技术水平较高，能造出长达 50 多米的大船，组建 40 多艘船的远航舰队。尼罗河上经常有装载各种商品的船只往来穿梭。

建筑方面，从第三王朝起，埃及开始修建大规模的陵墓建筑——金字塔。金字塔是法老专制王权的象征，也是古埃及劳动人民智慧与卓越建筑技艺的体现。

文学创作方面，随着王权的强化与宗教意识的深化，出现了宗教文学、教谕文学、传记文学和诗歌体裁的文学作品。

古王国后期至第一中间期，埃及陷入分裂与混乱。第一中间期包括第七王朝至第十王朝，主要特征为：中央政权严重瘫痪，南北再度割据，小国林立，战乱频发；灌溉系统遭到严重破坏，饥荒不断；神和君主的地位受到冲击，人们出现信仰危机；艺术水平明显下降。

第十王朝建立不久，南方的底比斯兴起了第十一王朝，形成南北对峙的局面，并长达近一个世纪。第十一王朝中期，孟图霍特普二世重新统一埃及，埃及自此进入中王国时期。

（四）中王国时期（约公元前2040—约前1786年）与第二中间期（约公元前1786—前1567年）

中王国时期包括第十一王朝中后期和第十二王朝。该时期内，埃及的宗教、农业、商业、建筑业、文学等继续发展。宗教方面，部分地方神开始向国家神发展。在第十一王朝时，地方战神孟图被提升为国家的主神。在第十二王朝时，地方普通神阿蒙和先前的第一位大神拉结成阿蒙·拉神，被提升到重要地位。此外，冥界的主宰和死亡判官奥西里斯神，从中王国以后地位也越来越重要，这与当时木乃伊、人形棺和棺文的创作不无关系。

农业方面，政府组织农民重修水利系统，在尼罗河三角洲一带挖渠筑坝，将水库同尼罗河相连，以控制尼罗河的泛滥，使8 000多公顷的沼泽地变为良田沃土。耕地面积的扩大、农业生产工具的不断改进，以及青铜器广泛运用到生产、制造与生活领域，使埃及的农业得到迅速发展。

商业方面，埃及全国南北贸易商道畅通无阻，水陆交通日趋活跃。努比亚一带的黄金、象牙，沙姆地区的铜、锡器皿与木材，东非之角的没药[1]、树脂等在埃及市场随处可见。埃及的纺织制衣、首饰与珠宝制造、玻璃工艺、陶器制作等也已盛名在外。

建筑业方面，随着中央集权专制主义统治的恢复和加强，金字塔王陵的建筑也恢复起来，但无论规模或质量均不如从前。神庙建筑方面，最重要的发明是方塔门和方尖碑。塔门是神庙建筑的大门，人们通过塔门进入神庙的大庭院；方尖碑通常立于塔门门前左右两侧，是太阳崇拜的象征。

雕塑艺术方面，重要的发明和创新是团块雕像，即人物跪坐，双手交叉平放在膝盖上，在双膝左右或前面刻有象形文字。除头部和双脚露出外，整个雕像形成一方形"团块"。

文学创作方面，刻在石棺或木棺上的咒语性的棺文代替了金字塔文。教谕文学在中王国时期进入黄金时代，留存文献多，内容丰富，包括训诫、预言、辩论等，虔诚的颂神歌、痴情的情歌也大量涌现，散文故事尤其引人入胜。

此外，中王国时期的医学、数学等科学技术也有所发展。中王国后期的《拉宏纸草》记载了有关妇科疾病的常见问题、古埃及人常用的几种避孕方法以及一些数学问题。这个时期的古埃及人已精通四则运算，能运用分数，会计算各种几何图案的面积与体积。

中王国后期，埃及经济迅速发展，贫富差距越来越大。贫富分化与分配不公导致社会不安、政局动荡、国家分裂，埃及进入第二中间期。第二中间期包括第十三王朝至第十七王朝，特点为中央集权统治的再度崩溃、外族入侵与人民起义。

大约在第十三王朝末，埃及爆发了席卷全国的贫民奴隶起义，导致社会秩序混乱，农业灌溉系统荒废，仓库空虚，民不聊生。与此同时，希克索斯人趁机渗入三角洲，以阿瓦里斯为中心建立第十五、十六王朝，在巩固了三角洲东部的统治后向孟斐斯扩张。希克索斯人在统治期间，基本保

---

[1] 没药：中药名，为橄榄科植物地丁树或哈地丁树的干燥树脂，主要分布于索马里、埃塞俄比亚及阿拉伯半岛南部等地。具有散瘀定痛、消肿生肌之功效。

留了埃及原有的政治制度，全方位吸收埃及文明，使用象形文字，崇拜埃及神灵，同时也将西亚先进文明带入埃及，其中最突出的是马拉战车的使用，以及复合弓箭、青铜短剑、盔甲等新式武器和装备的制造。希克索斯人的征服是埃及历史上第一次遭受外族统治。

底比斯的第十七王朝国王卡莫斯及其弟雅赫摩斯领导了民族解放战争。约公元前 1553 年，埃及军队攻克阿瓦里斯，驱逐了希克索斯人。公元前 1567 年，雅赫摩斯一世继承王位，创立第十八王朝，开启新王国时期。

（五）新王国时期（约公元前 1567—约前 1085 年）

新王国时期包括第十八王朝至第二十王朝，首都底比斯。新王国建立后，立即开始对外远征，并逐步缔造了一个地跨西亚北非的大帝国，古埃及进入鼎盛时期。

新王国时期，埃及经济繁荣发展。农业方面，轮种制已被采用，新式的梯形犁和骡马等畜力被广泛使用。桔槔灌溉技术也开始使用，提高了灌溉的效率，引进了苹果、橄榄、西瓜、甜瓜等新品种。畜牧业方面，开始饲养马。手工业方面，青铜冶炼技术有了显著的进步，脚踏风箱被发明出来，玻璃制造技术达到较高水平，能生产紫水晶及各色玻璃，并具有一定规模。以亚麻与羊毛为原料的纺织业相当发达，出现了可一人操纵的立式织布机，提高了生产力。矿业的发展表现在金矿的充分开采，金银铜成为交换媒介物，部分金属被视为"实际的硬币"。

文化艺术在新王国时期得到空前的发展与繁荣。埃及人对于来世的追求与向往甚于对现世生活的关注，因而他们乐于建筑大型陵墓，并把尸体制成木乃伊。木乃伊的制作技术在新王国时期得以最终完善。在建筑艺术方面，新王国时期建造的卢克索神庙、卡纳克神庙以及拉美西斯二世神庙，均为世界建筑史上的杰作。

值得一提的是，僧侣集团，特别是底比斯的阿蒙神庙僧侣集团，成为社会中最富有的奴隶主集团，他们掌握全国的大神庙，占有全国各地大量最好的土地，占据政府的要害部门，威胁到君主的统治。

新王国后期，埃及社会贫富差距越来越大，宗教势力与军队势力日益扩大，法老的权力被日渐削弱，最终在人民起义的风暴中，新王国退出了历史舞台。

（六）后王朝时期（约公元前1085—前332年）

后王朝时期包括第二十一王朝至第三十一王朝。在此时期，埃及长期处于地方势力的混战中。其中，第二十六王朝出现过短暂复兴，商业繁荣，经济兴盛。尼科二世法老开凿尼罗河通向红海的运河，并且派腓尼基水手开辟航道，绕行非洲，使埃及再度繁荣。然而，社会分化，阶级矛盾尖锐，加之公元前525年波斯人的入侵，导致第二十六王朝随之瓦解。第二十七王朝由波斯人建立，史称波斯王朝，统治埃及长达百年有余。之后，埃及人利用波斯帝国内部混乱之机，推翻了波斯人的统治，相继建立第二十八王朝至第三十王朝。公元前343年，波斯再犯埃及，建立第三十一王朝，又称第二波斯王朝。

波斯人在埃及的统治给埃及的社会历史发展带来多方面影响。首先，波斯人的统治在一定程度上引起古埃及传统社会结构和文化认同的变化，逐渐动摇了普通埃及民众对法老神圣力量的认同。波斯等民族的到来改变了埃及传统的人口结构，使埃及一定程度上出现文化融合现象。埃及人的数学、天文学、历法与文学作品等方面均吸收了美索不达米亚的因素，一些文学语言表述习惯也受到了波斯人的影响。其次，波斯人的统治为马其顿人及其后继者托勒密家族征服和统治埃及打下基础。最后，波斯人统治时期是古埃及文明消亡的起点，使埃及人失去了由本土王朝复兴埃及文明的机会。[1]

二、希腊罗马时期（公元前332—公元639年）

（一）希腊时期（公元前332—公元前30年）

公元前332年，马其顿的亚历山大大帝在东征过程中，进军埃及。由于埃及人民不满外来入侵者波斯的统治，他几乎没有遇到任何抵抗便占领了孟斐斯，成为这里新的帝王。亚历山大大帝随后在地中海沿岸建立一座新城，命名为亚历山大。亚历山大随后参拜阿蒙神庙，并被僧侣宣布为"阿蒙的宠儿"，取得了统治埃及的"合法"的君主地位。公元前323年，亚历山大大帝死于巴比伦。公元前305年，担任埃及总督18年的亚历山大的部将托勒密宣布自己为埃及王，开创了托勒密王朝。托勒密王朝在法老专制主义统治的基础上，结合马其顿亚历山大帝国的专制主义统治制度，形成了一个新型的希腊化的专制主义国家。

托勒密王朝的生产管理体系以国家垄断控制为主、私人经济为辅，全国土地在法律上为国王所有。除国王授予或赏赐的庙田、屯田、禄田、赐田和私田外，所有土地都为王田。王田由"国王的农民"耕种，并向国家交税。纺织、造纸、谷物、油料、制盐和酿酒等行业的生产和销售由国家垄断和专营，税务、银行等金融系统直接由国家控制。

宗教方面，托勒密王朝的宗教文化较为多元，既保持了埃及和希腊各自的民族文化传统，又出现了两种文化相互影响和融合的现象。托勒密王朝的统治者并不排斥埃及人信仰的神，如阿蒙神、荷鲁斯神等；相反，他

[1] 郭子林. 波斯人统治埃及新探 [J]. 史学集刊，2015，4（3）：34-44.

们为这些神扩大或新建庙宇，甚至把阿蒙神等同于他们的宙斯神，把哈托尔神等同于他们的阿芙罗狄蒂神加以崇拜。托勒密王朝还把埃及的奥斯里斯神与阿匹斯神的结合体——塞拉匹斯神作为托勒密王朝的保护神。

建筑艺术方面，亚历山大城被誉为"地中海新娘"，成为古代地中海地区的政治、经济、文化中心。整座城市呈现希腊建筑风格，王宫是规模最大的建筑群，博物院、图书馆、神庙、竞技场、浴室等公共设施一应俱全，体现了希腊城市的特征。其中，博物院是学术研究机构，广泛招揽世界各国的著名学者从事文学、数学、天文、医学等学术研究。亚历山大的图书馆藏有书籍与抄本达 50 余万卷，包括当时希腊所有的著作和部分东方典籍。博物院与图书馆后来遭到罗马人的破坏，书籍散佚，学者流离。

（二）罗马时期（公元前 30—641 年）

公元前 30 年，屋大维东征埃及，在亚克兴战役中取得决定性胜利，埃及女王克娄巴特拉七世自杀身亡，埃及成为罗马帝国的行省，处于屋大维的直接控制下。他任命一个相当于总督的罗马长官常驻埃及，以罗马皇帝的名义发号施令，主持埃及的日常事务。罗马人统治下的埃及与托勒密王朝相比没有太大的变化，唯一不同的是在保留希腊和埃及两大法律外，增加了罗马人的主体法。在拜占庭帝国统治下，埃及逐渐向封建社会过渡。

这一时期，在宗教文化方面，希腊的影响逐渐变弱，罗马传统在埃及发展起来，但始终未形成压倒态势。以宗教为主题的民族文学继续使用本地方言，对埃及诸神的崇拜仍然存在。丧葬习俗在埃及传统的基础上更加复杂。木乃伊及其木棺装饰华丽，木乃伊的金面具上的人物形象呈现罗马风格。基督教从 2 世纪开始传入，4 世纪开始流行。

语言方面，罗马统治初期，希腊语仍是官方语言。3 世纪末，罗马皇帝戴克里为巩固罗马帝国在埃及的统治，将拉丁语作为埃及的官方语言。但从流传至今的纸草文献看，拉丁语仅用于法律文书。拜占庭统治时期，政府在埃及极力推行拉丁文化。6世纪，埃及社会的主要语言是拉丁语和科普特语，希腊语的地位大大降低，而埃及本土的语言文字基本消亡。[1]

值得一提的是，基督教在埃及流传的过程中受到埃及传统文化的影响，二者相互融合，在3世纪末开始形成具有埃及特色的基督教文化——科普特文化。科普特文化最具代表性的是绘画与雕刻艺术。早期科普特艺术家受希腊罗马神话的影响较深，采用简洁线条勾画人物形象，给人以直观的感觉。随着科普特艺术家对基督教教义理解的加深，他们开始大胆使用拜占庭艺术，力求表现庄重典雅，给人更多的想象空间。雕刻艺术多体现在石碑、棺椁、宝物箱的盖子与容器上，内容大多是与有关耶稣的故事。

科普特修士创建了修道院。据记载，安东尼是基督教历史上第一位修士。他隐居于尼罗河与红海之间的旷野中。安东尼身边聚集了大批追随者，他们遵循安东尼的修行准则，在安东尼隐居的洞穴山下建造了圣·安东尼修道院，也是世界上最早的修道院。

6世纪末，拜占庭在埃及的统治内外交困。埃及人民的不断起义，国际形势的持续恶化，使拜占庭统治者焦头烂额。埃及成为波斯和拜占庭帝国争夺的对象，而阿拉伯人的兴起改变了近东的局势。阿拉伯人进军埃及标志着古代埃及历史的终结。

三、伊斯兰时期（642年至今）

（一）阿拉伯帝国的征服与统治

7世纪，伊斯兰教在阿拉伯半岛兴起，随后建立的阿拉伯帝国冲出半

---

[1] 郭子林. 公元6世纪埃及本土文化的转变 [J]. 杭州师范大学学报（社会科学版），2019，41（2）：82-88.

岛，向非洲与欧洲等地扩张。640 年，阿拉伯军事家阿慕尔率领阿拉伯骑兵踏上埃及土地。642 年，埃及被纳入阿拉伯帝国的版图。阿慕尔将其在巴比伦堡外的军营定为新都，称福斯塔特，开启了埃及的伊斯兰时代。阿拉伯人采取信奉伊斯兰教者可减免各类赋税的政策，吸引了大批埃及人皈依伊斯兰教。同时，阿拉伯人还采取大规模移民政策，鼓励军队将士把亲属接到埃及生活，鼓励阿拉伯人与埃及本地的科普特人通婚，还规定阿拉伯男子同埃及女子生下的孩子是阿拉伯人。在这些政策影响下，埃及的阿拉伯人数迅速上涨。

9 世纪中叶，阿拉伯帝国的集权政治日渐衰微，哈里发大权旁落。埃及趁机脱离阿拔斯王朝的控制，建立起一系列王朝，如图伦王朝（869—905 年）、伊赫西德王朝（935—969 年）、法蒂玛王朝（909—1171 年）、阿尤布王朝（1171—1250 年）和马穆鲁克王朝（1250—1517 年）等。

这些王朝的统治者大多重视发展当地经济文化。例如在农业方面，修河筑坝，开挖水渠，扩大水浇地，建设水文站，重新丈量土地。工业方面，纺织、陶瓷、玻璃等传统工业继续发展，其中纺织业居于领先地位，造船业也因对外征战及内外贸易的需求而勃然兴起。文化艺术方面，972 年，法蒂玛王朝开始兴建爱资哈尔清真寺，最初用于举行宗教礼仪，988 年发展为世界上最古老的大学之一，传授语言、文学、哲学、历史、数学、天文学、医学等方面的知识。法蒂玛时期建造的皇家图书馆藏有各类典籍 60 万部，除重点研讨教义教律外，还研究天文学、医学等其他学科。法蒂玛王朝向各地学生免费提供食宿与笔墨，同时给予应邀前来讲学的伊斯兰学者以丰厚报酬。得益于此，法蒂玛王朝人才辈出，为阿拉伯伊斯兰文化的发展做出了卓越贡献。与此同时，阿拉伯语在埃及得到广泛普及，连埃及的基督教教会也开始用阿拉伯语著述。法蒂玛王朝之后的阿尤布王朝和马穆鲁克王朝农业继续发展的同时，工业也有所发展，主要产品有兵器、木器、金属器皿与玻璃，产品畅销欧洲。建筑方面，马穆鲁克王朝大兴土木，建造了一批规模宏大的清真寺、学校和军事设施。圆顶、彩石装饰、钟乳石般的三角斗拱、几何图形花饰与库法体刻字等工艺使埃及的伊斯兰风格建筑艺术臻于完善。文化方面，该时期各类学科蓬勃发展，一批著名学者应运而生。例如，历史学家麦格里齐著有《埃及志》，该书采用纪事本末体专论埃及历史、宗教、文化、人物等内容。伊斯兰经注学家哲拉鲁丁·苏尤蒂著有《哲拉莱尼古兰经注》，该书是逊尼派著名经注之一。医学家伊本·纳菲斯著有《医典解剖学注》，该书首次提出"血液小循环"理论。

（二）奥斯曼土耳其帝国统治时期（1517—1914 年）

1517 年，埃及沦为奥斯曼帝国的一个行省，但保持了自身的独立性。奥斯曼帝国派来的帕夏（行省最高长官）不懂埃及方言，不了解埃及情况，任期大多极为短暂。从 1517 年奥斯曼统治埃及开始至 1798 年法国人到来之前的约 300 年内，埃及共更换了 110 个帕夏。到 18 世纪末，埃及的奥斯曼土耳其人仅约 1 万名，占埃及总人口很小的一部分。但奥斯曼土耳其人在风俗习惯、服饰、语言等方面对埃及产生了深远影响。

奥斯曼帝国统治时期，埃及农业发展缓慢，野蛮的剥削制度使埃及农业生产遭到严重破坏。18 世纪末，肥沃的尼罗河三角洲平原约 1/3 的农田变成荒漠。奥斯曼帝国素丹还掳走埃及约 1.8 万名技艺高超的工匠，使 50 种行业不复存在。需要说明的是，尽管奥斯曼帝国名义上对埃及的统治持续至 1914 年，但实际上自 1798 年起，奥斯曼就失去了对埃及的直辖统治权力。

（三）近现代时期（1798 年至今）

1798 年，拿破仑入侵埃及。尽管其对埃及的占领仅短短不及 3 年，却宣告了近代埃及的诞生。自此埃及直接进入法国和英国的外交视野，西方资产阶级的思想理论、政治观念、科学技术与生活方式随之冲击着国门洞开后的埃及。

1801 年，法军撤离埃及后，土耳其、马穆鲁克军团与英军相互倾轧。穆罕默德·阿里借助埃及人民的力量，迫使奥斯曼土耳其素丹承认他为埃及总督，阿里时代由此开启。阿里引进西方先进的科学技术，为埃及资本主义的发展创造了有利条件，因此被认为是近代埃及的奠基人。在他的统治下，埃及社会经济得到了快速发展。农业方面，兴修水利，加固堤坝，疏通旧渠，发展以棉花为代表的经济作物，引进了近 200 种新农作物、果蔬与树木。工业方面，着重发展军事工业，创建硝石厂、火药厂等，积极发展民用工业与农副产品加工业，创办纺织厂、染料厂、磨面厂、榨油厂等，致力于将埃及建设成一个工业国。贸易方面，发展交通事业，创办尼罗河航运公司，扩建亚历山大港，使其成为国际性商港。此外，阿里政府还培养了大批翻译人员，开展对阿拉伯语的研究，发展阿拉伯语词汇和语法，使其适于表达新科学与新技术。

阿里去世后，其继任者阿拔斯一世奉行闭关锁国政策，使埃及沦为西方国家的原料供应地和工业产品销售市场。后来的继任者或迎合欧洲列强对外扩张的需要，使埃及主权遭到践踏，或展开不切实际的欧化改革，导致埃及进一步沦为西方列强的附庸。

1882 年，英国武装占领埃及，埃及成为英国的“保护国”。1922 年 2 月 28 日，英国宣布埃及为独立国家，但保留其对埃及国防、外交、少数民族等问题的处置权。1952 年 7 月 23 日，以纳赛尔为首的自由军官组织推翻法鲁克王朝，成立革命指导委员会，掌握国家政权，于 1953 年 6 月 18 日宣布成立埃及共和国。

1925 年革命后，埃及在教育、文学、科技等方面都获得了长足发展。教育方面，埃及开始建立一整套现代教育制度，加大教育投入，重视高等教育与基础教育发展，积极发展扫盲与成人教育。文学方面，第一次世界大战期间，在当时资产阶级改良运动与文化启蒙运动的影响下，埃及形成现代文学派，主张文学创作同反帝反封建的民族民主运动相结合。此后，埃及的文学创作日渐兴盛，特别是 1952 年革命后，随着埃及民族意识觉醒，文学创作呈现空前繁荣之势。科技方面，建立了一批科研院所，推动了科学技术特别是国防科技的发展。

第二节 风土人情

一、饮食

埃及百姓的日常饮食较为简单。通常而言，早餐多是面包、煎蛋、牛奶、咖啡或红茶；午餐多是牛油炒饭、牛排、烤鸡、豆汤、牛肉汤等；晚餐多为煮、炖、烤、烧的菜肴，以及大饼、面包、黄油、红茶。每餐必有蔬菜与水果，蔬菜多切成小片，蘸盐及各种沙拉酱生吃。[1]

大饼是埃及人最重要的主食，在埃及的饮食文化中极具代表性，或大如蒲扇，或小似巴掌。通常的吃法为直接食用，或配以霍姆斯酱（鹰嘴豆磨成粉制成）、火腿肠等食用。在埃及，大饼堪称穷人的救命稻草与社会的稳定剂[2]，全国各地 3 万多家大饼厂日均生产 2.5 亿—2.7 亿张大饼。埃及政府常年给予大饼补贴，2019—2020 年度财政预算划拨 500 亿埃及镑作为大饼补贴，2020—2021 年度额外增加 30 亿埃及镑补贴。[3] 埃及当地大米较少，居民一般将其煮成牛奶大米粥款待客人。埃及小吃品类繁多，包括烤羊肉

---

[1] 主流. 实用公民出国旅游常识 [M]. 成都：成都时代出版社，2016：122.

[2] 何文. 埃及大饼让穷人不挨饿 [N]. 中国税务报，2004-11-12[2021-05-17].

[3] 资料来源于埃及《祖国报》新闻网。

串、烤鱼、素丸子、焖蚕豆、空心粉、烤白薯、小米饭浇羊肉汤、麦片奶糖粥等。

埃及菜以烧烤煮拌为主，多用盐、胡椒、咖喱粉、柠檬汁和番茄酱调味，口感偏重，特色为焦香、浓郁、软滑。名品有烤全羊、烤鸡、牛肉豌豆、茄汁煮肉块、牛奶烙大饼、橄榄油炒豌豆泥等。[1] 埃及的"国菜"是蚕豆，是人们食用最多的食品之一，食用方法有焖、油炸、炖、炒、生吃等。

甜品是埃及人的心头之好，品种繁多，最受欢迎的有"库纳法""盖塔伊夫"与"盖麦尔丁"。"库纳法"是请客吃饭的必备食物，做法为：将白面加水，调成面糊。把大盘子或平底锅放在火上，将调好的面糊放在漏勺内，端起勺把震动，使面糊从勺孔中成丝落入加热的平底锅上。锅底先放奶油，将面丝在锅上煎到微脆即可。"盖塔伊夫"形似饺子，制法为将面粉加水和成面团，内馅为葡萄干等水果，在油锅中炸至浅黄再撒上蜂蜜即可。"盖麦尔丁"由杏干制成，形状、颜色与味道均与果丹皮类似，食用时可用水浸泡或煮化成汁，并加入蜂蜜或糖。

埃及人对锦葵也情有独钟，特别喜爱锦葵汤，其做法为：将叶子洗净晒干，把叶子粉碎，同羊肉、鸡肉、大米等一起煮汤，浓绿黏稠，味道鲜美。[2]

二、服饰

埃及人的传统服装是阿拉伯大袍，男女有别。男式大袍为白色或奶油色，无领，肥袖宽腰，长垂及地，穿着方便，凉爽舒服。在一些传统场合上，男子大多穿上大袍，同时配上用棉布薄纱织成的缠头巾。女式大袍为黑色，一般用黑色薄棉布或丝绸制成，头上裹黑头巾。

---

[1] 宋淑运. 埃及食风 [J]. 当代世界，2000，4（5）：43.

[2] 胡善美. 非洲的世界文明古国：埃及 [M]. 北京：科学普及出版社，1999：249-252.

当代埃及，特别是开罗、亚历山大等城市，随着东西方文化的交融，传统的阿拉伯长袍与时髦现代的服饰并存，西装革履的男士与打扮时髦的女士在街头随处可见。根据埃及人的礼俗，正式场合男士以穿西装为宜，女士穿着应端庄大方，不能袒胸露背。

埃及贝都因成年男子常穿长及脚面的白色或灰色长袍，据说穿这种长袍在沙漠中行走时，会产生一种类似空调的作用，空气形成对流，使人感到凉爽。头戴名为"固特拉"的头饰，用以遮阳和防止尘埃、蚊虫的侵扰，主要装饰有短棍、匕首或猎枪。贝都因妇女穿着较为保守，在白色纱罩外面，用宽松的白色或黑色长袍严密包裹全身，连头部也用黑色头巾包扎，眼睑及睫毛涂黑色天然化妆品，以对抗炙热的阳光。[1]

三、家庭与住房

埃及传统社会十分注重儿孙满堂的家庭纽带关系，因此无论是城市还是农村，数代同堂的大家庭十分普遍。在埃及人看来，最理想的状态是一大家人能彼此相邻而住。随着埃及城市化的快速发展，传统家庭观念面临考验，城市拥挤不堪的状况使家庭成员几世同堂的愿望难以实现。农村地区情况有所不同。由于耕地有限，一部分男性不得不到城市就业，在城乡之间往返，妻儿则留守家乡。埃及的成年子女可一直同父母居住，直至结婚。

埃及城市民居呈现按阶层分区域的特征。以开罗为例，逐渐形成三种不同类型的社会生活空间。第一类是开罗中下层社会群体聚居区，包括"法蒂玛"老城附近的贫困区及环绕老城外围的中等收入群体聚居区。"法蒂玛"老城周围的贫困区人口密度大，文盲率高，大多数住宅破败且拥

---

[1] 陈万里，王有勇. 当代埃及社会与文化 [M]. 上海：上海外语教育出版社，2002：264-266.

挤，基础设施严重不足。环绕老城外围的中等收入人群聚居区人口密度较老城区稍小，在吉萨、舒布拉等区域遍布私搭乱建的民宅，这些民宅大多墙面裸露，天台未封，毗邻的建筑间距狭小，甚至多座住宅楼相连。第二类是中上阶层居住区，这些地区人口密度较大，基础设施普遍较好，环境适宜居住。第三类是高收入人群居住区，这些地区人口密度小，与前两种居住区相对隔离，基础设施及规划较为合理规范，国际化程度高。[1]

埃及农村的居住条件比较简陋。上埃及大部分地区的村舍为平顶，均用土坯造成，有时外墙涂抹一层泥浆，有泥砌的楼梯通往屋顶。在一些山区，住房同动物的圈舍相连，房屋外墙通常无装饰，内墙则往往涂得绚丽多彩。努比亚人村落的建筑风格同埃及传统村落的风格迥异，房舍外墙大多粉刷成各种颜色。贝都因人则居住在以动物毛发为材料织成的帐篷中，夏天人们根据风向将帐篷拆开，促进空气流通的同时可以保护居住者不受流沙侵扰；冬天，也包括夏夜寒冷时，人们会在洼地等有天然保护屏障的地方支起帐篷。贝都因人一般以族群为单位居住，一个族群一般有40—50人，彼此是亲戚。在族群的大营区内，每个家庭又有自己的一方小居住区，父母与子女分睡在不同的帐篷中。[2]

四、礼仪习俗

埃及人热情好客，慷慨大方。无论在何种场合，熟人见面时都会打招呼，男性互相握手，女性互相亲吻脸颊。密友相逢，先是握手，再互相亲吻面颊，然后手拉手互致问候。除收入、妻女等个人隐私外，几乎能想到的问题都会问候一遍。

---

[1] 李从军. 迁徙风暴：城镇化建设启示录 [M]. 北京：新华出版社，2013：190-192.

[2] 威尔森. 文化震撼之旅 埃及 [M]. 北京：旅游教育出版社，2008：191-194.

走亲访友时,主人和客人互相问候后,主人会给客人送上茶水。对主人送上的茶水,客人在临行前一定要喝完。杯中残存茶水是埃及人忌讳的,他们认为茶水残留在杯中,是暗示主人的女儿嫁不出去。主人会热情挽留客人吃饭。无论饭菜是否合乎胃口,客人都要尽量多吃,吃得越多主人越高兴。埃及人习惯用右手就餐,忌讳用左手与他人接触或给他人递送食物等。无论饮茶还是吃饭,客人都要再三向主人表示感谢。

根据埃及传统婚俗,男女双方不可直接见面。男方由母亲、姐姐或媒人代替相亲,并转告姑娘的情况。如男方满意,则由家人送上礼物订婚。新郎不亲自迎娶新娘,通常由其女性亲属代劳,她们陪同新娘梳洗打扮,之后坐上新娘家准备的彩车去新郎家。到达夫家后,蒙面的新娘由新郎迎进新房。晚餐后,新郎与新娘手持鲜花,在鼓乐声中前往清真寺做礼拜。礼拜后返回新房,新郎在宾客们的注视下揭开新娘面纱。

埃及科普特人的婚事由订婚与婚礼两部分组成。青年男女可自由恋爱,相互接触,但需征得父母同意。订婚仪式可在教堂、俱乐部或家里举行,一般订婚后1—3年才举行婚礼。婚礼仪式一定要在教堂里举行。

贝都因人在婚礼前一天晚上举办"海那之夜"宴会,会上常跳一种在海湾国家和其他贝都因人居住区十分盛行的舞蹈,以向新人表示庆贺。不跳舞的男子则会端来指甲花,涂满新郎的手脚。然后,所有客人围住新郎父亲,向其赠送礼金或贺礼。在另一间屋子里,妇女们也会给新娘手脚涂上指甲花,然后新娘把脚伸进盛着清水、硬币和绿色树叶的盆里,以期带来好运。婚礼当天,新郎才首次见到新娘。新人在亲朋好友的陪伴下到男方父母那里暂时住下,第二天清晨,新郎按习俗离家外出,新娘则七天七夜不得离开住所。第八天清晨,男方家人亲朋与新郎一起陪同新娘回娘家举行庆祝活动。活动结束后,新郎与新娘返回自己的家,开始新的生活。[1]

---

[1] 陈万里,王有勇. 当代埃及社会与文化 [M]. 上海:上海外语教育出版社,2002:245-258.

埃及人的禁忌主要和伊斯兰教的禁忌相关。例如，非穆斯林不得贸然进入清真寺；中学生男女分班授课；大学男女虽混合上课，但男女宿舍区严格分开，女生宿舍区设有专职警卫，男性不可入内。割礼是埃及的古老习俗，当今的埃及社会，理论上割礼仅限于男性。至于女性，埃及政府已于 1959 年以法律形式宣布禁止。

五、节庆

埃及的节庆假日丰繁且独具一格，根植于宗教历史、民间传说和国家活动。宰牲节、开斋节、圣纪节是埃及最盛大的宗教节庆活动，也是伊斯兰教的三大宗教节日。宰牲节在每年伊历的 12 月 10 日，放假 5 天。宰牲节期间，穆斯林都聚集在大清真寺或公共场所举行会礼。经济条件允许的家庭通常会举行宰牲礼仪，宰牲后的肉分为三份，分别留作自用、赠送亲友及施舍穷人。开斋节的日期每年不尽相同，穆斯林在伊历 9 月进行斋戒，斋月最后一日若见新月，则次日为开斋节；若未见新月，则继续封斋，节期顺延，但一般不超过 3 天。开斋节放假 4 天，其间，穆斯林会穿上盛装，前往清真寺参加会礼和庆祝活动，恭贺斋戒的成功履行，并互赠祝福与礼品。经济条件允许的家庭应给予穷人一定的施舍。圣纪节在每年伊历的 3 月 12 日，放假 1 天，以纪念穆罕默德的诞生。

公历 7 月 23 日是埃及的国庆日，放假 1 天。1952 年的这天，以纳赛尔为首的"自由军官组织"发动政变，推翻法鲁克王朝。埃及政府将"七·二三"革命胜利之日定为革命节，这一天也成为埃及的国庆日。公历 10 月 6 日是建军节，放假 1 天。1973 年的这天，埃及武装部队越过苏伊士运河，摧毁"不可逾越"的巴列夫防线，打破了以色列"不可战胜"的神话。埃及政府将战争爆发之日定为武装部队日，相当于建军节。公历 4 月

25 日是西奈解放日，放假 1 天。公历 6 月 18 日是埃及独立日。

埃及还有一些历史悠久的文化节日。闻风节约在公历 3 月下旬至 5 月上旬之间，放假 1 天，是世界上最古老的节日之一，距今已有 5 700 多年历史。据传，古埃及祭司观察天体，发现春分之日白昼与黑夜平分，万物生长，百花盛开，认为这天是世界的开端，于是便有了闻风节。节日当天，人们举家外出踏青，品尝彩蛋、咸鱼、洋葱、生菜等美食。尼罗河泛滥节在公历 6 月 17 日。每年尼罗河洪水泛滥之后，会留下层层肥沃的土壤，成为谷物生长的天然肥料。为感谢尼罗河的恩典，埃及人民自法老时代起便开始欢庆该节日。

第三节 文化名人

自 7 世纪阿拉伯人进入埃及以来，阿拉伯伊斯兰文化在埃及开始传播和发展，逐渐成为埃及的主流文化。尽管近代以来埃及被法国、英国等列强殖民统治，深受西方文化的影响，但阿拉伯伊斯兰文化始终是埃及社会的主流文化。

一、文学家

纳吉布·马哈福兹（1911—2006），埃及作家，1988 年获诺贝尔文学奖，享有"阿拉伯文学之父"美誉。在长达半个世纪的文学生涯中，他创作了近 50 部作品，他"丰富的著作使人们思考生活中的重要课题。像时代的爱情和本质、社会和准则、知识和信仰等主题在多种情景中反复出现，引人深思，激发良知，鼓舞人们勇敢对待。"（诺贝尔文学奖授奖词）[1] 其小说包括享誉世界的《宫间街》《思宫街》《甘露街》三部曲和诺贝尔文学奖获奖作品《我们街区的孩子们》等。他的创作将阿拉伯小说推上了现实主义的顶峰，而他的现实主义又极为独特地"将现实的沧桑与难以言明的永恒化为了一体"[2]，传达了对人类的现状与未来的深切忧虑和关怀。

塔哈·侯赛因（1889—1973），埃及作家、评论家、教育家。历任埃及大学古代史教员、文学院院长、教育部文化督查官、教育部顾问、亚历山大大学校长、教育部部长、参议院议员等职。在他任教育部部长期间，埃及实施了高中及中等职业技术教育免费教育制。1951年，他被授予帕夏爵位，1955年任阿拉伯国家联盟文化事务主任，1963年当选为阿拉伯语语言协会（开罗）主席。他担任过数家报纸和杂志的主编，还是马德里皇家历史科学院、德黑兰科学院、巴黎考古与文科学院、巴格达科学协会通讯院士。

塔哈·侯赛因一生共出版了50余部著作，有小说、文集、文学史专著和教育学专著等。其史学著作内容博大精深，立论鲜明尖锐，文字规范优美，对后世有重大影响。其文学史专著《论贾希利亚时期的文学》（1926年）在阿拉伯现代文坛有着特殊的地位。他的重要著作有长篇小说《鹬鸟声声》（1934年）、《世上受苦人》（1948年），评论《周三谈话录》（1925年）、《邵基和哈菲兹》（1929年），文学史专著《阿拉伯半岛的文学生活》（1935年），散文集《在夏天》（1932年），译作《希腊诗剧选》（1920年）等。

陶菲格·哈基姆（1898—1987），作家、文学批评家、戏剧家。曾任埃及作家协会主席，文学活动始于埃及民族解放运动高涨之时。他创作了大量的诗歌、小说、戏剧等文学作品，反抗殖民统治、反映阿拉伯妇女解放问题等埃及社会现实问题。例如，1918年发表反英戏剧《不速之客》。1924年创作剧本《新女性》。长篇小说《魂归来》（1933年）是现代阿拉伯文学

[1] 张洪，谢杨，张洪仪. 大爱无边：埃及作家纳吉布·马哈福兹研究 [M]. 银川：宁夏人民出版社，2008：6-7.
[2] 张洪，谢杨，张洪仪. 大爱无边：埃及作家纳吉布·马哈福兹研究 [M]. 银川：宁夏人民出版社，2008：8.

的第一部社会小说，反映了 1919 年埃及反英大起义前夕和起义初期的埃及社会生活。1937 年发表的现实主义中篇小说《乡村检察官手记》，描写殖民统治下埃及农民的贫困和无权的境遇。中篇小说《来自东方的小鸟》（1938 年）、《生活的牢笼》（1944 年），心理长篇小说《神圣的枷锁》（1944 年）和回忆录《生活的色彩》（1943 年）都是引人入胜的作品。他的戏剧创作深受梅特林克、易卜生、萧伯纳作品的影响，著有 60 多部具有阿拉伯特色的哲理剧、社会剧和历史剧，如《洞中人》（1933 年）、《山鲁佐德》（1934 年）、《皮格马利翁》（1942 年）、《英明的苏莱曼》（1943 年）、《厄底浦斯王》（1949 年）等。他的创作对阿拉伯文学的发展有着巨大影响。1958 年，获国家颁发的文学表彰奖，1961 年被选为阿拉伯语语言学会委员，1977 年被地中海国家文化中心授予"地中海国家最佳思想家、文学家"称号。

迈哈穆德·台木尔（1894—1973），小说家，生于开罗书香门第。台木尔曾担任埃及政府关注文学艺术和社会科学最高委员会委员和埃及作家协会理事，多次获国家颁发的文学表彰奖。他一生创作了 70 多部作品，其中小说集 26 部，包括 300 多篇短篇小说。他的著名小说集有《在劫难逃》（1941 年）、《粗唇》（1946 年）、《行行善吧》（1949 年）、《棒棒糖》（1958 年）等，长篇小说有《无名氏的呼声》（1939 年）、《赛勒娃彷徨歧途》（1944 年）、《革命者》（1948 年）、《再见吧，爱情》（1959 年）等。这些小说因深入、细腻地反映了埃及城乡各阶层生活风貌和心理状态而在阿拉伯国家享有盛誉，并被译成英、法等十几种语言。迈哈穆德·台木尔创作的剧本分为历史剧和现代剧两类，著名的有反映人民对战争感受的《第十三号防空洞》（1943 年）、《炸弹》（1943 年）和表现 1952 年革命时埃及社会状况的《比恶魔还狡猾》（1956 年）等。他还写有不少记述各地山川名胜、人物风情的游记作品，他的《阿拉伯语问题》《小说艺术》等作品贯穿人道主义的基本思想，表现了对下层民众命运的极大关注和同情，并对资产阶级社会痼疾进行抨击。他的作品既有现实主义因素，又有浪漫主义色彩，反映了作者改良社会的强烈愿望。

穆斯塔法·卢特斐·曼法鲁蒂（1876—1924），埃及作家，现代阿拉伯散文的先驱。他自幼受过良好的文化教育，11岁时能背诵《古兰经》，后入爱资哈尔大学学习伊斯兰教义学和文学。他曾在埃及教育部任职，1923年任埃及议会秘书处负责人。受"泛伊斯兰主义"、埃及民族主义和叙利亚派作家的思想影响较深，他主张用改良的方法来改善贫苦人民的悲惨生活。他的散文风格朴实无华，感情细腻，在阿拉伯国家有广泛影响。他著有《观点集》（1902—1910，三卷），主张维护阿拉伯伊斯兰文化传统。他的小说《泪珠集》取材于现实生活和法国文学作品，多数故事带有悲戚哀伤的色彩，比较注重修辞和音韵的和谐。

二、诗人

迈哈穆德·萨米·巴鲁迪（1838—1904），埃及诗人、政治家。曾任圣战部大臣、总理大臣，是当时埃及民族主义政党——祖国党的领导成员之一。1882年，他随阿拉比领导埃及人民进行反英斗争，起义失败后被流放到锡兰岛，1900年方获赦归国。巴鲁迪晚年双目失明仍坚持创作，并整理、选编古诗，死后出版《巴鲁迪诗集》二卷和《巴鲁迪选古诗集》四卷。巴鲁迪被认为是阿拉伯近代诗歌复兴的先驱。他的古诗风格严谨、凝练、朴直，反映个人与祖国的兴衰荣辱、多变的命运和坎坷曲折的道路，体现了时代精神和民族感情，在近代阿拉伯诗坛承上启下，开一代诗歌之新风。

艾哈迈德·邵基（1868—1932），埃及著名诗人。生于开罗富贵之家。1887年毕业于开罗法律学院翻译系，被选派赴法留学，先后在蒙彼利埃和巴黎大学进修法律，其间大量阅读西方名家名作，受影响颇深。1892年回国后，在宫中任职，并成为宫廷诗人。他的诗反映对英国殖民统治的不满。1914 年年底，英国人废黜了埃及国王阿巴斯二世，邵基也被放逐到西班牙。流放期间，他凭吊安达卢西亚古迹，追昔抚今，写了不少咏史名篇。1919 年归国后，其诗歌创作倾向发生了明显的变化。此时的他已置身于争取民族解放的斗争洪流中，写的诗号召埃及人民继承、发扬祖先的光荣传统，振兴祖国，充满了强烈的爱国主义精神和民族主义精神。邵基晚年把诗剧的形式引入阿拉伯诗坛，写了 6 部取材于历史或民间传说的悲剧，有《克娄巴特拉之死》（1927 年）、《冈比西斯》（1927 年）、《阿里贝克》（1893年）、《莱伊拉的情痴》（1927 年）、《安塔拉》（1927 年）、《安达卢西亚公主》（1927 年）和 1 部取材于 19 世纪现实生活的喜剧《胡达太太》（1927 年）。邵基著有诗集四卷，其诗继承阿拉伯诗歌传统，语言凝练、优美、典雅，富于感情和想象，尤工于音律，宜入乐，受到歌唱家和听众的喜爱。因诗歌成就突出，1927 年被阿拉伯诗界尊为"诗王"。

阿拔斯·迈哈穆德·阿卡德（1889—1964），埃及评论家、诗人。他出生于上埃及一个穆斯林家庭，小学毕业后当过教师、电报局职员、报社编辑。阿卡德深受西方文学的影响，形成浪漫主义流派——"笛旺派"。他认为诗歌应表达人物的内心活动，描写人生的善与恶、苦与乐。他的诗集《初晨的清醒》（1916 年）、《正午的炎热》（1917 年）、《傍晚的幻影》（1912年）、《黑夜的忧愁》（1928 年）于 1928 年合成一集——《阿卡德诗集》。作品表达了诗人内心的忧郁和欢乐。他还著有《批评与文学专集》（1921 年）、《文学艺术之见》（1925 年）等论文集。1933 年出版诗集《四十的启示》《鹬鸟的礼物》。1937 年出版诗集《过路人》和长篇小说《萨拉》。1942 年出版诗集《西方的旋风》。第二次世界大战到 20 世纪 50 年代，他陆续写了一些阿拉伯古代诗人和学者的评传及介绍莎士比亚等外国作家的专著。他在埃及和阿拉伯文学界享有很高的声誉，曾任埃及政府文学艺术和社会科学最高委员会委员，并于 1960 年获得埃及国家文学表彰奖。

三、思想家

穆罕默德·阿布笃（1849—1911），伊斯兰法学家、学者与自由派改革者，是伊斯兰现代主义思潮的开创者之一。他受过正统的伊斯兰宗教教育。1866 年，到开罗爱资哈尔大学就读，结识了著名宗教改革家哲马鲁丁·阿富汗尼，成为其学生，受到很大的影响。1884 年，他与阿富汗尼在巴黎共同创办《巩固团结报》，旨在反对伊斯兰国家的殖民主义及残暴统治。1885 年，他到贝鲁特，主要从事教育和伊斯兰研究。1889 年，重返埃及，被任命为法官，后担任伊斯兰教法说明官。他对中世纪的僵化的伊斯兰传统进行批判，对近代伊斯兰思想发展有重要影响，被尊为埃及伊斯兰现代主义的始祖，主要著作有《穆斯林信仰谈》《论真主的独一性》等。

卡西姆·艾敏（1865—1908），埃及穆斯林作家，妇女解放运动的倡导者。生于埃及的一个库尔德族穆斯林家庭。自幼在亚历山大港求学，后移居开罗，直到去世。他曾在爱资哈尔大学学习伊斯兰教义和教法，与伊斯兰教改革家穆罕默德·阿布笃及赛尔德·扎格鲁勒交往甚密，深受他们革新思想的影响。后去法国蒙彼利埃大学专攻法律，回国后在埃及司法和检察机构工作。曾参加埃及人民的独立运动，以维护女权和妇女解放运动的先锋者著称。1899 年，发表论文集《妇女的解放》，引起强烈反响。他的进步思想和对伊斯兰教法进行改革的主张得到革新派的拥护，但遭到封建保守派的反对和攻击。1906 年，发表《新女性》，从人类社会的历史、结构基础及现实问题等方面论证妇女解放的社会意义。1908 年去世后被发表的《卡西姆·艾敏言论集》，是关于家庭、妇女和爱情问题的杂文集。[1]

艾哈迈德·艾敏（1886—1954），现代阿拉伯世界最负盛名的伊斯兰学者之一，早年曾在爱资哈尔大学和伊斯兰高等法学院学习。1911 年毕业后

---

[1] 中国伊斯兰百科全书编辑委员会. 中国伊斯兰百科全书 [M]. 成都：四川辞书出版社，1994：278.

即致力于阿拉伯历史文化研究，写成享誉世界的阿拉伯伊斯兰文明史三卷本：《伊斯兰的黎明时期》《伊斯兰的近午时期》《伊斯兰的正午时期》。这套书从世界文化史的高度审视阿拉伯伊斯兰文化，系统全面地论述了阿拉伯伊斯兰文化产生的历史背景、文化源流、形成与发展的特点及其在世界文化史上的地位，范围涉及各个文化领域，介绍了伊斯兰文化各学科的成就、代表人物及著述，并对各种文化间的关系进行了比较研究。该书史料翔实、立论公允、见解精辟，出版后受到阿拉伯及国际学术界的普遍重视与高度评价，被誉为"阿拉伯文化史的光辉巨著""阿拉伯文化的知识宝库"，被称为"艾哈迈德·艾敏百科全书"。[1]

四、翻译家

雷法阿·塔赫塔维（1801—1973），埃及作家，阿拉伯近代文学复兴运动的先驱。雷法阿·塔赫塔维生于上埃及塔赫塔市一个贫苦家庭，后在开罗爱资哈尔大学学习，毕业后于 1826 年赴法留学，5 年后学成回国，在技术学校任翻译。1834 年，他任语言学校校长，1841 年起任翻译局局长，1854 年任军校校长，参与创办并主编《埃及时事报》。他曾组织人将大量西方文学、科技书籍翻译成阿拉伯文，企图通过新闻宣传、教育、引进西方文化等达到振兴埃及的目的。塔赫塔维著译甚丰，有游记《巴黎揽胜》、文选《埃及当代文学赏析》，以及《古埃及史》《法国诗选》《忒勒马科斯历险记》等作品。他崇尚文风拟古、散韵结合，追求文字的典雅。

---

[1] أحمد أمين: فجر الإسلام[M]. بيروت: دار القلم للطباعة و النشر و التوزيع. 1992: 5.

五、艺术家

乌姆·库勒苏姆（1904—1975），埃及国宝级歌手，埃及的一个文化符号。1952 年法鲁克王朝被推翻后，她录制了很多歌曲支持新政府。1967 年，埃及在"六日战争"中失利后，她在阿拉伯国家进行巡演，以唤起阿拉伯世界对埃及的支持和同情。乌姆·库勒苏姆 1975 年去世，数百人走上开罗街头为她送行。人们从乌姆·库勒苏姆的歌声里听到了自己的故事，她因此也被称为"人民艺术家"。

尤赛夫·夏因（1926—2008），20 世纪埃及最重要的电影导演之一，被誉为走在东西方文化交界处的电影人，作品有《开罗车站》《大地》《亚历山大三部曲》，曾获戛纳电影节终身成就奖。

第三章 教育历史

第一节 历史沿革

教育是人类社会发展到一定历史时期的产物，教育发展是历史社会发展的一部分。社会生产力的发展水平、社会意识等社会历史发展条件，影响着教育的发展和结构。

一、近代埃及教育兴起的历史社会背景

近代埃及教育的兴起有其深刻广泛的历史社会背景。

第一，就内部而言，尽管埃及作为世界四大文明古国之一，教育水平一度鼎盛，但到 19 世纪，其经济、文化僵滞，教育落后，文盲率高。无论是初等教育还是高等教育，教学内容大都围绕神学展开，很少教授诸如医学、工程、经济学等社会发展急需的学科。在教学方式上机械死板，采用填鸭式教学，要求死记硬背。

第二，穆罕默德·阿里的改革给埃及教育注入了新的活力。1798 年，法国拿破仑入侵埃及。在抗击法国入侵的斗争中，埃及出现了一批有识之士，探索埃及的生存发展道路，穆罕默德·阿里即为其中的典型代表，被

马克思赞誉为"唯一能用真正的头脑代替'讲究的头巾'的人"[1]。1805年就任埃及总督后，穆罕默德·阿里在埃及进行了一系列自上而下的全面改革，涉及农业、军事、工业、财政、教育等，并取得了显著成效。在他的治理下，埃及打破了长达几个世纪的闭塞状态，成为"当时奥斯曼帝国唯一有生命力的部分"[2]。

第三，西式教育进入埃及后对埃及的传统教育形成强烈冲击，客观上促进了埃及近代教育理念的萌芽。西方列强打开埃及国门后，在埃及兴办殖民教育，兴建教会学校，旨在维护殖民统治，培养为宗主国服务的人才。教会学校带有浓厚的基督教色彩，遭到了埃及穆斯林的抵制。但与此同时，西方兴办的各类教会学校的教学方式、教学内容和管理模式等，也为埃及提供了直观的范例。另外，西方教育也为埃及培养、输送了一批推进国家近代化事业建设的人才。[3] 在这些因素的共同作用下，19世纪埃及教育事业发展迅速。

二、穆罕默德·阿里时期（1798—1849年）

穆罕默德·阿里在埃及进行了一系列自上而下的全面改革，教育是其改革的重点领域。出于强兵富国的政治目的，穆罕默德·阿里优先发展高等教育，尤其是军事教育，这成为其教育改革的根本出发点和特色。

穆罕默德·阿里主要通过派遣留学生到欧洲学习军事知识、聘请外国讲师和创办新式学堂来实现强兵富国的政治目的。1813—1847年，埃及共派遣留学生319人，分9批到意大利、法国、英国等国学习，耗资30万埃

---

[1] 马克思. 俄土纠纷——东印度问题 [M] // 马克思恩格斯全集：第9卷. 北京：人民出版社，1961：222.

[2] 马克思. 俄土纠纷——东印度问题 [M] // 马克思恩格斯全集：第9卷. 北京：人民出版社，1961：231.

[3] 曲洪. 十九世纪埃及教育事业的发展及其原因 [J]. 西亚非洲，1990（6）：63.

镑。回国后，这些留学生在埃及各级各部门担任要职。

为了培养本土的军事教官、医生、技术人员、行政管理人员，阿里还着力于创办高等院校。1825 年创办了第一所军事高等学校和参谋学校，聘请法国人担任教官。1826 年开始设立医学专门学校。为了搞好军事训练，埃及同时开始设立语言学校，教授法语和英语。1834 年创办了第一所行政管理学校，后来又陆续创立了炮兵学校、步兵学校、医学专门学校和农业学校等 23 所专科学校。学校实行免费制和住宿制，并向学生发放少量津贴和衣物。起初这些学校由陆军管理，但随着军事教育事业的不断扩大，学科划分越来越细，1836 年阿里颁布法令成立学校组织共同委员会主管教育事务，该委员会被视为埃及第一个中央教育部。

由于高等教育发展先于初、中等教育，高校生源一度紧张。为解决生源短缺的问题，阿里一方面利用已有的传统宗教教育设施为高校输送生源，另一方面着手兴办新型中小学。1839 年阿里颁布了第一个新型小学教育条例，规定在埃及开办 50 所新型小学，旨在为高一级学校输送生源，后又创立两所中学。到 19 世纪中叶，埃及国内共有公共小学 50 所，中学两所，注册学生两千人。[1] 穆罕默德·阿里这种优先发展高等教育，带动发展初、中等教育的教育发展战略被后人称为"倒金字塔"的教育体系。

穆罕默德·阿里时代文教事业的发展很大程度上受益于翻译运动的开展。1821 年，阿里创办了埃及第一家印刷厂——布拉格印刷厂。得益于印刷厂的创办，各类图书发行和流通变得便利，这也推动了印刷出版事业的发展，大批欧洲军事科技、政治、文化的书籍被译为阿拉伯文、土耳其文和波斯文，介绍西方科学活动、文化和思想，造就了以里法阿·塔哈塔维、阿里·穆巴拉克等为典型代表的第一批接受西方思想影响和熏陶的知识分子阶层。

---

[1] 李建忠. 战后非洲教育研究 [M]. 南昌：江西教育出版社，1996：400.

穆罕默德·阿里的教育世俗化改革打破了传统宗教教育在埃及的垄断地位，形成了传统与现代并存的二元结构教育制度，其改革以服务军事为目标，并带动了其他教育领域的发展。在这种"倒金字塔"式的教育发展模式驱动下，19世纪上半叶埃及的文化教育事业和学术活动变得繁荣，埃及拥有了第一批现代意义上的军官、科学家、艺术家、工程师和行政管理人员，逐渐实现了人才发展的自主性。

然而，穆罕默德·阿里的教育改革以富国强兵的实用主义、功利主义为根本目的，他本人缺乏理论基础，改革缺乏长远考虑，于是出现了诸如新型教育和传统教育脱节、高校生源短缺、忽视妇女教育权利等问题。毋庸置疑的是，穆罕默德·阿里的改革为埃及文教的发展注入了活力，助推了埃及社会由传统向现代的过渡。但令人遗憾的是，穆罕默德·阿里去世后，他的两任接班人阿拔斯·阿里帕夏和赛义德帕夏废除了他的改革政策，限制世俗教育的发展，关停大批中等技校，埃及教育重新落入低谷，直到1863年伊斯梅尔帕夏上任后局面才出现转机。

伊斯梅尔帕夏自小留学法国，深受西方文化影响，他上台后大力支持世俗教育的发展，恢复被关停的世俗学校，并着手设立新学校，于1866年创办了埃及第一所法律学校。此外，他还兴办了工程、师范、医学等高等院校，设艺术、电信、测绘、财会、农业等技术学校。1867年，伊斯梅尔颁布法令，规定所有立法机构的成员都要能读能写，所有30岁以下的公民要学会阅读，并开始对贫困家庭学生提供免费教育。1873年，伊斯梅尔的第三位妻子在他的支持下创办了埃及第一所女子学校，成为时代创举，打破了长久以来的社会禁锢，赋予埃及穆斯林女性在学校接受教育的权利，对伊斯兰世界妇女解放运动产生了深远影响。

伊斯梅尔任埃及总督期间，还鼓励外国人来埃及创办教会学校。据统计，到1892年，西方国家在埃及公开创办的学校为42所，注册学生总数

超过两万人 [1]。埃及教育在伊斯梅尔的支持下再度繁荣。但好景不长，英国1882 年入侵埃及，埃及教育进入殖民化时期。

三、英国殖民时期（1882—1919 年）

英国在殖民埃及期间致力于掠夺财富，满足自身对工业原料的巨大需求，在埃及实行所谓的"农业经济专业化"政策，致使埃及经济结构单一发展，社会贫富差距日益悬殊。教育成为殖民者巩固自身统治的重要抓手，埃及的教育事业在这一时期夹缝求生。

英殖民当局为了巩固自身殖民统治，采取了愚民奴化的教育政策。

一是限制教育内容。不鼓励学生独立思考，扼杀其创造力，诸如经济学、哲学等启人心智的科目被排除在学校课程之外；推广宗主国语言，将英语、法语作为教学语言；强化对欧洲文化优越性的宣扬，抹杀埃及人民对阿拉伯文化的认同，培养殖民机构的附庸；人事组成上，原有的教育工作者动辄被通知调动工作或遭辞退，甚至有些学校莫名其妙被取消招生资格。

二是通过控制考试来主导教育。政府学校的毕业考试由殖民当局组成的考试委员会出题，殖民者通过控制考试得以控制学校，施加其主观意愿。在 1888 年的初等教育合格证书考试中，1 381 名学生中只有 427 名通过，通过率仅为 30.9%。1891 年的中等教育合格证书考试的情况更差，参加考试的128 名学生中只有 28 名通过，通过率仅为 21.9%。[2]

三是削减教育投资。英国殖民当局除通过控制考试主导埃及教育外，还大幅削减教育投资，借此打压埃及的现代教育体系。英国殖民埃及后，

---

[1] 李建忠. 战后非洲教育研究 [M]. 南昌：江西教育出版社，1996：400.

[2] RADWAN A. Old and new forces in Egyptian education[M]. New York: Bureau of Publications, Teachers College, Columbia University, 1951: 96.

很快取消了面向穷人开设的免费教育，同时兴办私立学校和教会学校。教育成了专为上层子弟开设的精英式教育。据统计，1907 年埃及文盲人数约为 730 万人，约占埃及总人口的 90%，在校人数仅占适龄人口的 3.5%。[1] 此前穆罕默德·阿里时期创办的现代技术学校仅有三所被保留下来，这些学校的办学经费都是由学校自己筹集。直到 1910 年，以农业为经济支柱的埃及仅有一所农业学校，而且由于入学条件过高很少有人能够入学就读。[2] 在英国占领埃及的前 25 年里，教育经费只有 280 万埃镑，仅占这一时期埃及国民经济总预算的 1%。[3] 由于经费不足，许多学校倒闭，到 1914 年，整个埃及的高中由英国占领埃及前夕的 25 所减少至 4 所。[4]

由英国殖民当局主导掌控的精英教育的体制充分反映了当时的社会生产关系，也是民族压迫的缩影。在该体制下，教育成了少数人的特权，社会文盲率大幅增加；英国未能如愿避免民族主义运动的兴起，英国殖民当局对埃及教育的压制引发了一些有识之士和民族主义者的强烈不满，他们掀起了扩展教育、争取民族自由的爱国运动。

为了应对外来侵略势力和文化压制，伊斯兰慈善机构和伊斯兰学校应运而生。1892 年，埃及相继出现了 3 个规模较大的慈善协会：开罗伊斯兰慈善协会、亚历山大坚柄协会、米努夫省勤恳工作协会。这三大协会共同的宗旨就是致力于传播文化知识、开办面向穷人的免费教育。伊斯兰学校的创办和运作主要依靠瓦克夫 [5] 收益，在这一时期，瓦克夫捐赠成为爱国运

---

[1] 吴式颖. 外国现代教育史 [M]. 北京：人民教育出版社，1997：358.

[2] HARBY M. Education in the United Arab Republic in the twentieth century[M]. Cairo: Ministry of Education, 1960: 10.

[3] 李乾正，陈克勤. 当今埃及教育概况 [M]. 郑州：河南教育出版社，1994：47.

[4] 艾尼斯，哈拉兹. 埃及近现代简史 [M]. 北京：商务印书馆，1980：122.

[5] 瓦克夫，阿拉伯语音译，意为"保留""扣留"。特指"保留"安拉对人世间一切财富的所有权，或留置部分或全部财富或能产生收益价值的土地、产业，专门用于符合伊斯兰教法规定的宗教与社会慈善事业。由此而产生的留置财产的方式，后来发展为一种特殊的经济制度。其特点是以奉献安拉之名义永久性地冻结财产的所有权，明确限定了用益权留作瓦克夫的土地、产业（即义地、义产）归安拉所有，只能用于宗教慈善目的。

动的核心力量，受到群众的广泛支持，埃及民众纷纷慷慨解囊，掀起了瓦克夫捐赠和个人捐款兴办学校的运动，以抵抗英国在埃及教育领域的霸权。截至 1915 年，埃及拥有的瓦克夫学校数量达 239 所，学生总数为 30 647 名，而隶属于教育部的学校数量仅有 65 所，在校学生数量为 14 374 名。[1]

针对英国殖民当局取消免费教育、缩减教育投入的政策，很多瓦克夫捐赠声明书明确提出提供免费教育，重视女子教育，有些大型瓦克夫的捐赠者还提出承担学生的一切用度，免费提供学习用具、校服、伙食、助学金，对女生尤为照顾。伊斯兰学校的兴起给埃及的贫困孩子带来了难能可贵的受教育机会，而且这类学校有别于传统的宗教学校，比较重视传统思想和现代教育的结合以及社会道德的训练。很多瓦克夫捐赠声明书明确提出，要开设阿拉伯语、《古兰经》诵读、伊斯兰教常识、文学、思想品德、历史、外语、工业、农业、商业、财会、美术、现代科学和技能等课程。

这一时期埃及高等教育的发展也同样得益于民间捐赠和瓦克夫。20 世纪初，埃及民族独立运动的领袖穆斯塔法·卡米勒、萨阿德·扎格鲁勒以及一些思想家相继呼吁建立一所埃及大学，弘扬自由和爱国思想，适应国际科学与技术的发展。

这一主张虽遭到当时英国殖民当局的极力阻挠，但赢得了民众的热情支持。1908 年 12 月，埃及创办了埃及历史上第一所现代化大学——埃及私立大学，即开罗大学的前身。瓦克夫除了用以资助创办大学外，还用以资助留学生外派。

这场教育救国的爱国运动，释放了英国扼制下埃及教育的活力，一定程度上减小了英国教育霸权给埃及教育发展带来的危害，推动了宗教教育与世俗教育的结合。以瓦克夫为主要资金来源的教育运动，对近现代埃及社会产生了广泛而深刻的影响，不仅提振了埃及社会的教育、文化、慈善

---

[1] 马玉秀. 论埃及近现代卧格夫与教育 [J]. 中东研究，2019（2）：230.

事业，还彰显了民间广泛而高涨的爱国主义情绪。

随着民族意识的不断加强，埃及出现了暴力推翻殖民统治的斗争形式。1922 年，萨阿德·扎格卢勒领导的民族解放运动取得了胜利。英国被迫宣布结束对埃及的"保护"，承认埃及为独立国家，埃及自此进入宪政时期，埃及教育也开启了新阶段。

四、埃及独立初期（1919—1952 年）

独立后的埃及迫切需要完成教育制度规整化、国有化、统一化的艰巨任务。面对复杂的历史遗留问题，如何继续扩大教育覆盖面，大规模扫除文盲，通过科教提振工、农、商业等成了新政府工作的重中之重。

埃及独立后，首先废除了殖民时期基础教育阶段的收费制度，恢复了免费义务教育性质。埃及 1923 年 4 月颁布的宪法明确规定：所有儿童 6 岁入学，接受免费义务初等教育；建立教育部，负责管理学校教育事务。1924 年，埃及颁布了第一个义务教育法案，规定小学的学制为 5 年，1927 年，学制改为 4 年。

埃及独立后，明确教育的目的是培养具有爱国主义精神和民族尊严感的新一代。

为培养民族尊严感，捍卫民族性，除了部分语言学校的外语课外，大多数学校不再采用外语教学。为尽快摆脱殖民主义的影响，同时为了加强国家对教育的管理，埃及政府在 1934 年对外语学校实行了国有化改革，规定所有外国语言学校都应置于政府的监督和检查之下，无论是哪国国籍的学生都必须学习阿拉伯语。

独立后埃及人民重建家园的热情高涨，在各界人士的共同努力下，各类学校数量均有所增加。截至 1926 年，埃及已开办了 726 所实行轮班制上课的义务公立学校。1935 年教育部主持制订普及义务教育的规划后，又新开办了 600 所义务公立学校。[1] 另一方面，前文提及的瓦克夫办学现象继续发挥积极作用。据 1924—1925 年度官方统计，瓦克夫部附属学校、皇家瓦克夫附属学校和自由伊斯兰学校的免费教育率达 46%。1951—1952 年，上述学校的免费教育率达到 99%。[2] 值得一提的是，这一时期的女子教育也有了进一步的发展，1921 年，埃及开设了第一所女子中学。1928 年，开罗大学首次招收女学生。

为扩大教育覆盖面、解决适龄儿童的入学问题，埃及政府提供了更多的教育经费支持教育发展。1920 年，埃及的教育经费是 100 万埃镑，到 1950 年教育经费增加至约 2 300 万埃镑，增长了 22 倍。[3]

与公立初级学校相对应的是面向上层社会家庭儿童的"初等"学校，以提供世俗教育为主，学生需要缴付学费。这类学校的办学条件和教学质量明显优于前者，除了拥有优秀的教师外，有的学校还聘请了不少其他阿拉伯国家的知名学者前来任教。政府每年都会为学校建设拨出专用款项，以保证教学设施与教学质量同步提高。初等学校学生毕业后，通过入学考试进入中学、大学，毕业后可以谋得政府部门高级职位，获得较高的社会地位。

世俗教育与宗教教育并行的教育体制一方面能满足不同阶层的教育需求，扩大教育的覆盖面；另一方面也扩大了阶层差异和教育不平等，造成了教育管理不统一，制约了教育的进一步发展与完善。双轨学制下埃及政府未能充分关注高等教育的发展，导致这一时期的高等教育发展并无太大起色。

---

[1] 吴式颖. 外国现代教育史 [M]. 北京：人民教育出版社，1997：362.

[2] 马玉秀. 论埃及近现代卧格夫与教育 [J]. 中东研究，2019（2）：232.

[3] RADWAN A. Old and new forces in Egyptian education[M]. New York: Bureau of Publications, Teachers College, Columbia University, 1951: 10.

总体而言，独立后的埃及，为推动教育发展、扩大教育覆盖面所付出的努力，是当时人民生活贫困、文盲率高、殖民影响残存等背景下所做出的积极尝试，它试图结合宗教与世俗教育，推动教育和社会发展，所取得的成效和进步不可否认。这些成绩的取得对后来埃及教育的发展有着十分积极的意义，预示着一个崭新时期的到来。[1] 可以说，埃及独立后的三十年是埃及教育发展的过渡时期。

五、纳赛尔时期（1954—1970 年）

宪政时期的埃及并没有完全取得真正的独立，仍严重依附于西方，国内政治和经济发展堪忧，社会贫富差距悬殊，民族矛盾和阶级矛盾空前激化，法鲁克国王的腐败统治引发了广大人民、士兵和下级军官的不满。军人背景出身的纳赛尔联合具有民族主义思想的青年军官在 1952 年 7 月 23 日发动了著名的"七·二三"革命，推翻了法鲁克王朝，此后，1954 年起纳赛尔开始执掌埃及政权。

二战后全球范围内民族运动空前高涨，教育领域也同样深受影响。教育民主化是群众的诉求，战后的五六十年代全球迎来了教育大发展的黄金时期，埃及同样如此。纳赛尔执政后即着手教育领域的大改革，把教育放在了国家建设中的优先位置，旨在建立一个以宗教教育和民族主义为主要原则的教育体系，希望通过教育清扫殖民主义残余，宣扬民族自豪，培养爱国主义精神，灌输公民原则，强化对埃及的忠诚度，从而巩固政治独立和新兴政权，稳定国内政局，提振民族经济，推动国家现代化。

纳赛尔执政期间，以阿拉伯民族主义为指导思想推动教育改革。具体

---

[1] 李阳. 埃及近代以来教育发展与埃及现代化 [D]. 西安：西北大学，2002：33.

措施如下。

第一，统一学制，推动基础义务教育充分发展。纳赛尔执政伊始便出台法令，要求统一学制，在全国范围内建立统一的小学，给所有孩子提供平等的上学机会，并将初等教育的学制延长至六年，以提高基础教育质量。法令出台后，国家加大了对义务教育的财政投入。据联合国教科文组织的估计数据，当时埃及教育预算中用于初等教育的比例在 1965 年达到 60% 以上。[1] 纳赛尔的教育改革得到了大多数人的拥护和响应，基础教育发展迅速。

第二，大力发展中等技术教育。在纳赛尔的教育思想中，中等技术教育被置于优先发展的地位。战后的发展中国家面临人才匮乏的问题，人力资源开发成为发展经济的必要条件，人民对教育，尤其是对高等教育和中等技术教育需求更为迫切。在不到十年的时间里，埃及包括工业、商业和农业学校在内的技术学校的在校生人数迅速增加了 5 倍，十年后在此基础上又增加了 4 倍。[2]

第三，鼓励发展高等教育，大学生毕业包分配。对于高等教育，纳赛尔向非精英阶层开放了高等教育系统，特别是为贫寒子弟上大学创造了条件。为鼓励贫寒家庭的学生入学，政府于 1956 年和 1961 年两次降低了学费，免除了近 75% 的学生的住宿费。再加上政府的补贴，当时埃及大学教育几乎是免费的。1963 年，纳赛尔的免费教育政策覆盖了所有类型的高等教育。1964 年，埃及政府颁布法令，扩大大学招生规模，确立了大学生毕业包分配的政策，规定政府的企事业单位将为全部大学和技校学生提供就业岗位，保证每一名学生毕业后都能在体制内获得工作机会。大学毕业生包分配政策执行初期确实弥补了体制内的职位空白，并且给贫困家庭带来了阶级上升的机会，成为青年人向上流动的通道。

高等教育成了埃及人阶级晋升和未来养老的阳光大道，各阶级和行业

---

[1] 李阳. 埃及近代以来教育发展与埃及现代化 [D]. 西安：西北大学，2002：35.

[2] 李阳. 埃及近代以来教育发展与埃及现代化 [D]. 西安：西北大学，2002：36.

的人都开始申请接受中高等教育，埃及教育体系备受压力。政府被迫近乎无条件向大众敞开高中和大学的大门，一系列问题随之出现。很多学校在教学资源不变的基础上直接扩招，导致大学师生比过不合理，教学资源严重不足，校舍等设施也无法满足激增的扩招需求，最终导致教学质量下滑，人才培养水平差强人意，毕业生水平参差不齐，学位证书含金量大打折扣。

第四，开展宗教教育改革，推动宗教教育与世俗教育相结合。纳赛尔对宗教教育改革的基本立场是：既要坚持走世俗化的路线，发展民族经济，培育现代民族意识，又要坚守阿拉伯民族振兴的道路，维护国家统治。1961年，埃及政府颁布爱资哈尔法，对宗教教育进行全面改革。爱资哈尔法在序言中指出，爱资哈尔教育体系已无法融入现代社会并跟上时代发展的步伐，其毕业生作为宗教人士不懂现代科学，他们固守传统，无法在宗教科学和现代科学之间求得平衡。纳赛尔政权强调，要建立一种新的教育制度，既要基于伊斯兰原则，又要顾及当代社会的现代化需求，以消除国家教育制度中宗教教育和世俗教育的割裂。[1] 1961年纳赛尔颁布第103号法令，决定在保留传统专业的同时，引进现代学科，在爱资哈尔大学增设医学院、农学院、商学院和工学院，后又增设女子大学。法令规定国家相关政府部门直接介入大学的管理。这场宗教教育改革确立了和世俗政治紧密联系的爱资哈尔教育管理体系，改革后的爱资哈尔成为宗教与世俗相结合的系统是埃及教育发展史上具有标志意义的里程碑。

第五，积极开展教育输出，扩大埃及在阿拉伯世界的影响力。为了提高埃及在阿拉伯世界的影响力，纳赛尔将教育输出作为教育改革的另一项重要举措，积极派遣大批教师和学生出国，支持其他阿拉伯国家的发展。教育输出加剧了国内师资短缺、经费紧张的问题，但也应当承认，教育输出对埃及提高国际地位、团结其他阿拉伯国家具有积极意义。

---

[1] HEFNER R W, ZAMAN M Q. Schooling Islam: the culture and politics of modern Muslim education[M]. Princeton: Princeton University Press, 2007: 110.

综合上述各项教育改革举措来看，纳赛尔的教育改革既是时代发展的必然要求，也是政府意志和民众意志结合的产物，带有浓厚的政治色彩，充分体现了纳赛尔个人信仰在教育领域的影响。

六、萨达特时期（1970—1981年）

萨达特上台后首先需要应对的是合法性问题。为了压制影响颇深的纳赛尔主义思想，萨达特转而扶植伊斯兰力量，利用民众普遍信仰的宗教来获得政权的合法性，树立自己的权威。

萨达特以"信士总统"的头衔来标榜自己，重视宗教教育的同时也注重宗教教育和现代文明的融合。为此埃及当局大量增加了电视和电台中宗教节目播放的时间和数量，出版大量宗教读物，也增加了杂志中宗教内容的文章，不断鼓舞人民群众的宗教热情。

萨达特时期相较于纳赛尔时期更注重职业技术教育。1970年，埃及成立中央技术教育委员会，"制订各类技术教育的长期发展计划，把教育与工业生产和服务相联系，使开设的课程能满足专业的需要，这类课程包括化学工业、电子学和建筑学"。

埃及教育部规定，扫除文盲是国家和每个公民应尽的义务。为增加边远落后地区儿童的就学机会，最大程度消除文盲，1975年教育部颁布了一项新法案，规定在经济落后和人口稀少的地区推行单班学校制度，向年满15岁尚未就学的孩子提供学习阅读、书写等基本知识和技能的机会。这些学校教学时间相对较短，学习负担也较重，但却取得了颇为突出的效果，在普及全民教育方面起到了重要作用。

萨达特同样重视高等教育的发展，提出了高等教育大众化的方针，"他以民粹主义的而非精英主义的理想去改革高等教育，开始向城市下层阶级、边远省份的赤贫家庭开放高等教育"[1]。为此，萨达特开始实施高等教育大众化方针，执行"边缘化教育政策"，增加高校数量，扩大招生规模，在各省和农村地区创办高教机构，旨在优化高等教育布局，满足民众对高等教育的需求。随着国家开放政策的实施，埃及的高等教育进入迅速发展的时期，埃及在 1972—1976 年新建了 7 所大学，分别是坦塔大学、曼苏拉大学、扎克齐格大学、苏伊士运河大学、席勒万大学、米妮亚大学和麦努菲亚大学。1976—1977 学年，这 7 所地方大学招生人数合计达 13.8 万人，占当年大学招生总人数的 30%。[2] 为充分实施边缘化教育政策，埃及教育部于 1971 年颁布法令要求高教机构录取所有中学毕业生，后来虽做出了修改，但直到 1975 年，埃及高等教育的录取率仍高达 98.2%，[3] 这在其他发展中国家，甚至发达国家都颇为罕见。

但是，随着教育规模的不断扩大，萨达特的教育改革也暴露了其弊端。教育规模的持续扩张导致教学环境进一步恶劣，教学资源超负荷使用。据 1974 年 7 月 31 日《金字塔报》报道，开罗大学当时的师生比介于 1∶70 和 1∶666 之间，埃及主要大学的教师缺编比例约为 25%，而地方大学的教师缺编比例则高达 50%。面对庞大的招生规模，基础设施的供应和维护无法得到保障。对学生而言，超负荷的教学资源意味着"挤挤一堂"的教室、学校宿舍，学生不得不提前几个小时到达教室，或者付钱给"代理人"占座，更多的人干脆懒得去上课。[4] 而对于教师而言，工作量加大，但工资收入却与之不成正比。高校教师不满工资收入，出现了通过学术腐败谋取灰色收入和严重的人才流失现象。萨达特推崇的民粹主义式的大众化教育变成了

[1] GHAFAR A A. Educated but unemployed: the challenge facing Egypt's youth[M]. Washington, D. C. : Brookings Institution (Brook Doha Center), 2016: 6-9.

[2] 黄超. 20 世纪下叶埃及高等教育扩张的原因与影响 [J]. 阿拉伯研究论丛，2018（1）：35-49.

[3] 李阳. 埃及近代以来教育发展与埃及现代化 [D]. 西安：西北大学，2002：41.

[4] MCDERMOTT A. Egypt from Nasser to Mubarak: a flawed revolution[M]. New York: Croom Helm, 1988: 206.

一般化教育 [1]。纳赛尔时期就已出现的"文凭"疾病继续恶化。

与公立大学不同，私立大学以高薪聘请埃及最好的教师和学者讲学，师资和教学资源雄厚，可以提供高质量的教育，且录取条件宽松，优势专业竞争压力小，加之外企、私企的薪酬高于国有部门。私立大学成为中产阶级和贵族阶级的首选，逐渐垄断优质教育资源。

由于高等教育能提供社会阶级流动的机会，初等和中等学校的教师瞄准家长期望子女考入大学的心理，开始开设课后额外收费的"私教课程"。教师故意在课堂上不讲完所有课程内容，留到"私教课程"上教授；或者以学生在某一学科上薄弱为由，暗示家长补课，不同意补课的孩子或将面临挂科的下场。

尽管埃及宪法规定教育是公民应享有的权利，但显然没有完全落实，萨达特时期的教育虽受益于开放政策，取得了长足的发展，但其改革终未能修正纳赛尔时期遗留的教育体制弊病。

七、穆巴拉克时期（1981—2011 年）

1981 年，极端分子不满国内社会经济状况，不满戴维营协议及政府大肆镇压反对派，萨达特总统遇刺身亡，时任副总统的穆巴拉克继任总统。穆巴拉克上任后同样面临棘手局势，教育是穆巴拉克的主要着力点。

20 世纪 80 年代，世界各国尤其是发展中国家越来越认识到教育的重要性。穆巴拉克多次在其演讲中强调教育的重要性，他指出："我们必须对自己诚实，无论是学校、教师、学生还是课程，我们教育系统的危机随处可见。教育消耗了国家的资源，也是一笔不菲的家庭开销，但其最终的产

---

[1] 黄超. 20 世纪下叶埃及高等教育扩张的原因与影响 [J]. 阿拉伯研究论丛，2018（1）: 35-49.

出却非常薄弱……教育是我们国家安全的重要支柱……它是我们走向世界、应对市场竞争的有效途径。"[1] 他宣布 20 世纪 90 年代是埃及"大力推进教育改革和扫除文盲的十年"[2]，并颁布第 8 号法令，将扫盲和成人教育视为"国家义务"。1992 年，穆巴拉克发起"国家教育计划"，旨在增加民众获得基础教育的机会，作为维护社会稳定的手段。[3]

埃及教育部于 1987 年制定了新的教育政策，提出了 4 个具体的奋斗目标：培养能面向未来的埃及人，建设一个生产性社会，实现经济、社会、文化的全面发展，造就一代专家、学者。一场围绕 4 个奋斗目标、重在全面改善埃及教育体系的教育改革运动拉开序幕，其中增加受教育机会、减少文盲率、提升教育质量、发展职业教育等成为当时教育改革的重要内容。

为增加受教育机会，穆巴拉克一方面继续强调教育，特别是高等教育必须为经济发展服务；另一方面则重新对教育进行全面规划，如制定《埃及大学法》，限制大学生人数，注重提高教学质量。这一时期，埃及正规教育和非正规教育都发展迅速，据统计，"20 世纪 90 年代初的 31 所高等学校和 53 所技术学院中，大部分都是在 1981—1987 年成立的；1980—1985 年埃及高校在校人数年均增长率降至 4.7%，1985 年在校大学生约 85.46 万人，每 10 万居民中在校学生为 1 717 人，高等教育毛入学率为 18.1%，均居非洲首位"。[4]

1981 年，埃及教育部出台的新教育法规定，九年制基础教育（六年小学和三年初等中学）为义务教育，正式将教育体系划分为六年初等阶段（小学）、三年预备阶段（初中）和三年中学阶段教育（高中）。1988 年，埃

---

[1] MOURAD S N. Educational reform in Egyptian primary schools since the 1990s: a study of the political values and behavior of sixth grade students[M]. Lewiston, N. Y: Edwin Mellen Press, 2010: 45.

[2] MALAK Z. The pedagogy of empowerment: community schools as a social movement in Egypt[M]. Cairo: The American University in Cairo Press, 2004: 32.

[3] BROWNE H K. Education reform in Egypt: reinforcement & resistance[D]. Boston: Northeastern University, 2011: 137.

[4] 王留栓. 面向大众的埃及高教 [J]. 西亚非洲，2002（1）：55.

及第 209 号教育部长令决定在基础教育阶段设立职业学校，面向普通初级中学一年级或二年级不及格的学生、小学毕业的学生，以及未能完成小学学业或从未上过小学的学生开放。[1]

针对政府过去把教育当作服务行业、公益事业或者慈善事业而无法保证其质量和水平的做法，新教育政策明确指出，教育是一种投资而不是服务，必须为教育提供足够的资金，否则就无法实现发展教育的目的；除政府外，私营企业、实业家等都应参与发展教育。新教育政策认为，教育是埃及的国家安全事业。

为了培养能适应时代潮流发展、习得日新月异技术的人才，加强有关部门的协同努力，以共同推进建设生产型的社会，增强国家竞争力，埃及发起了包括"穆巴拉克–科尔倡议""亚历山大体验"等在内的数个公私合营的教育项目。以"穆巴拉克–科尔倡议"项目为例，该项目是穆巴拉克和德国前总理赫尔穆特·科尔于 1991 年共同发起的一项埃及和德国技术合作计划，旨在为埃及青年提供理论和技术培训，使埃及青年具备相应的生产技能。不同于传统的课堂教学，该教育项目注重实践与理论相结合，能有效带动技术教育的发展。

得益于私营部门的投资，埃及教育设施也有所改善。根据埃及计划部的说法，78.5% 的学校安装了配备电视的科学实验室和多媒体教室。[2] 联合国儿童基金会与埃及教育政府于 1992 年启动社区学校项目，主要为较落后的上埃及地区的儿童，特别是女童提供入学机会，并帮助他们完成基础教育阶段的学习。

1997 年，穆巴拉克颁布第 3452 号法令，重点关注学前教育和儿童早期发展。同年，埃及成立全国高等教育改革委员会。1998 年，埃及中学教育改革方案开始实施。

---

[1] 资料来源于联合国教科文组织国际教育局网站。

[2] 资料来源于埃及计划部网站。

进入 21 世纪后，穆巴拉克政府继续不断强调教育改革的重要性，围绕教育改革开展了新一轮宣传和承诺。2006 年，埃及颁布第 82 号法令，成立国家教育质量保证和认证管理局。2007 年，第 155 号法令修改了此前颁布的第 139 号教育法，宣布成立专业教师学院，以培养更多教师，解决教师资源短缺问题。同年，埃及教育部发布了《全国大学教育改革战略计划》。2007 年 4 月，穆巴拉克政府宣布启动一项为期五年的教育部战略计划，旨在完成以学校为基础的分散化教学管理改革，实现教育领域中权力的下放。

总之，穆巴拉克执政后积极推进教育改革，发布了各项法令，充分强调教育改革的重要性。1996 年，由联合国教科文组织发布的《埃及基础教育改革的审查和评估报告》指出，"从各项指标来看，埃及基础教育改革在 1991—1996 年是非常成功的"。

尽管穆巴拉克政府、媒体乃至国际组织都对埃及在教育事业取得的重大进展给予肯定，但也有消息称，穆巴拉克政府为巩固自身政权、提升自身影响力，存在夸大和伪造数据的嫌疑。事实上，下层的埃及人民并没有充分享受到教育改革的红利，穆巴拉克郑重其事要开展的教育改革，其很多内容流于口头，成了形象工程，未能全面落到实处，后果是教育天平继续向富裕阶级倾斜，社会贫富分化进一步拉大。

"虽然大众教育应该是埃及的社会均衡器，但在穆巴拉克时代，教育差距和贫富差距都在扩大。"[1] 民众的不满和积愤最终导致穆巴拉克被民众赶下台，穆尔西短暂执政 370 天后，塞西于 2014 年 6 月上台执政。

---

[1] ABUAITA A. Schooling Mubarak's Egypt facts, fictions, and the right to education in an age of privatization[D]. Rhode Island: Brown University, 2018: 4.

八、塞西时期（2014年至今）

无论是穆巴拉克还是穆尔西，二者被迫下台均和民生问题有重大关系，二者未能兑现承诺，实现经济发展、改善民生，政权合法性难以维系，其统治自然危如累卵。上台伊始的塞西亟须通过促发展、稳民生，拿出政绩来巩固其执政合法性。

2014年6月，塞西上台后正式推出"振兴计划"，意使埃及摆脱近年来面临的现实困境，并逐步恢复埃及在阿拉伯伊斯兰世界的影响力。在诸多民生问题中，青年的就业困境无疑是影响政权稳定性的关键因素。

2016年2月25日，埃及总统塞西宣布并出台中长期发展战略埃及"2030愿景"，旨在从社会正义、教育、人民健康以及埃及文化方面做出改变，将经济发展、环保、就业、提升劳动力素质相结合，全面推进埃及社会进步和发展，缩小与发达国家之间的差距，最终建成一个具有创造力、国际竞争力、重视民生的可持续发展的新埃及。该愿景强调教育改革在埃及社会转型中的关键作用，重点提出了教育改革的目标和途径：首先，逐步采用国际通行评价标准，建立科学的考评制度，使用现代技术进行教学，扩大数字学习资源的覆盖范围，致力于提高各级教育质量；其次，注重政策的连贯性，维护教育"公益性"和"全民性"理念；再次，突出以就业和市场为导向的原则，提高教育对经济社会发展的贡献度；最后，吸引全社会力量参与办学，改善教育基础设施建设，推动教育权力下放。[1] 从量化角度来看，这一教育改革将增加约50万名儿童进入优质幼儿园的机会，培训50万名教师和教育官员，同时为150万名学生和教师提供数字化学习资源。世界银行对此项目表示支持，于2018年4月13日宣布对"埃及教育改革"提供高达5亿美元的资助，以支持增加埃及儿童获得优质教育的机会，实现各

---

[1] 孔令涛，沈骑. 埃及"2030愿景"教育发展战略探析 [J]. 现代教育管理，2018（10）：110-114.

项改革目标。

为解决学生学习内容与劳动力市场需求脱钩的困境，塞西政府于2017年10月发起了"生活技能和公民教育"倡议，强调技能学习的重要性，旨在全面提升学生技能学习能力。这就需要对现有的教学基础设施、课程、教学内容、教学方法和评估考核体系等做出改进。为此，埃及于2017年年底启动了"教育部门全面转型"改革计划，该计划与埃及"2030愿景"可持续发展战略相一致，致力于采取重大必要的政策措施推进国家教育系统现代化，使教育系统从传统教育（教育1.0）向教育2.0转型，旨在通过全面提升学生技能和学习能力，拓展和推进数字学习。2018年9月，埃及教育部相继推出了一系列改革措施，旨在更新教育系统，推进"埃及教育2.0"的实现，使教育朝着埃及"2030愿景"的可持续发展目标迈进，即"培养学生学会学习、学会思考、学会创新，通过'三会'将学生发展成为具有浓厚好奇心的学习者、具有开放思维的交际者、具有高创造性的创新者，使其能够在不断变化的社会环境中具有高技能竞争力，并为国家学习型社会创建和创新型社会经济发展做出贡献"。[1] 作为"教育部门全面转型"改革进程的一部分，2018年埃及政府还发起了"国家五年教育改革计划"，旨在构建跨学科课程体系，针对新课程改革和数字化素养需求加强教师专业发展，引入21世纪以技能获取为本的新型学生评价体系，引入教育技术要素，开发人工智能、数字化信息技术驱动的课堂教学和学习资源，实施基于计算机的学业测试模式。[2] 在此框架下，2018年埃及政府发布了"教师优先行动纲要"，培训教师创新团队，支持教师在课堂上采用现代教学法和新的评价方式。

新教育体系在课程设置和考核方面进行了调整，删去了各学科中不必要的复杂内容。在幼儿园至小学二年级阶段实行全新的综合性多学科课程

---

[1] 资料来源于世界银行官网。

[2] 资料来源于联合国教科文组织官网。

体系，取消了小学三年级的总结性会考，代之以多学科评估。初中阶段，埃及政府推出教育实验，采用开放式教材，并向学生提供平板电脑，为教学过程提供便利。高中阶段则减少了课程中死记硬背的内容，规定学生每门学科需要通过至少 12 次考试，最终选取 6 次最好的成绩作为学生的结业成绩。此外，通过向学生发放平板电脑逐步实现无纸化考试，学生答题和教师判卷都通过电子化手段实现，避免试题资源泄露和教师对学生成绩的人为干预，以此来减少私课现象。[1]

在"2030 愿景"框架下，埃及在教育领域取得了一定成绩。但埃及教育仍存在现实困境，要完成教育的充分改革和转型，解决青年就业困境依然道阻且长，仍需埃及政府在实践中继续不断推进教育改革和现代化，不断将教育改革蓝图转化为现实。

第二节　知名教育家

世界各民族在抵抗外敌、探索救国道路时总会出现灯塔一样的人物，凭其熠熠生辉的思想和理念引领人们勇于斗争，开拓新道路，谋求社会进步。教育是近现代埃及社会改革的重要支柱，期间涌现的一大批思想家、教育家为埃及近现代教育的发展做出了很大的贡献。

一、里法阿·塔哈塔维

18 世纪末至 19 世纪是埃及现代化改革的关键时期，里法阿·塔哈塔维

---

[1] 资料来源于埃及《金字塔报》网站。

是该时期倡导埃及现代化改革的代表人物，被誉为"埃及近代启蒙先驱"。

1826 年，塔哈塔维作为留学生团的指导教师陪同学生前往巴黎。期间他表现出浓厚的学习兴趣，自学法语，阅读了许多文学、地理、历史等相关书籍。穆罕默德·阿里得知后，责令塔哈塔维专门学习翻译，将埃及所需的军事、工程、化学、医学、地理等知识翻译成阿文。塔哈塔维于是涉猎更广，饱览法国哲学、社会学、政治学等书籍。

此外，塔哈塔维还深入观察法国社会的方方面面，并将所见所闻和个人感受记载下来，汇编成书，名为《巴黎纪行》。塔哈塔维被誉为"第一个在阿拉伯近代文学中谈及外国社会的人"。

1831 年，塔哈塔维回国后即开始呼吁埃及教育现代化。他在埃及各类学校担任主任或校长，开设新式学校，教授知识，著书立说，翻译西方思想典籍，积极传播和实践现代教育理念。他说服穆罕默德·阿里开办语言学校和翻译局，专门培养翻译人才。1850 年，阿巴斯一世担任总督后，因其政治理念较为保守，阿里时期开设的西式学校陆续被关停，塔哈塔维也被流放到苏丹。1854 年，赛义德帕夏继位后，塔哈塔维得以回到埃及，继续担任要职。1863 年，伊斯玛仪帕夏上任后，主张全面学习欧洲，大力兴办世俗教育，任命塔哈塔维为翻译局主任。期间，塔哈塔维出版了《现代伦理关照下的文明心路》《男女青年的忠实指导》两本著作，是埃及乃至阿拉伯伊斯兰世界首次系统阐述发展现代化教育必要性的作品，对启迪民智、推广现代教育理念、促进埃及现代化发展具有深远的启蒙意义。

塔哈塔维晚年继续担任负责主管教育事务的学校委员会的委员，他毕生致力于推动埃及教育发展和改革。1873 年 5 月 27 日，塔哈塔维去世。埃及著名学者穆奈·艾哈迈德评价塔哈塔维的贡献时说："塔哈塔维一生有许多成就，其中最为突出的还是在教育领域做出的贡献。"[1]

---

[1] 江淑君. 里法阿·塔哈塔维教育思想及其启蒙精神 [D]. 上海：上海外国语大学，2020: 16.

　　塔哈塔维高度强调教育的必要性，他指出："人类具有的智力、学习和习得技巧的能力都是通过教育实现的。"他认为教育于个人而言，是教化人以获得幸福和主权的一种方式，基础教育就像面包和水一样必不可少；于社会而言，教育则是推动社会进步发展的核心。因此，他呼吁将现代学科知识引入埃及教育体系，以开启国民心智，用理性和现代科学推动社会进步，而政府则有义务为社会中的每一位公民提供基础教育，让公民拥有平等的受教育机会。他还强调女性的受教育权利应当得到充分尊重，认为女性受教育有利于婚姻、家庭和谐，有利于给孩子提供良好的初级教育，这样培养出来的下一代有助于建设更好的社会；而女性受教育后参加工作，也能够积极地参与社会建设，为埃及的社会复兴贡献力量。

　　对于现代化世俗教育，塔哈塔维持积极态度，他强调"科学知识与伊斯兰社会并不冲突"。对于时下的埃及社会，他强调穆斯林应该向西方学习现代科学知识，学习西方知识是为了强大自己的国家，让其更为进步。与此同时，塔哈塔维还注重维护自身文化认同，强调宗教教育和道德教化的必要性，以维系民族的道德水平以及文化认同。

　　塔哈塔维在强调智力和道德发展的同时，也强调政治理念教育的重要性，认为政治教育是教育环节中基础的一环，现代国家的公民理应具备政治意识。他指出，埃及民众必须具有进步的政治意识，以便可以在政治管理事务上辨别好坏，规避敌人的侵害与同伴的背叛。由此，他认为政治教育对每一个公民都是必要的，政治教育不能只限于某一群体或阶层，每一个公民都应接受政治教育并认识到，每一个个体都应更好地履行其义务，每一个个体都应要求享有其权利，从而更好地捍卫他的祖国。[1]

　　塔哈塔维是近代埃及第一代知识分子，对埃及的时弊和发展问题有着深刻的洞察力，其思想具有划时代的进步性，尤其是他的启蒙教育思想，

---

[1] 马和斌. 穆罕默德·阿卜杜胡改革思想及其当代意义研究 [D]. 上海：上海外国语大学，2014：24.

不仅对于当时的社会变革具有深刻的历史影响，对后来的知识分子、思想家也具有深远的启迪作用。

二、穆罕默德·阿布笃

穆罕默德·阿布笃不仅是近代埃及著名的宗教学者，还是颇有影响的改革家，又是著名的伊斯兰法学家，更是推动埃及现代教育的执行者与领导者。他被誉为近代阿拉伯伊斯兰世界社会改革的奠基人。

阿布笃对埃及的社会状态及教育需求有自己独特的看法。他认为，教育乃民族复兴之本。对于 19 世纪末 20 世纪初埃及的社会状况，他确定了"以伊斯兰教宗教改革推动生活变革"的宏图，并将教育视为推动社会改革的基础。

他对爱资哈尔教育状况感到不满，他眼中的爱资哈尔教育，教师照本宣科，学生死记硬背，学生的灵性和求知欲被无情扼杀。在穆罕默德·阿布笃看来，提高埃及民众的文化程度、启迪他们的智慧、引介社会需要的新知识是当务之急。他提出的教育理念涵盖伊斯兰宗教知识的宗教教育与世俗教育两部分。

阿布笃的改革从一些简单易行的方案着手，如注册在籍的学生必须上课，否则将取消考试资格；每位教师必须掌握学生上课的情况，应考查学生对课程的理解而不是死记硬背的结果。之后，他对教学计划和课程设置也进行了调整，增设多门世俗课程，以提高学生综合文化素质，引导学生获取生活所需的社会与自然科学知识；同时增设宗教礼仪课程，以提高学生道德修养水平。

在高等教育层面，鉴于埃及高等教育情况无法满足现实需求，阿布笃提出，教育应注重科学研究，适当增设一些包括经济、社会和艺术等在内的具有现代特色的课程。在基础教育层面，他致力于普及教育。他与有志之士通过"伊斯兰慈善协会"为埃及孤儿提供生活与成长环境，为赤贫儿童、少年提供免费求学的机会，教授他们基本的文化知识，并鼓励他们学习生活技能，培养他们诚实独立的生活理念。对于教师，他提出了极高的职业要求，要求教师具备良好的职业道德修养与操守、完美的人格，并要熟知教育艺术的重要性，还要有耐心和责任心，会用适宜的教学方法让学生受益。

他还从社会结构的角度对教育进行分析，他将埃及民众划分为劳工、职业者和知识分子三类，并根据每一类的人员组成、职业结构、受教育程度和自身修养等，分别给出了应开设的课程、授课方式和训练类型等。对于几乎都是文盲的工商、农业从业者，阿布笃认为需要对该群体进行普及性教育，开设扫盲型课程，教他们学会读书识字、数学运算，此外还要设置伊斯兰教信仰教育，教他们伊斯兰教简明教义与教法知识。对于在教育、军队、司法、医院等领域的从业者，他们已有一定的文化基础和良好的责任心和职业素养，阿布笃认为应为他们开设如逻辑学、辩论技巧和研究原理、高级道德修养、伊斯兰通史等课程，以帮助这类群体继续提升；对于知识分子群体，他认为需要为他们开设《古兰经》经注学、阿拉伯语语言学、圣训学、伊斯兰法学原理、哲学等高级课程，旨在培养有较好知识结构和道德修养的人才。[1]

总之，阿布笃的教育理念立足于对埃及社会的全方位考量，分门别类提出了相应的教育改革思路。他致力于普及基础教育以打破教育壁垒，具有难能可贵的时代进步性。同时，他也致力于提升埃及的中高等教育，提出了鲜明的办学理念和方针。他对于爱资哈尔的教育改革更是具有开创性的举措，使传统的伊斯兰教育得以融合现代人文学科的新思路和新方法，成为埃及现代教育发展的开端。

---

[1] 马和斌. 穆罕默德·阿卜杜胡改革思想及其当代意义研究 [D]. 上海：上海外国语大学，2014：59.

三、塔哈·侯赛因

作为著名的教育家和社会活动家，塔哈·侯赛因 1929 年、1934 年两度出任埃及大学文学院院长，曾任亚历山大大学校长。1950—1952 年任教育部部长期间，他签署了免费教育法令，从而实现了他的"教育机会均等的主张"[1]。他以学校为教育改革基地，全面贯彻实施他的教育改革思想和措施，为埃及教育事业从传统到现代的转型起到了积极的推动作用。

塔哈·侯赛因将现代教育的发展作为复兴阿拉伯社会的有效途径，认为教育是社会进步的重要方面，是文明与愚昧的根本区别。他认为知识和教育关系到民族的生死存亡，是民族独立的必要前提。他强调，必须通过教育向公众不断灌输独立意识，才能为独立国家的社会稳定建立深层的文化基础；独立后的埃及要建立起民主、自由、公正的政治体制，建立高度发达的工业文明，就必须通过教育造就适宜的文化环境，培养公众的美德及较高层次的文化素养，使他们具有与建立社会政治制度相适应的民主自由观念。

塔哈·侯赛因认为教育要为独立后的埃及社会发展服务，教育的首要目的是传播科学文化知识，他强调，埃及教育的使命就是用阿拉伯语传播现代科学知识。他并不否认西方教育在埃及所起的正面作用，对于外国在埃及创办的学校，他也予以肯定。他认为在教育中运用现代西方文化及科学思想进行思想启蒙是必不可少的。因此，他在译介西方文化的工作上投入了大量精力。他还建议在中高等教育中加强外语训练，以拓展学生对外来文明、历史和文学重要价值的了解。他将希腊语和拉丁语看成是埃及的传统语言，指出埃及人若不懂希腊语和拉丁语，就不能深切地理解和接受自己的民族文化遗产。[2]

---

[1] 仲跻昆. 阿拉伯文学史：第 4 卷 [M]. 北京：北京大学出版社，2020：75

[2] 冯怀信. 塔哈·侯赛因教育思想述评 [J]. 阿拉伯世界，1997（4）：45.

塔哈·侯赛因在认可西方文化和成果的同时，也抨击西方殖民者在埃及创办的教育具有奴化倾向，他清楚地看到殖民教育的危害性，大力提倡民族教育，认为教育应该体现民族特点，培养具有民族意识和思想的民族人才，造就适应埃及及阿拉伯社会发展的知识阶层。因此，他十分重视阿拉伯语的教育和传播，把民族语言教学作为教育的第一环节。此外，他也十分重视民族传统文化教育，指出，"古典文化知识对于埃及的民族主义是必要的"。他认为，应该把民族的历史、地理、宗教、古典文学等纳入教学内容中，即使是在埃及创办的外国学校也应通过政府的控制，让传统文化在其教学内容中占有一定分量。他之所以如此重视民族教育，是因为在他看来，民族教育是培养埃及以及阿拉伯民族精神和爱国主义情感的有效途径。

对于伊斯兰文化教育，他认为教育的内容与形式应随时代变化而变化。他在自传体小说《日子》中通过亲身经历评论了 19 世纪末 20 世纪初埃及社会教育的状况和方法，对陈旧迂腐的封建和宗教教育制度做了深刻的揭露。他在一些著述和文章中也对脱离社会现实、单纯灌输过时宗教观念和知识的教育状况和体制提出了质疑和批判，认为这种教育背离人类文明大道，应该予以摒弃，加以改革。他指出，传统的伊斯兰文化教育作为"民族精神生活之源"，必须随时代和社会的变革而改变其内容和形式，传统教育的内容应该是真正的伊斯兰精神，即兼具"自由、科学和理性"，反映埃及社会物质和精神生活的发展，反映埃及人民对进步、文明精神的渴望与追求。[1]

塔哈·侯赛因对埃及的各类教育都提出了较具体的改革计划。对于初级教育，他强调其基础性地位，认为初级教育是民主生活的基础，必须由国家主导强制普及初级教育，且初级教育要以本民族的传统教育为主，阿拉伯语、历史、地理、宗教是教学的主要内容，从而让初级教育在提高整

---

[1] 冯怀信. 塔哈·侯赛因教育思想述评 [J]. 阿拉伯世界，1997（4）：46.

个民族文化素质中发挥作用。关于中等教育，他指出，政府应把包括宗教学校在内的中等学校都纳入统一管理之中，要尽快扩大中等教育规模，通过中等教育形成一个受教育的阶层；中等教育要突破狭隘的民族传统教育界限，教学内容应包括各类外语和西方科学文化知识。他还提出中等教育应该向所有人敞开大门，为贫民子弟提供免费教育。他任教育部长期间，实现了中学和中等技术学校的免费教育。关于高等教育，他主张"大学是绝对自由的"，不应受政府的限制，大学应享有政府许可的财政自由、学术自由。他把大学看成是建立在"博爱、友谊、合作、团结"基础上的最基本的智能社会。1942—1944年，作为教育部顾问，他推动创建亚历山大大学，并担任亚历山大大学第一任校长。他力主建成一所不受政府控制的真正的自由大学，确立新的教育原则，吸引最优秀的教师和学生，开放地中海，继承亚历山大的历史传统，使之成为一流人文主义的中心。1950—1952年，时任教育部长的塔哈·侯赛因，加速了教育改革的进程，几乎在所有教育层次上都扩大了国立学校的规模，并创设新的大学和高等学院，建立各种类型的新学校，并亲自为中等学校修改课程表。[1]

　　总而言之，塔哈·侯赛因重视教育对国民文化素质的重要作用，提倡发扬民族文化传统以强化民族教育，同时也不否认西方教育的积极作用。他把教育发展与社会发展紧密结合，把学习科学文化知识规定为教育的首要任务，重视基础教育的地位，把教育看作公民获得机会和平等的有效途径。他倡导为平民接受教育提供平等机会，强调学校要有自由的学术思想氛围。他亲力亲为，躬行教育改革实践，创办大学，参与学校管理，其思想和改革实践对推动埃及教育发展及推进埃及教育从传统到现代的转型，发挥了重要的思想启蒙和实际的推动作用。

　　[1] 冯怀信. 塔哈·侯赛因教育思想述评 [J]. 阿拉伯世界，1997（4）：47.

第四章 学前教育

埃及的现代教育体系大致可分为世俗教育体系与爱资哈尔宗教教育体系，每一体系均可划分为学前教育、基础教育和高等教育三个主要阶段。学前教育包括托儿所和幼儿园两大类，前者主要为2—4岁儿童开设，可接收年龄介于2个月至6岁的儿童，盈利性较强；后者则专为4—6岁儿童开设，配备正式的教师和系统的课程，是学校教育的预备阶段。

第一节 学前教育的发展和现状

一、学前教育发展概况

埃及的学前教育，尤其是幼儿园教育，在20世纪80年代初期就得到了政府的关注，并享有一定的法律保障。1981年，埃及颁布了关于大学前教育的第139号法令，该法令及其修正案对进入大学前各阶段、各层次的教育宗旨和目标做出了明确规定。根据该法令，埃及学前教育阶段的宗旨和目标为：（1）最大限度减小当地环境对教育的影响，持续提升儿童的学习能力；（2）充分考虑学习者的个体差异，帮助学前儿童实现认知能力、身体素质、意识活动以及情感、伦理、社会、宗教知识等方面的综合发展;（3）通过个人及小组合作学习，提高儿童的语言、数学及艺术能力，培养其思考力、创造力和想象力;（4）注重儿童潜能的开发，同时培养其规则意识。

为进一步完善和发展学前教育体系，埃及教育部门和相关机构采取了以下多项措施。（1）成立负责发展幼儿教育的高级委员会，致力于研究学前阶段的教育政策，并提出相应建议和意见。（2）扩大幼儿园数量和规模，增设幼儿园班级，为适龄儿童提供相应的设施和服务。（3）规范幼儿园教育。据 2000 年第 65 号内阁法令规定，幼儿园教育是儿童进入基础教育前必要的准备阶段。适龄儿童应在此阶段接受规范的教学活动。（4）注重幼儿教育相关培训，并为幼儿园教学配备相应的教育手段和资源。随着 1996 年第 1、2 号内阁法令的颁布，埃及先后成立了两个幼儿师资培训中心，随后合并。1998 年颁布的第 21 号内阁法令，明确其业务和任务包括为希望得到专业提升与职位晋升的幼儿教师开设培训课程；面向家长开设培训项目，提高家长的教育意识，介绍新式高效的儿童培育方法等；向对幼儿教育感兴趣的组织和机构提供技术咨询；指导幼儿教师使用和制作用于幼儿教育的媒体资料。（5）改进教学方法，完善教学理念。如将幼儿园的教学用书改为教学卡片；取消传统的作业加考试的教学模式，采用适合该阶段儿童的教学方式。（6）设立相关部门负责幼儿教育。20 世纪末，为适应将幼儿园教育纳入基础教育的要求，埃及有关幼儿教育的新部门相继建立。

为普及和发展学前教育，埃及教育部门在 20 世纪最后十年采取了各种措施，并取得了明显成效。1991—1992 学年，埃及公立和私立幼儿园总入学人数为 22.3 万人;2000—2001 学年，幼儿园入学总人数增至 38.4 万人，增长了 72%。与此同时，埃及幼儿园的数量也在不断增加，仅 1998—1999 学年就新建了近 700 所幼儿园。[1] 据 1999—2000 年度统计，埃及全国有公立

---

[1] 资料来源于埃及国家教育研究发展中心。

幼儿园 2 356 所，学生 17.3 万人；私立幼儿园 1 171 所，学生 18.1 万人；总计 3 527 所幼儿园，35.4 万名学生；同一学年，幼儿园教师总人数达到 5 720 人，包括 129 名男教师和 5 591 名女教师。[1]

进入 21 世纪以来，随着主管部门、相关机构以及有关法律法规的建立健全，埃及的学前教育体系日趋完善，教学程序越来越规范，教育理念也日益成熟。

总体而言，埃及的学前教育是一个相对独立的教育阶段，共包括两个学年，每学年从 9 月开始，次年 6 月结束。根据 1996 年第 12 号《儿童法》第 56 条及其修正案，埃及儿童应从 4 岁开始接受幼儿园教育。2007 年第 138 号部长决议明确，学前儿童是否达到入园年龄，应以学生入学当年的 10 月 1 日为基准进行计算；允许 4—6 岁的适龄儿童自愿选择公立或私立幼儿园入学。各幼儿园无统一收费标准，私立学校的学费相对更高，设施更健全，各项投入也更多。

二、学前教育现状

目前，埃及的学前教育工作由教育部统一管理。该部的幼儿园总局对该阶段教学计划、课程制定、配套设施配置情况进行监督，并跟踪教学开展情况。除教育部外，还有一些社会相关机构、部门参与学前教育的管理和服务，如社会团结部、国家儿童与母亲理事会、爱资哈尔教育体系、一些国际和地区非政府组织以及相关合作者和私营部门。尽管如此，埃及的学前教育并非义务教育体系中的一环，也不是学生进入公立小学的必要条件。

---

[1] 许林根，杨灏城. 埃及 [M]. 北京：社会科学文献出版社，2006：431.

从教学宗旨来看，埃及的学前教育旨在实现学龄前儿童的全面发展。学龄前儿童在幼儿园接受入学前教育，主要包括一些基础的语言知识和生活常识，以便为进入基础教育阶段做准备。一些私立幼儿园则采用蒙特梭利课程等现代化教学手段和方式，帮助幼儿在智力和动手能力之间实现均衡发展。

从教育理念来看，埃及教育部要求幼儿教师关注儿童在幼儿期的全面发展，同时应照顾到个体在能力、天赋等方面的差异，保证儿童维持身心健康，为他们步入现代社会生活做准备，让他们能够行使生存、发展和参与的权利。《国家教育战略计划（2007—2012 年）》明确要求提升儿童早期教育质量，建立并发展早期教育管理体系。

埃及政府对学前教育的鼓励和投入取得了良好的成效。近年来，埃及的公立和私立幼儿园数量不断增加，入学人数和教师人数也有了明显增加，学前教育普及程度进一步扩大，见表 4.1。

表 4.1 2011—2020 年埃及幼儿园入学率

年份	2011	2012	2013	2014	2015	2016	2017	2018	2019	2020
毛入学率（%）										
总计	25.1	25.3	24.5	29.9	—	29.9	28.9	28.7	29.3	—
女性	24.7	24.9	24.1	29.6	—	29.6	28.7	28.6	29.3	—
男性	25.5	25.7	24.9	30.2	—	30.2	29.1	28.8	29.3	—
净入学率（%）										
总计	21.7	22.3	—	26.9	—	26.5	25.5	25.6	26	—
女性	21.4	21.9	—	26.6	—	26.3	25.4	25.6	26	—
男性	22.1	22.7	—	27.1	—	26.7	25.7	25.6	26	—

据埃及教育部门统计，2018 年埃及全国共有幼儿园 11 250 所，包括公立幼儿园 8 955 所和私立幼儿园 2 295 所；[1] 2020 年全国共有幼儿园 12 065 所，其中公立幼儿园 9 549 所，私立幼儿园 2 516 所；[2] 2021 年全国共有幼儿园 12 493 所，其中公立幼儿园 9 944 所，私立幼儿园 2 549 所。[3]

此外，根据埃及教育部发布的近十年教育年鉴，埃及学前教育阶段的学校数量、班级数量以及学生人数都显著增长。[4]

2018—2019 学年，埃及学前教育阶段的学生共 1 389 942 人，其中女生 673 291 人，男生 716 651 人。2019—2020 学年，学前教育阶段的学生共 1 458 909 人，其中女生 708 184 人，男生 750 725 人；幼儿园共计 12 493 所，班级共 40 046 个。其中私立幼儿园 2 549 所，班级 11 844 个。

从教师数量看，2018—2019 学年，埃及学前教育阶段的教师总数达 58 342 人，其中女性教师 58 136 人，男性教师 206 人，女性占比 99.6%；2019—2020 学年，学前阶段的教师总数达 58 922 人，其中女性教师 58 695 人，男性教师 227 人，女性占比 99.6%。

从师生比来看，埃及学前教育的师生比呈逐步降低态势。2017—2018、2018—2019 以及 2019—2020 三个学年的师生比分别为 26.1%、23.8% 和 24.8%。

埃及的学前教育在近半个世纪取得了显著进步，形成了具备一定规模的学前教育体系，且在政府的支持下保持良好的发展势头。据普华永道 2018—2019 年度数据，预计到 2022—2023 学年，埃及将新增 22.5 万名学前适龄儿童，其中 7 万名将进入私立幼儿园。[5]

---

[1] 对外投资合作国别（地区）指南：埃及（2019 年版）[EB/OL]. [2021-03-20]. https://www.yidaiyilu.gov.cn/zchj/zcfg/117436.htm.

[2] 对外投资合作国别（地区）指南：埃及（2020 年版）[EB/OL]. [2021-03-20]. http://www.mofcom.gov.cn/dl/gbdqzn/upload/aiji.pdf.

[3] 资料来源于阿拉伯发展门户网站。

[4] 资料来源于阿拉伯发展门户网站。

[5] 数据来源于普华永道数据中心网站。

第二节 学前教育的特点

回顾埃及学前教育的发展历程可以发现，其发展经历了大多数发展中国家曾经或正在经历的相同难题，但其在克服困难、寻求发展的过程中形成了具有埃及特色的学前教育体系，表现为以下几个特点。

一、推广学前教育

这是埃及教育体系近些年来取得的重要成就，可以从接受教育平均时长、男女生比例、入学总人数等方面加以证明。从学龄前教育平均接受时长看，不考虑性别差异因素，埃及学龄前接受教育平均时长由 1971 年的 0.02 年，增长至 2014 年的 0.61 年，增长了约 2 392%。[1] 从男女生比例来看，女生数量占比由 1971 年的 50.77% 降至 2014 年的 48.00%，总体呈现下降态势，但波动较小，且男女生接受教育平均时长基本持平，无明显差别。这在一定程度上表明，就学前教育阶段的受教育权利而言，埃及基本可实现性别平等。从入学总人数看，埃及学前教育阶段的入学人数由 1971 年的近 2.5 万人增长至 2014 年的 118 万人，增加了约 115.5 万人，增长了约 4 691%。该时期的毛入学率也出现较大增幅，由 1971 年的 1.22% 增长至 2014 年的 30.32%。

二、公立幼儿园主体地位凸显

1971—2014 年，随着公立幼儿园数量的逐渐增加以及教学资源和师资

---

[1] 数据来源于英国牛津大学以数据看世界网站。

力量的逐步完善，就读于公立幼儿园的学生占比逐年提升，就读私立幼儿园的学生占比由 100% 降至 24.46%，这意味着越来越多的学生家长选择了公立幼儿园。

三、师资力量不断增强

1971—2014 年，尽管学生与教师人数都在不断增长，这是埃及学前教育在发展过程中实现的突破。

四、教育不平等现象较为普遍

据普华永道数据 [1]，埃及大部分幼儿园集中在较富裕的大开罗地区,54% 的幼儿园学生在该地区注册。从师生比来看，较富裕的大开罗区和尼罗河三角洲区师生比明显低于较为贫困的上埃及地区。通常而言，幼儿园入学率与家庭收入有着密切关系，来自低收入群体的儿童往往被剥夺接受学前教育的资格。此外，据 2018 年发布的埃及教育年鉴 [2]，2017—2018 学年，埃及学前教育阶段各地区公立及私立幼儿园的教师数量存在明显差异；私立幼儿园的地区差距尤为显著，开罗、亚历山大和吉萨等地的私立幼儿园教师数量是其他地区的十倍甚至百倍；公立幼儿园的教师数量虽然差异相对较小，但仍可看出贫富地区、中心与偏远地区间的差异。总之，近年来埃及在增加学前教育的入学机会和改革学前教育体系方面取得了较大成就，但教育资源分布不均的现象仍有待解决。

---

[1] 数据来源于普华永道数据中心网站。

[2] 资料来源于阿拉伯发展门户网站。

第三节 学前教育的挑战

随着全球化的发展和国际竞争的加剧，埃及公办教育的弊端逐渐显现。政府由于经济发展滞后不能及时进行足够的投入，人口爆炸带来超出预期的入学需求，导致了效率低下和转型困难，教育质量有所下降，人民对教育体系表示不满……诸如此类的弊端在埃及学前教育阶段也有显现。正是在这种情况下，埃及教育在进入 21 世纪后逐步向"公办为主，民办为辅"的模式转型，一方面引入社会资本以弥补政府投入的不足，另一方面以此满足不同社会阶层对教育的不同需求，并取得了一些进展。

如前所述，尽管自 20 世纪末以来，埃及的学前教育取得了一定的发展，规模不断扩大，体系不断完善，但受经济发展停滞、人口激增、社会动荡、政权更迭等因素影响，埃及学前教育未来仍面临着发展瓶颈和障碍。

一、教育质量有待提高

尽管近年来埃及在行政管理和发展教师方面做了很多努力，但收效有限，学前教育质量并没有得到大幅提升。埃及的学前教育仍面临不少问题：学生多、教师少，班级容量大，师生比不合理；教学方式传统守旧，跟不上时代发展；教学大纲更新不及时；行政人员冗杂；教学材料老旧，教学资源欠缺；教师业务水平有限等。其中，教师的专业度有限是制约埃及学前教育发展的关键因素。虽然埃及学前教育在职教师的数量逐年递增，但受过专业培训的教师占比仍然不高。

为有效解决以上问题，当前阶段的任务是继续推进教育部实行的改革计划，尤其应注重引进先进的经验与技术，培养学龄前儿童基本的生活技能，开发智力和非智力因素；与此同时，应为教师提供专业培训，有意识地提高其经济和社会地位。

二、教育机会需求与供给存在矛盾

埃及学前教育发展地区差异大，优质资源主要集中于大开罗、尼罗河三角洲等地区。贫富差异显著，中产阶级是学前教育发展的主要受益者，而普惠性幼儿园供给严重不足。

从地域差异看，埃及各省之间差距显著，在学前教育覆盖面、普及程度和配套设施健全程度等方面，埃及南北之间、城市和农村之间都存在明显的差距，尤其是在家庭平均收入低、整体贫穷率高的地区的入园率相较于其他地区更低。

从性别差异看，总体而言，埃及基本可实现学前教育阶段受教育机会的性别平等，但在贫穷率高的地区，女童失学率明显增高。

针对地区、贫富和性别差异，埃及政府在开设幼儿园和增加师资力量时应充分考虑各地区出生人口的变化和城镇化进程，科学布局普惠性幼儿园，大力发展公办园，健全城乡学前教育公共服务体系。此外，还应建立以政府投入为主、家庭合理分担、其他多种渠道筹措经费的保障机制，加大对家庭经济困难儿童接受普惠性学前教育的资助力度，从而缩小贫富差距，提高贫困地区女童的入园率。

三、教育经费不足

当前埃及的教育支出远远不够，尚未达到目标水平。由于政府所拨经费不足，无法按时按量完成教育改革已成为当前埃及教育体系面临的主要发展瓶颈。

埃及 2014 年版宪法明确了公民受教育权利，规定政府用于基础教育的总支出不得少于国民收入总量的 4%，并逐步提升至世界水平。但事实上，2018—2019 学年，埃及政府用于教育领域的总支出是 1.42 万亿埃镑，其中 1 088 亿用于高等教育以前的各阶段教育，基础教育的支出仅占埃及同期 GDP 总量的 2.5%[1]，这与目标水平存在较大差距。

此外，随着人口的增长，教育补贴将成为一笔巨大开销。埃及中央公众动员和统计局实时数据显示，2020 年 3 月 11 日下午埃及国内人口总数突破 1 亿。[2] 人口过快增长已成为制约埃及经济发展的重要因素。如何平衡人口增加与教育补贴间的关系将成为埃及发展教育的一大难题。

为解决资金短缺的问题，埃及政府一方面有意识地扩大政府部门与私营机构以及其他包括国际组织在内的非政府机构的合作；另一方面鼓励私营企业向教育领域投资，借助私营机构的活力帮助教育行业发展。

比如，埃及教育部和世界银行联合出台了一项综合改革计划 [3]，以增加埃及儿童获得优质幼儿教育的机会。该计划将增加约 50 万名儿童进入优质幼儿园的机会，培训 50 万名教师和教育官员，同时为 150 万名学生和教师提供数字化学习资源。

世界银行关于该改革项目的报告认为，"埃及当前教育体系加剧了儿童受教育机会的不平等"[4]，贫富阶层间入园率差别显著，前 20% 的富家子弟进入托儿所或幼儿园的比率更高，比 20% 最贫困家庭孩子入学的概率高出近 4 倍。[5] 报告指出，儿童早期教育非常重要，应重视弱势和贫穷阶级，因为这部分家庭的孩子从教育中受益更大。

---

[1] 数据来源于埃及公共政策研究中心网站。

[2] 数据来源于埃及统计局网站。

[3] 数据来源于埃及公共政策研究中心网站。

[4] 资料来源于世界银行网站。

[5] 资料来源于世界银行网站。

四、改革措施落实不到位

无法切实执行改革计划，是埃及教育发展的另一困境。一方面是因为教育经费有限，另一方面是由于缺乏有效规划的教育政策和改革方案，每一任教育部部长都会出台新的改革方案，然而各方案间缺少连续性，频繁更换改革方案增加了实施难度，缺少目标明确的计划。

为应对各阶段教育发展中的困难和挑战，埃及在"2030 愿景"中将教育发展战略置于优先地位，并提出明确的发展目标：提高教育质量，与国际接轨，开展全民教育，增强教育竞争力和产出，同时强调教育公平，不断降低文盲率和 18 岁前辍学率，提高幼儿园入学率。

针对包括学前教育在内的基础教育，"2030 愿景"提出：实施紧跟世界标准的质量和认证体系，使学习者掌握 21 世纪必要的技能；制定教师全面可持续的职业发展规划；全面更新教材体系，紧跟世界潮流，以适应学习者不断增长的实际需求，助其进行人格塑造；改革教育组织机构体系，为公民提供更好的教育服务；加强教学技术手段的运用，使知识传授和获取更加顺畅；加强基础设施建设（图书馆、校园网及其他教学附属设施）；发展基于对学习目标的评价和评估，注重对知识和实际操作技能的全面评估，而不仅是对结果的评估。[1]

为了实现上述指标，"2030 愿景"出台了一些具体的执行计划：在基础教育阶段，发展幼儿园体系；设立贫困家庭资助体系；实施轻度残疾学生入校计划；制定教育投资战略，拓展教育部、各省市教育局和学校的融资渠道；提升教师的职业素养和职业技能；发展学校评估认证组织体系；实施教学大纲全面改革体系；以国际标准对学生水平能力定期开展评估；提升教育培训机构的质量等，以期全面改革埃及教育体系。

---

[1] 孔令涛，沈骑. 埃及"2030 愿景"教育发展战略探析 [J]. 现代教育管理，2018（10）：111.

第五章 基础教育

第一节 基础教育的现状

一、基础教育概况

基础教育在埃及的教育体系中占据重要地位，受到法律、政策、制度等各个层面的保障。根据埃及宪法，埃及 6—15 岁儿童皆有接受免费教育的权利和义务。相关政策和法律指出，对儿童的教育旨在对其进行科学、文化和精神上的塑造，最大限度地发展其个性才智和身体素质，培养爱国、向善、秉持真理、崇尚人道主义的人才。2014 年，埃及教育部编制了《埃及基础教育战略计划（2014—2030 年）》，认为基础教育应在机会均等的基础上引导学生形成正确的价值观，向学生提供学习、工作所需的理论知识与实践技能，为其进入高等教育阶段的学习打下坚实的基础。[1]

从 20 世纪 50 年代起，基础教育支出开始在埃及政府制定的教育计划中占较大比重。根据联合国教科文组织的估计，埃及的基础教育在整个教育预算中所占的比例，1920 年为 15.4%，1945 年为 38.7%，1964—1965 学年则

---

[1] 资料来源于埃及教育部网站。

为 60% 以上。[1] 1956 年，基础阶段教育免费首次被写入宪法。[2] 埃及 2014 年出台的新宪法明确规定，国家每年的基础教育财政总支出不得低于 GDP 的 4%，[3] 这体现出埃及政府着力提升国家基础教育总体水平的决心。随后的两个财年，埃及政府对基础教育投入分别达 55 029.3 百万埃镑和 67 801.6 百万埃镑，各占总教育投入的 68.1% 和 71.9%。[4] 在此背景下，埃及基础教育的规模总体不断扩大，全国范围内的学校数量（含公立和私立）、班级数量和学生数量逐年增加。

二、教育体系

埃及的基础教育分为初级和高级两个阶段：初级阶段对应小学和初中阶段，共 9 年；高级阶段则对应高中阶段，共 3 年。埃及《教育法》第 60 条规定，初级阶段教育旨在实现学生的全面发展，发掘其兴趣，端正其言行，提升其知识和技能水平。通过初级阶段的学习，学生应打下高中学习所需的知识基础，并在经过职业培训后具备参加工作的能力，成为适应社会的有用之才。[5]

埃及的小学教育为期 6 年，面向 6—11 岁的适龄儿童，对应联合国教科文组织国际教育标准分类（ISCED）中的第一级（ISCED-1）；初中教育为期 3 年，面向 12—14 岁的适龄儿童，对应上述标准分类中的第二级（ISCED-2）。初中毕业之后，学生凭毕业考试成绩，参照当地的实际情况，进入高中阶段的学习。一般说来，高中教育面向 15—17 岁的适龄学生，对

---

[1] 王素，袁桂林. 埃及教育 [M]. 长春：吉林教育出版社，2000：94.

[2] 资料来源于埃及数据及决策支持中心网站。

[3] 资料来源于埃及数据及决策支持中心网站。

[4] 孔令涛，沈骑. 埃及"2030 愿景"教育发展战略探析 [J]. 现代教育管理，2018（10）：110-114.

[5] 资料来源于埃及教育部网站。

应前述分类标准中的第三级（ISCED-3）。高中阶段的教育主要分为两种，一是普通高中。普通高中的学制为 3 年，学生在第一年学习通识类课程，从第二年起分文科和理科，第三年学生需参加国家组织的标准化考试，合格者获得"普通教育证书"，该证书既是普通高中的毕业证，亦是大学入学所需的材料之一。除接受高等教育外，普通高中毕业生还可选择接受职业技术学院等机构提供的继续教育。二是职业技术培训。职业技术培训的学制为 2—5 年不等，包括工业学校、农业学校、商业学校、酒店管理学校等类别，学生毕业后参加社会招聘，准备就业。除上述两类教育之外，一些分属高教部、住房部和工业部管辖的职业技术教育机构也承担了部分基础教育的职能。埃及的基础教育体系可大致概括为表 5.1。[1]

表 5.1 埃及的基础教育体系

学龄	学年	阶段				
6	1	小学				
7	2					
8	3					
9	4					
10	5					
11	6					
12	1	职业初中			普通中学	
13	2					
14	3					
15	1	高中				
16	2	职业培训中心/学校（3 年制）	职业培训（2 年制）	技术高中（5 年制）	技术高中（3 年制）	普通高中
17	3					

---

[1] 资料来源于埃及数据及决策支持中心网站。

从 20 世纪 90 年代起，埃及教育部联合联合国儿童基金会（UNICEF）与埃及当地政府合作，在全国各地（尤其是教育设施和学校不足的贫困地区）建设了一批"一年级学校"（社会学校），帮助超过小学入学年龄（8 岁以上）或未能正常进入小学就读的儿童顺利接受教育，以满足特定地区的教育需求。这类学校的教学体系相对灵活，授课内容不固定，水平大致相当于前文所述的普通小学。近年来还建设了一批"女子友好学校"，面向 6—14 岁的女孩开设，致力于帮助不愿上学或因故辍学的女孩重返校园，提高女性受教育的质量。[1]

三、教育目标

基础教育在埃及的国家事务中占重要地位，被视作社会各界的共同责任。经过小学、初中和高中三个阶段的教育，青少年应获得全方位的发展，掌握必要的语言技能、数理基础和人文知识，培养巩固自身的国民价值、宗教价值和阿拉伯身份，为继续下一阶段的教育做好准备。

由于小学、初中和高中学生心智特点不同，三个阶段的教育目标在侧重点上呈现出一定的差异。具体而言，小学教育强调"基础性"和"全面性"，其根本目的在于为受教育者的文化知识、国民身份和在个人、国家、阿拉伯、人类四个层面上的人格发展奠定基础。

相较于小学教育，初中和高中阶段更为注重"过渡性"和"定向性"，兼顾生活技能与知识能力，为接受下一阶段的教育和参与公共生活做准备，总体目标大致相同。初（高）中的教育目标既着眼于一般性和普遍性，又注重定向性和专业性，在不同科目的教学中规范学生的品行，令其达到相

---

[1] 资料来源于埃及教育部网站。

应标准。具体而言，两者都承续和深化了小学阶段教学目标中有关德、智、体、美、劳等方面的内容：引导学生尊奉自身宗教，并以开放包容的心态对待其他宗教和文明；提升学生的爱国情怀和民族归属感；勉励其刻苦奋进，掌握必要的文化知识，习惯用分析和理性的视角看问题，尤其要以科学的方法了解自然和社会、处理事务和解决问题，了解现代技术在当今生活中的作用，认识到掌握和发展科技对实现社会福祉和进步的重要性；提升美术、文学和其他艺术形式的鉴赏水平，并能够表达自己的感受；培养奉献意识，承担社会责任，改善社会生活，保护自然环境。此外，初高中阶段的教育对女性给予了格外关注，希望通过教育加强女性的社会地位，引导女性自我实现，获取技能，突出其在服务社会中的重要作用。埃及高中和初中教育目标的主要区别在于，前者更侧重有意识地引导学生选择适合自己的发展方向，"以多元的问询方式帮助学生认清自己的能力、意向和社会的工作需求，以便学生选择适合自己的学业和职业规划"。[1]

四、课程设置

（一）小学阶段课程设置

依据埃及《小学阶段教学大纲总体框架》，小学前三学年开设伊斯兰教、基督教、阿拉伯语、数学、科学 5 门课程，从第四学年起增设"社会"这门课程，均为必修。每门课程学时不等，见表 5.2。[2]

---

[1] 资料来源于埃及教育资源发展中心。

[2] 资料来源于埃及教育资源发展中心。

表 5.2 埃及小学阶段课程设置

课程名称	课程简介
伊斯兰教	该课程包括宗教礼仪、价值观、伦理、《古兰经》部分经文背诵、圣训、宗教故事、众先知故事、先知穆罕默德生平、伊斯兰教五功等内容。
基督教	该课程包括基督教部分概念、原则、七美德[1]、价值观、行为方式等内容。
阿拉伯语	该课程包括听、说、读、写等方面的知识和练习，注重在语言学习的过程中塑造学生的国家归属感和文化身份。从第四学年起开始学习句子成分、格位等简单的语法。
数学	该课程包括算术（自然数、整数、分数、集合、四则运算）、简单平面几何（三角形、平行四边形、正方形、菱形、圆的周长和面积）、简单立体几何（体积与容积的概念、柱体表面积与体积公式）、统计与概率（直方图、频率、概率计算与随机实验）等知识。
科学	该课程包括动植物特征、食物链与食物网、人体结构、生命周期、物质状态、天体运动、环境与资源、能量循环、力的分类、气候与天气等简单的物理、化学、生物和地理知识。
社会	该课程涵盖三方面的内容：古代和现代埃及历史上的重要事件；地图、位置、经济活动等人文地理知识；埃及的人口、资源、主要产业（农业、工业、商业、旅游业等）。这些内容旨在激发学生的民族自豪感和爱国情怀，培养其甘于奉献、积极向善的优良品质。

（二）初中阶段课程设置

依据埃及《初中阶段教学大纲总体框架》，初中阶段开设阿拉伯语、伊斯兰教、基督教、英语、数学、法语、科学、社会、体育、艺术、音乐、工业技术、农业、商业、计算机和家政等固定科目。其中，英语、计算机

---

[1] 资料来源于埃及教育资源发展中心。

和家政等课程的内容较为灵活，各学校依照实际教学条件和情况安排授课。其余课程的具体情况见表 5.3。[1]

表 5.3 埃及初中阶段部分课程设置

课程名称	课程简介
阿拉伯语	该课程在继续加强听、说、读、写四项基本能力练习的基础上，添加修辞、文学作品选读、语法规则、句式积累等方面的内容。学生需在每学年学习一本教科书，分两学期学完，话题包括乐观与真诚、知识与工作、自由与责任、谦恭与孝顺等品德和价值观，以及合作沟通、守时守信、尊重他人、保护环境等良好习惯等。
伊斯兰教	该课程涵盖四方面内容：教义、价值观、知行关系、伊斯兰教特征。
基督教	该课程包括圣徒故事、信仰、价值、美德、爱等基督教知识与核心概念，宗教原则与行为方式以及《圣经》讲解等。
数学	该课程包括算术（有理数、实数、复数、比例、平方根、立方根、绝对值、一元一次方程和不等式）、平面几何（简单的几何变换、三角形、四边形、圆的几何性质、毕达哥拉斯定理[2]）、解析几何（斜率、直线方程）、统计与概率（数据分析与决策、平均值、中位数、众数）等，是在小学数学基础上的深化和拓展。
法语	该课程侧重口头交流与沟通，包括经验介绍、描述人物和地点等主题，重点培养学生查找法国文化知识的能力。
科学	该课程注重实地研究，包括问题设计、田野调查、定性与定量分析、解释数据等步骤的教学，旨在培养学生因地制宜、灵活应变、团结协作的意识。
社会	该课程包括人与自然的关系、古埃及文明与其他文明互动发展史、阿拉伯世界的地理与历史、阿拉伯伊斯兰文明的发展变迁和价值观、世界各国概况、主要区域国际组织、奥斯曼帝国入侵以来的埃及近现代史、巴以问题等重大地区国际问题等。
体育	该课程旨在通过合适的体育运动增强学生的身体素质。

---

[1] 资料来源于埃及教育资源发展中心。

[2] 即勾股定理。

续表

课程名称	课程简介
艺术	该课程包括艺术文化、陶瓷、纺织、手工艺品等内容，旨在培养学生艺术表达和创新设计能力，提升其审美和感受力，加深其对传统和现代民族文化之美的了解。
音乐	该课程包括读谱、节拍等基础的乐理知识，乌姆·库勒苏姆、赛德·达尔维什、莫扎特等名家的作品欣赏，以及基本的发声、演奏和编曲技巧等。
工业/农业/商业	该组课程旨在帮助学生了解相关领域的实际情况，探索职业兴趣，学习相应领域的实践技能，为日后接受职业教育打下基础。

（三）高中阶段课程设置

依据埃及《高中阶段教学大纲总体框架》，高中阶段（三年制）的课程可分为四类：伊斯兰教、基督教、阿拉伯语、英语、数学与统计、历史、地理、化学、物理、生物、科学与实践、地质、环境、国民教育、思维技能、学术与研究技能、信息技术等必修课；工业、农业、工商管理等技术课；第二外语、当代问题、心理学、哲学等选修课；体育、艺术、音乐、文学等文体教育课。主要课程内容见表 5.4 至表 5.7。[1]

表 5.4 埃及三年制高中课程设置（必修课）

课程名称	课程简介
伊斯兰教	该课程在初中的基础上从教义、价值观、知行关系、伊斯兰教特征四个方面加深学生对宗教信仰与义务、家庭与社会伦理、《古兰经》等宗教经典的理解，帮助其认识宗教与社会、国家的关系，并引导学生围绕部分教义进行多角度思考。

---

[1] 资料来源于埃及教育资源发展中心网站。

续表

课程名称	课程简介
基督教	该课程涵盖基督教教义、历史和伦理等方面内容，着重介绍人与宗教的关系，关注基督教宗教原则在社会生活中的实践与功用。
阿拉伯语	该课程较初中阶段的内容范围有所扩大，涉及阿拉伯古代和近现代文学史上不同时期具有代表性的诗歌、散文和小说，覆盖宗教、文化、历史、法律、社会、生活、政治、科技等多种题材，以及更全面的语法知识。通过高中阶段的学习，学生的听、说、读、写基本技能和归纳表达、修辞思辨等能力将得到进一步提高。
英语	该课程旨在进一步提升学生的听、说、读、写能力，使其接近母语人士的水平，并能够用英语进行深度思考。此外，该课程还注重提高学生利用多媒体途径学习英语的能力。
数学与统计	该课程涵盖代数、平面几何、解析几何、立体几何、统计与概率、三角函数、微积分、矩阵等领域的基础知识，并为一些物理和化学现象提供数学上的解释。
历史	该课程包括古埃及文明史、阿拉伯伊斯兰文明史、地理大发现中的阿拉伯世界与埃及、19—20 世纪欧洲史，并探讨在不同历史时期阿拉伯伊斯兰文明与古埃及文明、阿拉伯世界与埃及、欧洲与埃及的互动。
地理	该课程旨在加深学生对现代地理学概念和发展方向的了解，包括气候变化、自然资源、生态系统等自然地理内容，经济活动、人类发展指标、政治地理等人文地理内容，以及遥感、卫星照片、图表认读等地理技术知识。
化学	该课程涵盖有机化学和无机化学两方面的内容，包括原子分子结构、元素周期表、化学反应基本原理、化学平衡、反应指标、分析化学和电化学、溶液、酸、盐、烃和其衍生物、气体性质、化学与生活、化学与环境等。
物理	该课程包括基本物理量、机械运动、热能及其应用、磁力、液体性质、电学及其应用、波、固体性质、气体运动、电磁感应现象、交流电、核物理、纳米技术等。
生物	该课程包括生物体的化学基础和生理活动的实现、体内环境平衡、细胞结构和功能、遗传与分化、生物与生态系统、人体的各大系统及生理活动、微生物基础及应用、基因工程原理和应用等。

续表

课程名称	课程简介
科学与实践	该课程旨在培养学生综合运用化学、物理、生物等学科知识解决污染、食品安全等实际问题的能力。
地质	该课程包括地层结构、构成、组分、地质事件、地质内部活动等地质学基础知识。
环境	该课程包括生态系统的组成部分、能量流动、大气层、水、土壤等方面的知识，并介绍人类活动对生态环境的影响及对策，如空气污染及其防治等。
国民教育	该课程包括公民身份、公民的权利与义务、民族与国家的关系、埃及民主制度、公民政治参与、埃及宪法原则、人权、埃及在地区和世界体系中的作用等。
思维技能	该课程旨在帮助学生培养科学思考的意识和技能，养成良好的学习习惯。
学习与研究技能	该课程旨在引导学生了解研究的意义和种类，培养其收集资料、验证资料和撰写研究报告的能力。
信息技术	该课程包括计算机维护、网站设计、计算机病毒、PowerPoint、Excel等计算机硬件与软件使用等相关知识。

表 5.5 埃及三年制高中课程设置（技术课）

课程名称	课程简介
工业	该课程包括工业制图、工业流程、工程测量、工业生产与流程管理、电气电子基础、材料技术基础、安全操作、职业素养等，旨在为从事工业技术相关职业奠定基础。
农业	该课程包括动物养殖、植物种植、渔业、有机物技术、食物加工、奶制品技术、养蜂技术等。
工商管理	该课程包括中小企业相关章程法律、运营模式、产品销售、文件方案、管理技能、企业的社会责任与道义等，旨在为学生提供基本的企业与商业知识。

表 5.6 埃及三年制高中课程设置（选修课）

课程名称 [1]	课程简介
第二外语	包括法语、西班牙语、德语、意大利语，学生任选其一。[2] 该课程旨在培养学生用第二外语就简单主题进行听、说、读、写的能力，侧重于满足日常沟通的需要。
当代问题	该课程旨在帮助学生了解当今世界问题的根源、现况、影响和发展趋势，引导学生思考相应对策。
心理学	该课程主要包括个人成长不同阶段的特征与需求、行为模式、智力、情绪及其影响因素、思维与认知过程、心理健康、防御机制、个人倾向与价值观、性别等，并增强学生对天才、残障人士等特殊群体的了解，提高学生思考和解决问题的能力。
哲学与文明	该课程涵盖"哲学"与"文明"两部分内容：第一部分包括哲学思考方式、批判性和科学思维及其实践等；第二部分包括文明的基本概念、文明对话、文明会通，旨在提升学生对文明发展过程的认识。
哲学与逻辑	该课程介绍哲学问题的本质，并探讨哲学与宗教、政治、伦理、科技、艺术的关系和哲学家在此间的作用。
哲学	该课程引导学生以哲学的视角对环境问题、全球化、生态伦理、医学、职业道德等话题进行分析，并探讨逻辑推理在自然科学和数学中的运用。
地球与空间	该课程涵盖五部分的内容，第一部分包括宇宙组成、太阳系、天体运动等，第二部分为各种地质活动及其对地表的影响，第三部分为地质内部活动，第四部分包括地球的起源、地质事件及地质时间尺度，第五部分包括和地理学、地质学有关的科学技术，如遥感技术等。
进阶数学	该课程包括线性规划、圆锥曲线等，并介绍数学知识在天文、人造卫星和机械方面的运用。
社会	该课程包括社会学的起源、社会与政治及文化的关系、埃及与全球社会等，旨在帮助学生客观对待各种社会问题，促进青年在社会变革中发挥作用。
沟通技能	该课程旨在向学生教授沟通的常识、原则与技能，提高其口笔头和非言语沟通能力。
社会营销	该课程包括劝导、广告设计、企业筹建、管理理念、营销与社会责任等实践性知识与技能。

---

[1] 英语、历史、地理、物理、化学、生物等课程在第 2 学年结束。第 3 学年相应课时转为选修类课程，这些课程的介绍参见表 5.7。

[2] 2020 年 9 月，中埃双方签订谅解备忘录，汉语开始作为选修第二外语被纳入埃及中小学教育。

表 5.7 埃及三年制高中课程设置（文体教育课）

课程名称	课程简介
体育	该课程由以下单元组成：节奏练习、体操、力量运动、团队运动（足球、篮球、手球、排球等）、任选运动（休闲运动、球类运动、击剑、露营等）。
艺术	该课程包括古代艺术鉴赏、绘画、摄影、雕刻、造型艺术、阿拉伯书法鉴赏、装饰艺术等，旨在加深学生对世界和本国艺术形式的了解，提升其艺术素养和民族自豪感。
音乐	该课程包括音乐欣赏、乐器演奏与演唱、乐理、音乐创作、音乐文化与历史等，旨在提高学生的乐感和音乐素养。
文学	该课程涉及戏剧、长篇小说、短篇小说、自传、散文等，旨在提升学生的文学鉴赏力。

五、教学活动与资源

埃及基础教育一度以机械记忆为主，死记硬背的现象在宗教等课程中尤为明显。随着时代的发展，埃及教育部等部门对基础教育的目标做出了调整，开始倡导以青少年为中心的教育理念，增强他们的思维能力，促进其心灵的成长，培养其社交和工作技能；帮助他们更好地适应环境，融入社会，利用自身所学满足实际需要，从而实现个人的全面发展。以此为契机，基础阶段的教学活动渐趋多样，主要可归纳为以下 9 类。

（1）问题导向：教师布置问题，先安排学生收集数据和资料，再带领学生利用资料按照步骤分析、回答问题，并引导学生对特定的问题和答案进行普遍化、理论化的推演。

（2）概念图谱：利用金字塔图、线性流程图等梳理不同理论之间的关系，并辅以解释性说明。

（3）探索性学习：学生在教师的指导下自行设计学习活动，培养求知欲和创造力。

（4）自主学习：鼓励学生学习感兴趣的知识，并对学习结果进行自我评估，从而提升其责任意识。

（5）对话与研讨：鼓励学生与教师、专家就特定问题进行交流，以提高学生的思辨能力。

（6）角色扮演：教师在教学过程中设置场景，为学生安排角色，在提高教学趣味性的同时为学生提供表达观点的机会，塑造正确的沟通和行为习惯。

（7）KWL 教学法：这是唐娜·奥格尔在 1986 年提出的用以指导阅读的策略，KWL 为英语单词"Know""Want-to-know"和"Learned"的缩写，即引导学生调动已有知识发现问题，并在找到答案后对所学新知识进行总结。

（8）头脑风暴：教师确定主题后让学生自由表达观点，激发其积极性，并推动学生之间互学互鉴。

（9）合作性学习：不同学生结成小组对问题进行合作探究，有助于培养学生的责任意识和合作精神。

提供丰富的校内外教学资源是开展教学活动的重要依托。除传统的文印和视听材料外，近年来，相关部门非常重视引入计算机和互联网作为基础阶段的教学资源，在文科、理科和语言相关课程中大力推广运用多媒体和信息技术，鼓励学生利用学校和个人的设备进行自主学习。2020 年，新冠肺炎疫情席卷全球，埃及亦不例外。埃及时任教育部部长塔里克·邵基表态称，将采取各种措施，在保护师生免受病毒影响的同时，提供高质量的教育服务。[1] 2020 年 10 月，"埃及教育平台"（Egyptian Educational Platform）正式上线，向埃及各省的中小学教师、学生和家长开放。该网站

---

[1] 资料来源于《今日埃及人》新闻网。

汇集了教育频道、EKB 学习管理平台、EKB 电子图书馆、Edmodo 平台、虚拟课堂直播平台、Hesas 在线学习平台等主要的基础教育阶段线上教学平台的资源（见表 5.8），并向师生开放"学校邮箱"注册系统，用以免费下载、使用 Office 365 系列软件。除"埃及教育平台"外，"电子学习门户网"（E-Learning Portal）和"埃及知识中心"（Knowledge Center）等前期投入使用的网站继续供师生获取所需资源。

表 5.8 埃及基础教育主要线上教学平台功能一览

名称	功能简介
教育频道	频道名称为"我们的学校–2"，其内容由国家课程和考试中心的专家团队设计，帮助学生解读新版评估体系，了解新题型，向其传授资源利用途径、复习方法和解题技巧。
EKB 电子学习平台	EKB 电子学习平台以"数字性、交互性"为特征，与教学大纲和课程设置衔接紧密，帮助高中生复习课堂所学，及时纠错，巩固学习成果。该平台包含课文、图表、视频等资料；通过该平台，学生还可获取哲学与逻辑、历史、阿拉伯语、心理学、社会学等科目的习题和练习。[1]
EKB 电子图书馆	EKB 电子图书馆囊括音频、视频、电子书、图片、课件、教学计划、试题、课文等类型的电子资料，涵盖中小学阶段各个科目，供学生课后参考学习。除课业内容外，图书馆还提供 79 种词典、500 余部漫画书和"蝴蝶在线"百科全书，助力不同阶段和层次的学生自主学习和知识拓展。

---

[1] 资料来源于《今日埃及人》新闻网。

名称	功能简介
Edmodo 平台	Edmodo 是面向基础教育阶段师生的沟通、协作、教学的综合性在线平台，2008 年在美国成立，公司总部设在加利福尼亚。目前，Edmodo 在世界范围内的注册用户数已逾 1 亿。平台教师端包括内容分享、在线测验、作业布置等功能，学生和家长可在教师的准许下在平台上进行沟通互动。
虚拟课堂直播平台	虚拟课堂直播平台依托 Webex 和 Microsoft Teams 两款应用软件，向中小学各年级的学生在线授课。学生可在平台上选择自己的学年和学期，按照既定的时间表观看相应课程的直播或录播。
Hesas 在线学习平台	Hesas 在线学习平台提供初中 3 个年级到高中 3 个年级的互动课程与在线题库，还有教育部专家名师详解考试大纲的视频。平台设有阿拉伯语、英语、法语的"语言学校"版块，分为初三、高一、高二理科、高二文科、高三理科、高三文科六个部分，内容包括视频讲解、问答区和模拟考试等。

第二节 基础教育的特点

一、免费教育取得成效

埃及各界已经基本取得共识，认为受教育权是最基本的人权之一。为了保障每个社会成员都有接受教育的机会，埃及政府长期致力于推行免费教育。"免费教育即为个体清除继续接受教育的物质障碍，让更多的学生能够参与社会建设和社会振兴，"[1]从而更好地实现社会的公平、民主和正义。

　　埃及免费教育的历史可追溯至20世纪初，在殖民主义的背景之下，免费教育被视作提振民族意识、促进民主复兴的重要基础。起初，免费教育仅限于一些国家解放运动组织的成员，随后逐渐扩大。1942—1944年纳吉布·哈拉里任教育部长期间，通过了免除小学教育费用的政策，后得到塔哈·侯赛因的支持。塔哈·侯赛因担任教育部长期间宣布拟开始实施高中阶段的免费教育。[2] 1952年，七月革命在埃及爆发，人们呼吁免除基础教育的费用。1956年，基础阶段教育免费首次被写入宪法，并在1971年的宪法中得以保留。2014年，宪法首次将免费教育与教育质量挂钩，规定免除所有基础教育阶段的费用。

　　应该说，过去的几十年，通过不懈推动基础阶段免费教育，埃及政府在降低失学率、提高入学率、缩小教育领域的性别差距等方面的成绩有目共睹。"三十年来，埃及的小学入学率迅速上升，基本达到世界平均水平。"[3]

　　虽然埃及为推动免费基础教育做出的政策性努力取得了积极的成效，但值得注意的是，埃及当下的免费教育远未达到尽善尽美的程度。例如，有学者在对体系构成、资金投入、教学质量、教学成果和私人教师、家庭教育、互助小组等课外辅导手段进行定量和定性分析后得出结论：由于免费教育缺乏资金支持，其教学质量无法满足学生需要，形形色色的课外辅导随之成为学业成功的必要条件，由此产生的费用实际上"加剧了不同家庭背景的学生在成功概率上的不平等"[4]。可见，教育机会层面上的不平等得

---

[1] 资料来源于埃及数据及决策支持中心网站。

[2] 资料来源于埃及国家信息服务中心网站。

[3] QUTH R. Analyzing the external and internal efficiency considerations in public subsidization of education in Egypt[J]. Journal of economics and sustainable development, 2016, 7(12): 164-172.

[4] ASSAAD R, KTAFFT C. Is free basic education in Egypt a reality or a myth?[J]. International journal of educational development, 2015(45): 16-30.

到了解决，并不意味着教育质量层面上的不平等也能随之得到解决，埃及现行的免费教育面临诸多挑战，仍有较大的改善空间。

二、英语教育取得发展

目前，英语是埃及基础教育阶段主要教授的外语，也是埃及社会的主要外语。"英语不但作为通用语在各种场合中得到运用，而且也广泛被用于埃及网民的交流当中。"[1] 埃及的英语教育有着 150 多年的历史，在此期间，人们对英语的态度经历了从"英国占领期不得不学的'坏事'"到"是促进教育、经济和社会流动的有效手段"的转变。[2] 近年来，埃及的英语学习者数目迅速攀升，这与政府的鼓励与推动息息相关。2012 年，埃及教育部在其制定的《将英语作为外语的国家课程框架：1—12 年级》中阐述了英语教育的总体目标："学习英语给儿童和青少年开启了通往世界的大门，为他们积极参与知识改变社会、提升多元语言和文化意识赋能……英语是外交、知识、商业、旅游的主要国际语言，在媒体、科学和现代技术等领域占据统治地位。世界上绝大部分的科学、技术和商业出版物皆用英语出版。因此，学习英语在埃及的学校体制内外都变得愈发重要，在世界范围内亦不例外。通过学习英语，学生能够自信地以听、说、读、写等途径进行沟通，从而能够积极地融入全球社会。"[3]

在上述目标的指导下，埃及英语教育的方向逐渐转向灵活化、应用化、

[1] WARSCHAUER, SAIP M E, ZOHRY A. Language choice online: Globalization and identity in Egypt[J/OL]. Journal of computer-mediated communication, 2006, 7(4) [2021-06-25]. https://onlinelibrary.wiley.com/doi/full/10.1111/j.1083-6101.2002.tb00157.x.

[2] WEST J, HEARNS C. Hello! English for primary schools[M]. Cairo: Egyptian International Publishing Company–Longman, 1993: 3.

[3] The national English language curriculum framework Grades 1–12[R]. Ministry of Education, 2012: 4.

自主化，视听说、批判性思维、互动与合作能力等内容更加受到重视。在此背景下，教师角色发生了深刻的转换，集中反映了新时代英语教育模式的特点。课前，教师作为计划者、指导者的角色，确定课程目标和教学计划，设计语言活动，向学生提供口语和写作练习的范例；课中，教师担任管理者和建议者的角色，指导学生结成小组，向学生提出问题，把控课堂节奏，在小组讨论过程中随时纠错；课后，教师对每个学生进行差异化辅导，以定期评估的方式跟踪学生表现。[1] 此外，埃及教育部在近 20 年间提倡利用信息技术手段辅助英语学习。2003 年教育部发布的文件指出，学生应运用媒体、互联网、电子词典等信息技术资源提升单词查找能力、听力和口头交流能力。[2] 小学、初中和高中阶段的《教学大纲总体框架》也一致强调，"不应忽视技术手段在英语教学中的重要性"[3]。

教学模式的革新进一步提升了埃及英语教育的整体水平。2016 年，学者哈米·卡勒里和阿利斯泰尔·福琼曾针对 199 位来自公立中学、实验中学、私立中学和大学的学生和 149 位来自公立中学、实验中学和私立中学的教师做了一次有关埃及英语教育情况的问卷调查，调查结果在一定程度上体现出埃及英语教育的正向发展。从教师群体交回的问卷来看，77.9% 的教师具有十年以上教学经验；85% 的教师能够直接使用英语进行教学；95.3% 的教师认为自己的英语水平"良好"或"优秀"；96.2% 的教师认为自己设计教案、进行互动式教学的能力过关；超过 40% 的教师认为自己能够获得相应教学支持，包括但不限于校长的鼓励、同事间的合作和同行会议等。从学生群体交回的问卷来看，绝大部分学生学习英语的时间达到十年或以上，近 70% 的学生认为自己的英语水平"良好"或"优秀"，76% 的学生表示出

---

[1] MCLLWRAITH, FORTUNE. English language teaching and learning in Egypt: an insight[R]. British Council, 2016: 4.

[2] 资料来源于国际数字对象标识符（DOI）基金会网站。

[3] 资料来源于埃及教育资源发展中心网站。

继续提高英语水平的意愿。参与此次问卷调查的教师和学生普遍认为学习英语丰富了他们的阅历，有利于国家发展。然而不应忽视的是，调查也暴露出埃及英语教育在教师端和学生端的一些问题，如学生听、说、读、写能力不均，教材印刷质量差，教师用书资源不足等。[1]

三、公民教育方兴未艾

进入 21 世纪以来的埃及社会是"挑战重重"的社会，在社会、政治和经济等领域面临着诸多问题；与此同时，埃及社会又是一个"年轻化"的社会，15—54 岁的人口占总人口的比重超过 55%，[2] 蕴藏着巨大的潜力。因此，埃及政府在基础教育阶段格外重视公民教育，希望引导学生形成公民意识，运用自身所学解决实际问题，参与国家建设。公民教育，即培养个人作为公民或国民承担义务与行使权利的教育活动。埃及学者巴拉卡将其定义为"向学生教授一系列价值观、原则、趋向的过程，旨在塑造学生的人格，促使其积极行动，理解自身在社会中的权利与义务，培养其在不同场合进行恰当思考的能力"。[3]

埃及的公民教育可追溯至 1922 年，英国对埃及占领的结束标志着埃及作为民族国家的兴起，弘扬民族精神、强调埃及独立的公民教育应运而生。[4] 1952—1970 年的纳赛尔时期，公民教育的内容开始在历史等科目

---

[1] MCLLWRAITH, FORTUNE. English language teaching and learning in Egypt: an insight[R]. British Council, 2016: 12-16.

[2] MUNDI. Egypt age structure[EB/OL]. (2020-11-27) [2021-06-25]. https://www.indexmundi.com/egypt/age_structure.html.

[3] BARAKA P E. Citizenship education in Egyptian public schools: what values to teach and in which administrative and political contexts?[J]. Journal of education for international development, 2008(2): 1-18.

[4] EL-NAGAR, EVA KRUGLY-SMOLSKA. Citizenship education and liberal democratic change: the Egyptian case[J]. Comparative and international education, 2009, 38(2): 36-54.

的教科书中出现，学生开始注重学习阿拉伯属性和其他阿拉伯国家的历史。[1] 1973 年，戴维营协议签订，和平与对话的精神得到强调。在穆巴拉克统治时期，民主、人权、去极端化、全球化等内容被加入公民教育。[2] 2003 年，教育部提出了埃及公民教育的八项核心内容：（1）义务与权利；（2）生活技能（谈判、合作、宽容和妥善处理多元化等）；（3）政府体系（民主、宪法、人民委员会、选举、公民在选举中的角色等）；（4）保护传统和遗产（阿拉伯和埃及遗产、伊斯兰和科普特遗产、阿拉伯和伊斯兰价值观和传统等）；（5）埃及与其他国家的关系（阿拉伯国家、伊斯兰国家、非洲国家和世界各国等层面）；（6）非政府组织（成立非政府组织的条件、非政府组织的作用等）；（7）阿拉伯区域组织和制度；（8）国际组织和制度。

2014 年埃及教育部发布的《埃及基础教育战略计划（2014—2030 年）》重点强调了公民身份、人权、世界公民、政治参与、民主等方面的内容，"提高了对公民教育内容的关注度"[3]。

除政府部门外，各种民间社会组织聚焦经济和社会服务等领域，更关注偏远地区和劣势人群，[4] 在推动公民教育中扮演了重要的角色。民间社会组织在埃及的分布情况如图 5.1 所示。[5]

---

[1] EL-NAGAR, EVA KRUGLY-SMOLSKA. Citizenship education and liberal democratic change: the Egyptian case[J]. Comparative and international education, 2009, 38(2): 36-54.

[2] BARAKA P E. Citizenship education in Egyptian public schools: what values to teach and in which administrative and political contexts?[J]. Journal of education for international development, 2008(2): 1-18.

[3] ALY S, et al. The road to citizenship education in Egypt[R]. DOAA ABDELAAL. Danish Egyptian Dialogue Institute, 2015: 11.

[4] HASSAN H A. Civil society in Egypt under the Mubarak regime[J]. Afro Asian journal of social sciences, 2011, 2(2).

[5] ALY S, et al. The road to citizenship education in Egypt[R]. DOAA ABDELAAL. Danish Egyptian Dialogue Institute, 2015: 29.

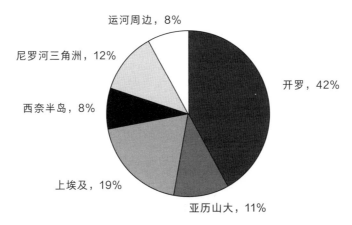

运河周边，8%

尼罗河三角洲，12%

西奈半岛，8%

上埃及，19%

开罗，42%

亚历山大，11%

图 5.1 与公民教育有关的民间社会组织在埃及的分布情况

　　埃及公民教育主要由学校课程和课外活动项目构成。从小学阶段起，学生便开始在社会课上学习埃及的历史文化、社会传统和基本国情，传承优良传统，培养国民意识。初中阶段，社会课将学生的视野从埃及延伸到区域和世界。工业、农业和商业等实践课程，则关注学生的实践意识和个人发展规划。升入高中之后，学生将在"国民教育""当代问题""沟通技能"等课程中分别学习公民教育中的各方面内容。在课堂教学以外，埃及政府部门和民间社会组织会举办各种公民教育活动，旨在增强青年就业力，引导他们关注少数群体权益和人权问题，培养他们多文化共处与跨文化沟通能力，从而对课堂教学形成补充。

　　应当指出，埃及的公民教育在取得发展的同时仍面临一些阻力，如公民教育社会活动审批程序欠规范、民间社会组织等公民教育非政府组织资金来源有限、政府部门和非政府组织之间以及各部门内部合作不足、部分青少年接受公民教育时功利心较重、偏远落后地区开展公民教育活动少等，仍有不少改进空间。

第三节 基础教育的挑战

一、班级规模过大

同入学率、性别比率、失学率、文盲率等指标一样，班级规模是衡量一个国家教育体系是否发达的重要指标之一，对师生关系、班级管理和授课效果皆有影响。[1] 埃及的整个现代教育系统长期面临着班级规模过大的严重问题，这主要是由资金缺乏和教学楼等基础设施建设不足所致。

据埃及中央公众动员和统计局统计，埃及全国范围内小学、初中和普通高中的班级人数高达 40—50 人 / 班，且每学年均呈小幅上升的趋势，远高于发达国家 25 人 / 班的"标准班级规模"。[2] 相较于私立学校，公立学校的班级规模过大问题更严重。根据埃及中央公众动员和统计局于 2021 年发布的最新数据计算，2019—2020 学年，公立小学、初中和普通高中的班级规模分别达到 53.3 人 / 班、48.5 人 / 班、43.1 人 / 班，均高于全国平均水平。2015 年埃及内阁信息和决策支持中心的一份报告指出，有 94 000 所公立学校存在班级规模过大的问题，占基础阶段学校总数的 37.8%。[3] 根据前述埃及中央公众动员和统计局关于全国范围内班级规模的统计数据和现实情况推测，班级规模过大的问题将在未来较长一段时间继续存在。

班级规模过大具有多个负面影响。首先，班级规模过大不利于学生的身体健康。其次，在规模过大的班级，教师关照度 [4] 势必减小，课堂提问和课堂活动难以覆盖全体学生，进而影响班级内部的机会均等，使部分学生感到

---

[1] 潘颖，李梅. 班级规模与学生发展的问题研究 [J]. 东北师大学报，2006（6）：159-163.

[2] 潘颖，李梅. 班级规模与学生发展的问题研究 [J]. 东北师大学报，2006（6）：159-163.

[3] Evaluating free education policy of pre-high education and its effect on the output ouality of the educational process[R]. The Egyptian cabinet information and decision sup, 2014: 25.

[4] 指在以班级为授课单位的条件下，教师对每个学生关心与照顾的程度。

不公。再次，较大的班级规模给教师安排学生座位、应对学生间个体差异带来了挑战，削弱了其对班级的管理。最后，班级规模过大易催生出学生间的小群体。在埃及，过大的班级规模使得学校不得不实行轮班制，导致学生在校时长缩减、教育质量降低。[1] 普华永道 2019 年发布的一份调查报告显示，1—12 年级的学生中，全日制学生平均在校时长为 7 小时的比重仅占 37%，其余63% 的学生因为轮班制导致平均在校时长仅为 4.5 小时，学习时间明显不足。[2]

二、教学人才匮乏

作为北非地区的人口大国，教学人才匮乏是制约埃及基础教育发展的重要因素。埃及中小学校的职工结构包括教师、学校领导、行政人员和雇工。

根据埃及教育部数据中心网站显示，埃及基础教育各阶段的教师相对数量和绝对数量都较为不足，而且地区差异较大。埃及全国范围内小学、初中和普通高中教师职工比的平均值为 63.9%、62.4% 和 67.4%，然而在谢赫村、代盖赫利耶、东部、索哈杰、北西奈等地，基础教育各阶段教师占全体教职工的比例大部分都低于 60%，其中东部省的小学教师职工比低至49.7%，而在苏伊士、南西奈等地则逾 80%，差值高逾 30%。

除教师数量不足外，教师资质欠缺也成为埃及发展基础教育的掣肘。根据埃及教育部信息中心发布的数据，2019—2020 学年，埃及基础教育阶段的教师总数为 1 018 773 人，其中拥有教育相关专业学士以上学位的仅占61%。资质欠缺还表现为专业技能的欠缺。例如，据 2015 年联合国教科文

[1] QUTB R. Analyzing the external and internal efficiency considerations in public subsidization of education in Egypt[J]. Journal of economics and sustainable development, 2016, 7(12): 164-172.

[2] 资料来源于普华永道资料与数据网站。

组织统计，只有 2% 的埃及教师接受过系统的信息技术教学的培训，这显然不利于基础教育改革计划的实施。

三、不平等问题严重

尽管埃及已经在扩大教育机会方面取得了显著的进步，但就受教育质量而言，埃及基础教育仍面临着严重的不平等问题，这集中反映在公立教育和私立教育之间的巨大差距上。据世界银行统计，私立学校分别占小学、初中和高中总数的 8%、7% 和 13%，在数量和规模上无法和公立学校相比，然而前者的教学质量却远远高于后者。

埃及的私立学校主要分为普通私立学校、语言学校和国际学校。其中普通私立学校和语言学校在教学内容上与公立学校大体相同，均以国家规定的课程标准为基础。同公立学校相比，私立学校受到政府的管束较小，教师有更多的自主权，因而能够因材施教，针对学生的需求和能力制定合适的教学计划，而且小班教学的模式也显著提高了教师对学生的关注度。由于资金来源充裕，私立学校的基础设施也更加完备。此外，语言学校使用英语（或德语、法语）作为教学语言，并设置了法语、德语等第二外语的系统性课程。国际学校则完全采用西方国家的教学体系，教授的课程与西方国家一致，学生毕业即可获得美国高中毕业证书、英国 IGCSE 证书、法国 Baccalauréat 证书、德国 Abitur 证书等西方国家的高中文凭，并可选择去相应国家的大学进行深造。除掌握课本知识外，私立学校的学生通常拥有良好的语言技能和 IT 技能。与之形成鲜明对比的是，许多公立学校的学生连基础的课本知识都掌握不好。有研究报告指出，埃及只有 47% 和 42% 的 8 年级学生在数学、科学两个科目上达到了国际标准中的"低"等级以上。[1]

---

[1] 资料来源于世界银行网站。

为了顺利通过考试，有些公立学校的学生可以选择付费加课。

此外，私立学校在素质教育方面也明显优于公立学校。得益于灵活的管理模式和充裕的资金，私立学校经常提供丰富的课外活动，如组织学生参与工程建设项目、参观工厂企业，提高实践能力；在学校内外开设音乐、书法、绘画等学习体验沙龙，提升学生的艺术素养；带领学生观摩各种主题的研讨会，拓宽学生的知识面，提高其思辨能力。同发达国家一样，埃及的私立学校注重培养学生的公益精神，鼓励学生参加植树、义工等志愿活动。与之相反，公立学校则更加注重应试教育，学生参加课外活动的需求往往得不到满足。

四、课外辅导现象普遍

长久以来，课外辅导现象在埃及屡禁不止。政府部门曾多次颁布法律法规禁止补课，一些省份甚至要求关闭所有私人辅导机构，并对其所有者展开彻查，然而收效甚微。据估算，埃及接受过课外辅导的高中生占总数的42%—60%，[1] 而这一数字在毕业年级的高中生中超过了75%。[2] 在某种意义上，埃及的课外辅导正从"学校教育的补充"变为"学校教育的替代品"。

课外辅导在埃及的流行与学生和教师都密切相关。一方面，受教师数量的限制，许多高中无法给毕业年级学生专门安排教师。在有些学校，毕业班学生甚至没有专门的教室，复习全凭自学，因此，他们不得不另请教师或参加课外机构组织的补习班。通过参加课外辅导，学生不仅可以对弱势学科查缺补漏，还可以享受到比自己学校更优质的师资力量和教学方法。

---

[1] MOHAMED ALAAABDEL-MONEIM. In search of a school façade: explaining the centrality of private tutoring among high-performing students in Egypt[J]. International journal of educational development, 2021 (83): 1-14.

[2] 资料来源于世界银行网站。

另一方面，教师通常能够在课外辅导中获得高额收入，以补贴现行体制下的微薄薪水。

　　埃及的课外辅导已然对正常的学校教育构成了巨大威胁。一方面，课外辅导加剧了埃及教育中的不平等现象。家境优渥、父母受过良好教育的学生更有机会接受优质的课外辅导，甚至可以参加为少数群体定制课程，而大部分普通家境中下的学生只能在备考中挣扎，这"不仅使基础教育的竞争变得不公，还会导致考试分数的悬殊，进而导致高中和大学入学机会的不平等，"[1]最终导致社会流动性的降低。另一方面，教师重课外辅导、轻学校教育的做法严重影响了正常教学的开展，降低了应有的教学质量。为强迫学生参加辅导，有些教师"在学校对课程内容有所保留，强迫学生参加辅导班，以弥补课上的遗漏内容，"[2]更有甚者"使用惩罚手段迫使学生参加课外辅导"[3]。当家长不得不为校外辅导承担高昂费用时，免费教育政策的实效势必会大打折扣。

　　很多专家学者已达成共识，根治课外辅导问题的关键在于扩充教育资金、完善监督机制、提高教师待遇。埃及可学习智利、瑞典、美国等国家的经验，让家长与政府共同决定学校应获得多少资金；[4] 相应地，学校也应在对政府负责之外，对家长和所在的社区负责，提升教学质量。学校应对教师进行严格管理和切实评估，保证其授课质量。政府则应定期提高教师的工资水平，对优秀教师予以嘉奖，并公开相关数据，以便后续改进。[5]

────────────

　　[1] ASSAAD R, KTAFFT C. Is free basic education in Egypt a reality or a myth?[J]. International journal of educational development, 2015 (45): 16-30.

　　[2] UNESCO. Education for all 2000-2015: achievements and challenges[R/OL]. [2021-06-25]. https://en.unesco.org/gem-report/report/2015/education-all-2000-2015-achievements-and-challenges.

　　[3] ILLE S, PEACEY M W. Forced private tutoring in Egypt: moving away from a corrupt social norm[J]. International journal of educational development, 2019 (66): 105-118.

　　[4] SHAFIQ M N. Designing targeted educational voucher schemes for the poor in developing countries[J]. International review of education, 2010 (56): 33-50.

　　[5] HARTMANN S. The informal education sector in Egypt: private tutoring between state, market, and civil society[C/OL]. Department of Anthropology and African Studies. Johannes Gutenberg-Universität. [2021-06-05]. https://openscience.ub.unimainz.de/bitstream/20.500.12030/391/1/1618.pdf.

第六章 高等教育

第一节 高等教育的发展和现状

一、高等教育的发展历程

（一）起步阶段

埃及高等教育历史悠久，托勒密王朝初期建立的亚历山大图书馆和法蒂玛王朝于972年建立的爱资哈尔清真寺（后发展为爱资哈尔大学），都是高等教育的雏形。

亚历山大图书馆兼具藏书、学习和科学研究的功能。据记载，亚历山大图书馆设有文学部、数学部、天文学部和医学部，还有植物园、动物园、化学实验室、解剖室、天象仪器馆等。许多国家的科学家、学者在该图书馆讲学，吸引世界各地的学生前去求学，有时学生多达万余名。恩格斯曾对亚历山大图书馆在自然科学研究方面的成果给予高度评价："精确的自然研究只是在亚历山大里亚时期的希腊人那里才开始。"[1]

---

[1] 马克思，恩格斯. 马克思恩格斯全集：第3卷. 北京：人民出版社，1972：60.

爱资哈尔大学起初是兼具宗教和教学功能的清真寺，后逐渐开设伊斯兰教法与判例、阿拉伯语语法、伊斯兰天文学、伊斯兰哲学与逻辑等多种学科，最后发展为具有近代大学基本特征的伊斯兰宗教教育的最高学府，吸引了来自阿拉伯各国乃至伊斯兰世界的求学者。

（二）发展与转型阶段

穆罕默德·阿里推动埃及的高等教育发生了实质性的变化。他将科学技术的观念和世俗教育引入埃及，并派遣优秀的埃及学生去海外留学。至1892年，西方国家在埃及开设的公立高等院校达42所，[1]西方的先进观念、科学技术和生活方式影响着埃及人民的思想，为之后埃及教育事业的发展打下基础。为了较快地发展国家军事、政治、经济，穆罕默德·阿里将高等教育提升到优先发展的地位，教学设施的配置和课程设置向高等教育倾斜，基础教育的发展出现了不同程度的滞后，导致高等院校的生源一度出现了紧张的局面，这也对高等教育的长远发展产生了不利影响。

1882年，埃及失去自主权，沦为英国的殖民地。英国占领期间，殖民统治者采取消极的教育政策，大幅度削减教育经费，导致埃及教育发展缓慢，甚至停滞。英殖民者的教育目的是培养为殖民者服务的人员，他们在埃及散布只需要基础教育、埃及没有能力办大学的言论，导致该时期埃及高等教育萎缩、倒退，从1882年起埃及高等教育机构入学人数开始大幅下降。

在此背景下，埃及的一些民族主义者和知识分子认识到殖民统治的反动本质，大力呼吁发展埃及的高等教育事业，建立埃及人自己的大学。在社会各界的共同努力下，1908年6月埃及大学正式成立，并于12月正式开课，仅设开伊斯兰文化，埃及和古代东方文化，阿拉伯语言、历史、地理，

---

[1] 李阳. 埃及近代以来教育发展与埃及现代化 [D]. 西安：西北大学，2002: 24.

法国语言和文学，英国语言和文学 5 门科目。

在英国占领时期，埃及传统的宗教大学爱资哈尔大学受到现代主义思潮的冲击，在穆罕默德·阿布笃的推动下，开始了艰难的改革进程，试图建立现代教育体系。

1922 年埃及独立后，政府于 1925 年 3 月建立国立埃及大学，同年秋季开始招生，此前成立的民办埃及大学并入国立埃及大学，命名为埃及大学。新成立的埃及大学设有文学院、法学院、理学院和医学院，1940 年改称福阿德一世大学，1953 年又改名为开罗大学，延续至今。

这一时期高等教育亟待解决的问题不仅仅是消除英国殖民主义教育根深蒂固的影响，更在于革新传统伊斯兰宗教教育，推进宗教教育与世俗教育的融合。例如，为改变爱资哈尔大学宗教院校的性质，淡化其宗教背景和氛围，1939 年埃及颁布教育法令，宣布在爱资哈尔大学设 3 个宗教学科分院，同时增开科学、数学、社会学等方面的课程。在国家大力推行世俗教育的情况下，高等教育中世俗教育的比例明显加大，逐渐形成两种并行的教育体制：一种是以世俗教育为主的政府学校和语言学校，另一种是以爱资哈尔大学为首的宗教教育机构。

1952 年，军人出身的纳赛尔开始执掌埃及政权，实行高等教育优先发展的战略，埃及的高等教育由此进入迅速扩张的发展时期。

埃及政府采取了一系列政策推动高等教育的发展。例如，继续增加对高等教育的投入，1962—1963 年高等教育预算占教育预算的 21%；[1] 建立分校，扩大大学容量；建立大批以技术教育为主的高等学院；减免大学教育费用，改革招生办法等。

这一时期埃及高等教育的高速发展使埃及人口中大学生的比例不断攀高，与埃及的高文盲率形成了鲜明的对比，这也在一定程度上说明，高等教育的发展速度超出了埃及社会实际发展的需求，也带来了教育质量不均等问题。

---

[1] ERLICH H. Students and university in 20th century Egyptian politics[M]. London: Frank Cass, 1989: 177.

此外，纳赛尔时期在促进世俗教育与宗教教育融合方面做出了积极努力。1961年颁布的103号法令，决定在保留爱资哈尔大学传统专业的基础上引进现代学科，增设医学院、农学院、商学院和工学院，后又增设女子大学，使其成为宗教与世俗相结合的新型大学。随着爱资哈尔大学的世俗化进程的推进，宗教对教育的控制逐渐削弱，政府相关部门直接介入大学管理，这也是埃及高等教育发展的重要里程碑。

总体而言，这一阶段的高等教育发展具有强烈的民族主义倾向，这一时期建立的高等学院以及各大学的分校，为之后埃及高等教育的大发展奠定了基础。

（三）改革与开放阶段

萨达特上台后对纳赛尔时期的教育政策进行了全面调整，采用对外开放式发展战略，将目光集中在更广阔的国际社会，实行全面对外开放的长远战略。该时期，埃及高等教育迎来了蓬勃发展的有利时机，广泛吸取国外先进的教育思想与方法，提出了新的教育体制。改革开放之前，埃及高等教育以精英教育为主，学生大多来源于中产阶级家庭，毕业生的就业去向集中于政府公职。改革后，萨达特提出高等教育要面向大众的口号，致力于优化高校布局，重点在教育欠发达地区建立高等教育院校，并沿用了纳赛尔时期以技术教育为主的高等学院的制度，重点培养技术型人才。

20世纪70年代是埃及高等教育的快速发展期。1971年萨达特提出要让所有的中学毕业生都接受高等教育。同年，埃及设入学管理处，专门负责分批、分类招录中学毕业生。在此政策推动下，埃及高校人数快速增长，1975—1976年，埃及大学人数为40万，1979—1980年为48.6万；1972年埃及有165个大学院系，1976年为185个，1978年达210个。[1]

---

[1] ERLICH H. Students and university in 20th century Egyptian politics[M]. London: Frank Cass, 1989: 203.

萨达特时期实行经济开放政策，引进外资和国外先进技术，促进了埃及工业和旅游业的发展。埃及的经济从纳赛尔时期的工农业型经济转变为以石油工业、旅游业、劳务输出等为主的经济形式。这一转变带来了人才需求的变化，市场急需的人才转变为外语人才、技术人才、从事服务业的管理人才及熟练的技术工人。然而，包括高等教育在内的埃及教育结构和内容未能及时做出调整，致使埃及劳动力市场出现短缺和过剩并存的现象。高等教育与经济发展脱钩的问题依然存在。

1981年穆巴拉克上任后继续实行改革开放政策，进行经济调整，教育也随之在各方面进行了不同程度的改革。可以说，20世纪80年代埃及经历了教育重建的过程。针对萨达特时期高等教育出现的数量增长过快、教学条件落后、教育质量低下、大学和社会脱节等一系列问题，在国际教育改革思潮的推动下，埃及开始对高等教育进行改革。一方面，埃及开始引入私人资金建立非政府的私立大学；另一方面，着手压缩高等教育规模，限制公立大学入学新生人数。

1987年，埃及教育部制定了新的教育政策，确定了四个具体奋斗目标：培养面向未来的埃及人；建设生产型社会；实现经济、社会文化的全面发展；培养具有影响力的专家学者。1992年，穆巴拉克在《穆巴拉克和教育——展望未来》报告中提到，到20世纪末，埃及要把发展教育作为国家最重要的事业。在该时期，高等教育获得了更多的财政拨款，其社会地位由此前的服务行业、慈善事业提升为国家安全事业。[1]

（四）创新与国际化阶段

进入21世纪后，埃及政府更加注重高等教育的国际化进程，但与此同

---

[1] مبارك والتعليم: المشروع القومي لتطوير التعليم, سطور مضيئة لإنجازات رئيس مستنير وآمال متجددة وطموحات واعدة في ولاية جديدة. جمهورية مصر العربية. وزارة التربية والتعليم. قطاع الكتب. 1999: 5.

时，埃及公立高等教育的弊端在全球化的国际竞争中逐渐凸显，如高校师生比例不合理、教育投资严重匮乏、高等教育质量下滑、毕业生就业困难等。针对以上问题，2016 年埃及首次提出埃及 "2030 愿景"，旨在实现可持续发展与教育制度转型。

该愿景对埃及高等教育发展面临的挑战进行了反思，并提出了阶段性努力目标：高等教育应建立符合世界标准的学术认证体系，大力发展师资队伍，改善教学方式，完善监测评估机制，注重学生综合素质的培养，及时对就业形势进行跟进反馈。此外，愿景还提出要提高高等教育的竞争力，到 2030 年，教育投资占 GDP 的比例要达到 8%。在教育投入充足的基础上，更加重视高等教育的质量，进而提高埃及高校在世界一流大学中的排名。

埃及 "2030 愿景" 是埃及中长期战略性发展规划，其对改善高等教育提出的要求与对策反映了政府对高等教育的展望。根据该愿景，未来埃及高等教育发展的三个重要战略目标是：构建符合国际化标准的教育体系、开展全民教育和提高教育竞争力。

二、高等教育的现状

（一）高等教育管理机构

1. 高等教育与科研部 [1]

根据 1961 年第 1665 号共和国令，埃及成立高等教育与科研部（简称高教部），负责管理公立院校、私立院校、技术院校、科技大学等各层次各专

---

[1] 资料来源于埃及高等教育与科研部网站。

业的高等教育机构，同时还管理各高校医学院的行政教学工作。该部门不仅致力于提高本土高等教育的教学质量、学术研究成果，还致力于与世界各地的高校展开合作互鉴，扩大国际化理念教学的实施。为了满足国家的发展需求，该部门大力推进信息通信技术与传统教学的融合，建立现代信息基础设施，支持国家高等教育与科研机构的数字化转型，鼓励各高校建立线上教学系统，为学生打造丰富多元的教学平台。高教部的根本目标是打造一个与最新科技发展同步、与国际地区环境良性互动、以创新与可持续发展教育为基础的现代国家高等教育与科研体系，以满足国民与国家发展对高等教育与科研服务日益增长的需求。

高教部目前管理的高等教育机构包括公立大学、私立大学、科技类大学、国外大学分校、职业技术学院、大学医学院。该部的主要职能包括：（1）制定教育、科研策略，部署相关教育政策；（2）监督各高等教育机构的政策落实情况；（3）管理国家科研项目、数字化转型项目的运行；（4）管理埃及所有大学的远程学习平台；（5）规定学校招生规模，制定国际学生的录取制度；（6）承办国际会议，管理国家级别的学术期刊；（7）统计高校相关基本数据并撰写报告等。

此外，高教部专门将各高校医学院集中管理，设立高校医学院最高委员会，不仅为埃及公民提供必要的医疗保健服务，更肩负医学教育、培训、高新技术研究的重任。在新冠肺炎疫情期间，该部门负责防控疫情、研发疫苗、临床试验，同时配合世界各国医疗机构展开疫苗研发工作。

2. 埃及大学最高理事会 [1]

1954 年第 508 号共和法令规定建立埃及大学最高理事会，负责管理大学课程教学、考试、学位授予、教师职称认证、证书认证等事项。该组织

---

[1] 资料来源于埃及大学最高理事会网站。

致力于推动大学教育发展适应国家经济发展需求，培养在全球劳动力市场上拥有竞争优势的人才，通过绩效评估的方式保证大学行政管理与教学手段的先进性。

大学最高理事会的职能包括：（1）根据国家发展需要，制定大学教育与科研工作的整体计划；（2）监督大学制定教学系统、考试系统、学位申请渠道；（3）协调大学、研究所、相关教育部门之间的合作交流；（4）规范各大学招生规模；（5）认定私立大学学位与公立大学学位的效力一致；（6）制定大学通识课的课程、教材；（7）执行大学的运行条例，监督各学院、研究所制定内部运行条例；（8）建立、评估大学教学行政质量的绩效考核系统；（9）评估每所大学获得的政府补贴金是否满足学校发展，向高等教育部提出综合性考察意见。

埃及的公立大学和私立大学均受该理事会的监督管理，但公立大学缺乏办学自主权，招生规模、专业设置、课程开发、教职工任免等一系列内部事务均由该理事会决定。私立大学的自主性更强，可以自行设置课程、任免教职工，也可以自行与国外大学建立合作关系以提高市场吸引力。[1]

（二）高等教育院校概况

埃及的高等教育院校主要分为三类：公立院校、私立院校、宗教类院校。目前公立院校共有 21 所，私立院校共有 23 所，宗教类院校 1 所。埃及政府秉承多元发展的理念，鼓励建设私立院校，以紧跟世界高校发展步伐；同时努力创造公立院校的国际交流机会。

---

[1] 兰香红. 埃及私立大学发展解析 [J]. 教育与职业，2009（18）：143-144.

1. 公立院校

目前，埃及共有公立高等院校 26 所，分别为开罗大学、亚历山大大学、艾因·夏姆斯大学、艾斯尤特大学、坦塔大学、曼苏尔大学、扎加齐克大学、赫尔万大学、米亚大学、阿尔曼努菲亚大学、苏伊士运河大学、南谷大学、班哈大学、法尤姆大学、贝尼·苏埃夫大学、卡夫·谢赫大学、苏哈格大学、塞得港大学、达曼胡尔大学、阿斯旺大学、达米埃塔大学、萨达特城市大学、阿里什大学、新谷大学、马特鲁大学、卢克索大学。其中进入 2021 年 USNEWS 世界大学排名前 1 000 名的大学有：开罗大学、曼苏尔大学、艾因·夏姆斯大学、亚历山大大学、艾斯尤特大学、苏伊士运河大学、扎加齐克大学。

埃及的公立大学普遍实行免费教育，只收取低额的注册费用，并在学生就读期间提供各类奖励补贴。以开罗大学为例介绍埃及公立高等院校的基本情况。[1]

开罗大学位于埃及首都开罗，是埃及乃至阿拉伯世界最著名的高等教育机构之一。2020—2021 年度，开罗大学在 QS 世界大学排名第 561—570 位、USNEWS 排名第 427 位。开罗大学曾培养出 3 位诺贝尔奖获得者，分别为诺贝尔文学奖获得者纳吉布·马哈福兹、诺贝尔和平奖得主亚希尔·阿拉法特和穆罕默德·巴拉迪。

在学院设置方面，自建立伊始，开罗大学不断丰富其本科及研究生学科门类。目前学校下设 29 个院系，分别为文学院、工程学院、医学院、药学院、农业学院、理学院、传媒学院、考古学院、商学院、护理学院、法学院、物理治疗学院、口腔医学院、兽医学院、幼儿教育学院、区域与城市规划学院、政治经济学院、研究生院、统计研究学院、计算机与人工智

---

[1] 资料来源于开罗大学官网。

能学院、非洲研究研究生院、国立癌症研究所、国立激光科学研究所、阿拉伯语语言与文化中心、科学计算中心、纳米技术研究生院、继续教育学院、开放研究中心、达乌尔乌鲁姆学院。学校提供本科生、硕士研究生、博士研究生三个教学层次的课程，现有教职工 14 518 人、在校大学生 207 853 人，其中外籍留学生 6 963 人。

在学生活动方面，开罗大学致力于培养文化、社会、艺术、体育、旅游等领域的开放型人才，以开发学生的潜能，丰富学生的个性。通过举办各类文艺、体育、科研类活动丰富学生课余生活，鼓励学生发掘兴趣、全方位提高综合素质。

在国际交流方面，开罗大学致力与世界各国高校合作办学，不仅在本校开设合办学院，引进相关课程，也在海外建立开罗大学分校。开罗大学孔子学院是中东地区最大的中阿合办孔子学院。此外，开罗大学还与北京大学、对外经济贸易大学长期保持合作关系。目前开罗大学与国外大学签署合作协议达 200 余项，引进了 590 多位外籍教授及各学科专家。开罗大学也努力为教职工创造机会参与国际交流互鉴，学习国外大学先进的教育策略、教学手段，实现教育、科研、学术研究的融合发展。

2. 私立院校

目前，埃及共有私立高等院校 23 所，主要有开罗美国大学、发展非洲法语国际大学、十月现代科技与文学大学、十月六日大学、埃及国际大学、埃及英国大学、埃及德国大学、埃及俄罗斯大学等。以开罗美国大学为例介绍私立高等院校的概况。[1]

开罗美国大学位于首都开罗，始建于 1919 年，该大学是埃及用英语授

---

[1] 资料来源为开罗美国大学官网。

课的顶级教育机构之一，致力于提供世界一流的教育与研究服务，鼓励学生在多元文化的教学环境中培养批判思维和理性分析的能力；同时强调终身学习的概念，鼓励毕业生积极参与继续教育和公共文化服务。2021 年，开罗美国大学在 QS 世界大学排名第 441 位，THE 世界大学排名 801 位。

在学院设置方面，开罗美国大学目前共设 5 个学院，分别为工商管理学院、继续教育学院、国际事务与公共政策学院、人文社会科学学院、理工学院。学校以开设通识类课程为主，提供 40 个本科课程、44 个研究生课程以及 2 个博士课程。现有本科生 5 743 人、研究生 1 114 人、继续教育学院学生 30 127 人，其中女生占比 58%。现有教职工 467 人，其中埃及国籍教职工占 55%，美国国籍教职工占 20%，其他国家的教职工占 25%；拥有博士学位的教职工约为 70%；师生比约为 1/10。

在学位认证方面，该大学获得埃及高等教育委员会和美国高等教育委员会的双重认证。该学校开设的科学与工程课程拥有美国工程技术认证局的认证，学生在修满学分顺利毕业后可获得 ABET 专业工程师资格证。工商管理学院的毕业生可获得国际商业三大世界知名机构 AACSB 商业教育联盟、英国工商管理硕士协会（AMBA）和欧洲质量改进体系（EQUIS）的三重认证学位。此外，学校还提供各类专业证书的考试培训和认证渠道。

在科研成果方面，开罗美国大学发表国际级别的研究成果 137 项。在科研发展方面，开罗美国大学收购了许多研究中心，以促进跨学科研究合作，并为学生提供更多参与科研的机会，目前隶属于开罗美国大学的研究中心包括：（1）优素福·杰米勒科技研究中心，该中心支持各种纳米科学研究，应用于微机电系统的模拟与制造；（2）阿尔瓦利德·本·塔拉勒·本·阿卜杜勒阿齐兹·阿勒沙特王子美国研究中心，该中心致力于促进美国研究领域的独立科学研究，为学生提供系统的学术规范课程；（3）辛西娅纳尔逊妇女事务研究所，该中心主要研究中东、南亚、非洲社会的女性问题；（4）获取知识促进发展研究中心，该中心主要职能是提供学术奖学金，并为高等教育提供政策分析，支持埃及乃至整个阿拉伯地区的教育发展进程；（5）翻译研究中心，该中心支持多语种多学科的翻译研究与项目合作；（6）中东研究中心，该中心立足于不同的研究系统及方式，学生可以从历史、社会、政治、经济各领域的角度研究中东；（7）卡迈勒·艾德哈姆电视与数字新闻中心，该中心为媒体工作者或希望在电视、新闻、广告或其他数字新闻领域工作的人提供课程，并定期邀请专业媒体人士召开研讨会；（8）移民难民研究中心，该中心占据国际移民学科领域的前列，主要研究各地区移民难民的生存现状、困境等社会问题；（9）社会捐赠与公民责任中心，该中心致力于鼓励学生参与公共服务，推进阿拉伯地区各高校的社会捐赠活动；（10）加兹达尔商贸研究中心，该中心为学生提供高质量商贸学习模型，教授商贸洽谈中的沟通技巧，通过学术研究与实际应用相结合提高学生在商贸市场的竞争力；（11）环境与可持续发展应用研究中心，该中心主要研究埃及、北非、中东的环境问题与可持续发展构想，传播环境可持续理念；（12）工商管理研究中心，该中心旨在将金融服务的实践课程与课堂教学相结合，进行股票交易、风险管理、资产配置等方面的研究，为研究人员提供实时金融数据、专业的研究工具与分析软件。

在鼓励创新方面，开罗美国大学致力于通过与公司建立合作伙伴关系来实现有效的转移创新，造福社会。为学生提供创新启动资金，设立研究顾问团队为学生制定可行性计划，并专门设立技术转让办公室，旨在帮助学生与商业公司取得联系，实现学生专利发明的商业化。

在学生活动方面，开罗美国大学有 61 个学生组织，其中主要是学术类组织、社会服务类组织、政治与多元文化类组织和艺术文化类组织。学校十分重视体育运动，设立 21 个校体育队，包括篮球、足球、手球、壁球、游泳、网球、田径、排球、水球、室内赛艇等。开罗美国大学每年都会参加埃及大学体育联合会赞助的全国性比赛，学校还会组织竞技队参加国际大学体育赛事，为获得荣誉的学生提供奖金。学校鼓励捐赠，并支持学生为校园建设、社区服务做出贡献。

在国际交流方面，开罗美国大学作为一所国际综合类高等院校，既为国外学生提供在埃及的留学机会，也为本校学生搭建国际交流的平台，鼓励学生在多元化学习环境中获得全球视野。学校已与全球 100 多所大学签署合作协议，其中包括中国的清华大学、北京大学、暨南大学、对外经济贸易大学、宁波诺丁汉大学、中国地质大学等，学生可选择短期或长期的交流项目，并根据自己的兴趣选择课程和专业。新冠肺炎疫情背景下，学校开设了线上交流项目，帮助本校教职工与其他机构的教职工建立联系，共同设计课程，分享教学经验。

3. 宗教院校

世俗教育与宗教教育体系并行是埃及教育的一大特色，宗教教育体系以历史悠久的爱资哈尔大学为统领。爱资哈尔大学是全球最大的伊斯兰宗教教育机构，也是埃及唯一一所宗教大学。历经 1 000 多年的发展，爱资哈尔大学已经形成了门类齐全的宗教教育系统。近代以来，伴随着埃及教育的改革与现代化进程，爱资哈尔大学引入世俗教育，设立了数学、科学、社会学、哲学、历史等学科。[1]

爱资哈尔最高权力机构是爱资哈尔最高委员会，主要负责政策制定及爱资哈尔教育体系内的伊斯兰教育和阿拉伯语教学等规划工作。[2] 爱资哈尔最高委员会的人员组成包括长老、副长老、埃及总穆夫提、爱资哈尔三大学院院长、教育基金部部长、国民教育部副部长、财政部副部长等，具体负责爱资哈尔的行政管理工作。由于爱资哈尔的教育体系包括小学、中学以及大学各个层级，因此该委员会负责整个爱资哈尔教育体系，而爱资哈

---

[1] 资料来源于爱资哈尔大学官网。

[2] 季诚钧，等. 埃及高等教育研究 [M]. 北京：中国社会科学出版社，2010：119.

尔最高委员会下设的中央管理局，则专门负责爱资哈尔大学及其各个分校的行政管理。[1]

在学院设置方面，爱资哈尔大学实行男女分校教学，共设 3 个分校区、77 个院系，开设的学科有伊斯兰教法、数学、法律、医学、商学、工程学、农业等。学院设置在不同校区有重叠交叉，如爱资哈尔大学在不同校区共有 4 个医学院、3 个工程学院。现有教职工总数 15 155 人，行政人员总数 13 074 人，学生约 50 万人。

在科研成果方面，爱资哈尔大学现有 44 个国家级期刊。学校鼓励学生创新创业，专门设立创新及技术转移办公室，一方面为学生提供创新实践、创新创业咨询，帮助学生获得专利；另一方面与社会组织、公司建立合作关系，将学生的创新专利成果市场化，充分鼓励学生的创新思维培养与创新实践，尊重学生的劳动成果。同时，设立"领军"俱乐部，与国际培训机构合作，设计多项创新技能培训方案，提供业务发展、商业模式设计、可行性研究等多项创新创业课程。该俱乐部还发挥了创业孵化器的作用，除了为学生提供创业咨询、指导服务外，还提供技术和财务支持，帮助学生将创新性想法转化为可视模型，实现市场价值。

在学生活动方面，大学建立多个体育、文化、社会类社团组织，通过举办各类文体、科研类活动丰富学生的课余生活，激发学生的创造力，全方位提高综合素质。此外学校与爱资哈尔毕业生协会合作，为非本国学生提供伊斯兰学远程教育，旨在为世界各地穆斯林提供伊斯兰价值观、古兰经、伊斯兰教法等课程。

在基础设施方面，大学设有馆藏丰富、基础设施良好、线上服务全面的中央图书馆。同时大学注重医学院的发展，共设有 4 个医学院，以及心脏病中心、口腔中心等多个医学研究所，在新冠肺炎疫情期间，4 个医学院充

[1] 祁学义. 爱资哈尔大学教育和学术功能探析 [J]. 阿拉伯世界研究，2009（2）：76-80.

分发挥救治作用，组建医疗车队保障临近社区居民的健康。

4．埃及公立、私立大学的对比

从 20 世纪起，埃及政府一直致力于加快世俗教育与宗教教育的融合，在维持并尊重宗教教育的基础上，大力发展公立大学与私立大学。

从办学规模角度看，埃及公立大学属于高等教育的主体，大多历史悠久，规模庞大，招生人数众多，每年在校人数在几万至几十万之间；而私立大学的兴起，其最初目的就是起到缓解公立大学招生压力的作用，大多历史较短，规模较小，招生人数有限。私立大学通常是埃及政府和其他国家（或大学）签署协议共同创办的。[1]

从学费收取角度看，埃及公立大学实行免费入学制，只收取少量的注册费用；而私立大学的学费因专业、学生类别的不同而不同，每年学费为 5 000—45 000 埃镑（约合 260.9—2 348.1 美元）。例如，开罗美国大学本国本科生学费每年 8 004 美元，国际学生 8 820 美元；本国研究生每学分 597 美元，国际学生每学分 735 美元，学费全部由学生自己承担，费用相对较高。

从教育资源角度看，公立大学由于资金预算不足，长期面临教学设施严重老化、图书馆藏书不足、实验室设备落后等问题。此外，公立大学教师的待遇往往较低，这导致大量优秀师资外流，师生比例不协调，严重影响教学质量和科研成果；而私立大学资金充足，拥有先进的教学设备和高质量的基础设施，能引进国内外优秀师资，在拥有自主权的背景下可及时调整专业设置以贴近市场需求，更易为学生创造国际交流的机会。

---

[1] 张晓霞. 埃及公私立大学发展的比较研究 [J]. 世界教育信息，2010（8）：41-43.

5．埃及高等教育成效 [1]

目前在埃及公立院校、私立院校就读的学生总数达 2 400 万人，其中社科类专业占 50%，人文类专业占 24.9%，医学类占 11.1%，工科类占 6.3%，自然科学类专业学生占 4.1%，农业类专业占 3.4%。在 2020 年美国斯坦福大学发布的"全球前 2% 的科学家"中，埃及共有 397 位科学家上榜。近年来越来越多的埃及青年人选择本科毕业后继续攻读硕博研究生，埃及培养的研究生人数逐年上升，由 2012 年的 108 504 人上升至 2018 年的 138 491 人。

教育投资方面，埃及高等教育 2020—2021 年度预算增加至 650 亿埃镑，较 2014—2015 年度增加了 160%，科研经费占国民收入比重从 2014 年的 0.64% 提高到 2020 年 0.74%。2019 年，高教部提出改革评估考核机制，落实线上网络考核制度，计划实现高等教育机构中电子设备与学生比例达到 1/9，该项目预算 45 亿埃镑，第一阶段于 2020 年前完成，为医疗领域高等教育机构购置 30 000 台电子设备，覆盖 214 000 名学生、72 个学院和 35 个研究所；第二阶段预计 2022 年完成，预期覆盖剩余院校的全部学生，计划购置 175 000 台电子设备。[2]

高校排名方面，根据 USNEWS 排名，2020 年埃及高校在全球教育质量排名中上升了 9 位，从 2019 年的 51 位跃升至 2020 年第 42 位，在阿拉伯世界排名第三。目前埃及高等教育步入正轨，在 2021 年 QS 大学排名榜单中，埃及共有四所大学进入世界 1 000 强榜单，按顺序依次排列如下：开罗美国大学排名 411 位，开罗大学 561—570 位，艾因·夏姆斯大学 801—1 000 位，亚历山大大学 801—1 000 位。此外，爱资哈尔大学、艾斯尤特大学都曾经进入过该榜单。

科研成果方面，近十年来埃及发表的国际性研究成果达 156 128 项，其

---

[1] 信息来源于埃及高教部网站。

[2] 资料来源于埃及高教部网站。

中占比最多的学科是自然科学类。埃及的科研尤其注重国际合作，2015—2018 年，埃及的学者共与 196 个国家的同僚合作发表了 37 549 项研究成果，沙特作为其第一学术研究合作伙伴发布共同研究成果 12 720 项，紧随其后的学术合作伙伴是美国、德国、中国等学术领军国家。

第二节 高等教育的特点和经验

一、高等教育的特点

（一）公立大学规模庞大

埃及高等教育构成要素多样，主要有大学系统、高等教育机构和宗教教育系统。其中大学系统提供四年本科及以上的学术性教育，包括公立高等院校和民办或私立大学；高等教育机构则为职业性教育体系；宗教教育系统以爱资哈尔大学为首，独立于世俗教育系统。

埃及中央公众动员和统计局发布的数据表明，包括爱资哈尔大学在内的公立大学在校生人数从 2008—2009 学年的 1 912 132 增长至 2019—2020 学年的 2 441 645。私立大学在校生人数则从 2008—2009 学年的 59 852，增长至 2019—2020 学年的 207 154。显然，埃及公立大学的招生规模和在校生数量远远大于私立大学。

埃及公立大学庞大的招生人数导致教学资源紧缺，受制于社会对高等教育的需求、实现教育机会均等，以及公立大学免费等客观因素，政府很难缩减公立大学，公立大学的规模反而不断增大。

目前，埃及公立、私立大学之间存在着相互竞争又相互依存的关系，各有所长又互利互补。为缓解公立大学的招生压力，埃及政府可充分利用二者的优势，保证高等教育的稳步发展。对于公立大学而言，政府可适当放松约束管制，给予公立大学更多自主管理权和预算经费，以满足教学需求；对于私立大学而言，政府也应切实从私立大学角度出发，制定更有利于私立大学发展的招生政策，促进公立与私立大学的合作互补关系，使二者共同发展，满足社会不同层次的教育需求，优化高等教育总体质量。

（二）面向大众，大学免费

埃及历任领导人为扩大高等教育的普及率都做出了巨大努力，其中最显著的做法是完善高等教育的法律与政策保障。早在 1928 年，埃及就出台了《福阿德一世大学组织法》，即现《大学组织法》的前身。《大学组织法》于 1972 年形成了完整的法律文本。该法顺应时代潮流，适时修正，大大小小的"修补"已有 20 余次。[1]

从 1962 年 7 月开始，埃及公立大学全部实行免费。免费高等教育政策是埃及高等教育大众化的一项重要措施，针对的不仅仅是学费，还涉及住宿、医疗卫生、各种学术计划，甚至还有社会福利。公立大学专门设有学生事务部和社会福利部等校级机构，负责运行和管理相关事务，通过免费为学生提供资金和物质帮助，保证他们能够在学校稳定生活、正常学习。[2]

然而公立大学的免费教育政策也让政府承受了巨大的财政压力，公立大学开始出现师资短缺、教育资源分配不均的现象，公立大学的招生能力已无法满足庞大的人口基数需求，于是埃及政府于 1987 年成立中央私立教育委员会，1992 年颁布《私立大学法》，鼓励兴建私立大学，以缓解公立大学的招生压力。

---

[1] 霍文杰. 大学组织法：埃及高等教育基石 [N]. 中国教育报，2014-04-22（002）.

[2] 季诚钧，徐少君. 埃及高等教育的特点及其成因 [J]. 高等教育研究，2007（9）：103.

（三）政府集权管理

埃及宪法第 18 条明确规定：国家保证大学和科学研究中心的独立自主地位。从埃及高等教育管理体制来看，高等教育和科学研究部是埃及最高的高等教育行政部门。宪法规定大学是独立的，因此，它对大学没有直接的行政管辖权。然而，在实际的高等教育运行过程中，政府主导、公立高等院校缺乏办学自主权，仍是现行埃及高等教育管理体制的重要特征。虽然各大学和大学学院都设有大学委员会和学院委员会，分别享有形式上的自治权，但大学最高委员会的设立还是试图把大学系统纳入政治体系。

埃及高教部对高等教育机构的管理表现为一种垂直的直接干预与管辖。埃及高等院校中政治的干预色彩严重，代表政府意志的高教部和大学最高委员会，对大学教育和科研政策的制定、内部事务的协调、高考和录取人数的确定等都直接进行干预。各大学委员会和学院委员会更大程度上只是执行机构，专业建设、课程设置、考试程序的设定、学位认定、教授职位的确定和任免、学生惩戒、财务制度等大学内部大小事务都需要大学最高委员会认定。大学在政府的管理和政治压力之下缺乏学术自由和独立性。

二、高等教育的发展经验

（一）推动国际化进程，重视合作交流

进入 21 世纪以来，高等教育国际化成为世界高等教育发展的重要趋势。面对这一发展趋势，埃及政府全面推行国际化教育，以提升教学质量和综合竞争力。

第一，鼓励联合办学。近年来，埃及积极开展与国际高校、学术界、

企业界的合作，开办了一批新兴私立大学，一方面减轻了公立大学的入学压力，另一方面满足了国内多元发展、培养学生国际视野的人才市场需求。通过国际合作成立的私立大学，不但缓解了公立大学基础设施紧张和经费紧张等问题，还为埃及高等教育带来全新的教学理念和管理模式。这些大学充分吸收合作方先进的教学经验，课程设置更加国际化、实用化，学生有更多机会接触国际前沿研究技术与成果。

第二，广泛开展留学生交流工作。埃及公立、私立大学都十分注重与各国高校开展留学生交流项目。公立大学的学生互访项目多由高教部、大学最高理事会直接指定；而私立大学则具有一定自主权，根据自身发展需求与各国高校建立合作关系。此外，由于埃及以阿拉伯国家中开放、教育资源发达的形象呈现在国际舞台上，再加上其重要的地缘位置及在中东、非洲的影响力，吸引了多个重要的国际机构为其高等教育的国际化提供资金及人力方面的支持。这些国际机构包括世界银行、联合国教科文组织、美国国际开发署、驻埃及富布莱特双边委员会、英国国际开发部等。[1]

第三，重视学术交流，培养高端人才。埃及政府十分重视参加及承办国际学术交流会议，各高校也积极落实政策，交换访问学者、邀请专家讲学、建立高层研讨会机制等。在对外学术交流中，美国是埃及学习西方科学知识与了解世界前沿动态的窗口。大批的埃及学者通过政府委派或开展合作交流项目去美国访学，他们在结束交流项目返回埃及时，也带回了大量的前沿动态信息，最终将这些研究项目或学术活动反馈至大学课堂中，有助于本国高等教育事业与世界先进水平保持同步。近年来，中埃学术交流蓬勃发展。2005 年中方派遣了约 50 名教师赴艾因·夏姆斯大学教授汉语，埃方派遣 10 名教师来华教授阿拉伯语，促进了汉语在埃及的普及，也为中

---

[1] 马青. 埃及的大学国际化研究 [D]. 上海：华东师范大学，2014：46.

国阿拉伯语教育带来了丰富的经验。此外埃及的开罗大学、亚历山大大学、苏伊士运河大学与中国的多所高校签署了合作协议。

以开罗大学为首的老牌公立大学培养出了一大批颇有国际影响力的政治家、文学家，除了获得诺贝尔文学奖得主纳吉布·马哈福兹、诺贝尔和平奖得主巴拉迪、诺贝尔化学奖得主艾哈迈德·泽维尔外，还有联合国第六任秘书长布特罗斯·加利等知名政治家；而爱资哈尔大学作为伊斯兰学界的鼻祖，培养了许多著名伊斯兰学者。这些知名学者和国际名人为埃及的大学添加了知名度，也吸引了更多的留学生赴埃求学。

（二）引导高校合理定位，及时完善政策保障

依据社会经济发展现状和人才市场需求，埃及政府积极引导高等院校合理定位，明确发展目标，并给予相应的政策保障。公立大学需要全方位发展多元学科，但面临着教育资源紧缺的困境，为此，政府增加了公立大学的财政补贴，并将公立大学定为数字化进课堂工程的第一站，为公立大学的学科发展提供基础设施保障；而私立大学则需要保障学位认证的落实，高教部下设的学位认证委员会根据各高校的学科考察结果，制定了更便捷的学位认证机制。

埃及还将综合类高校作为发展开放型教育的试点。随着学习型社会和继续教育的发展，民众重新回到高校学习、接受再教育的需求与日俱增。各大学陆续建立了继续教育中心，通过与世界上成功实现开放型教育的国家合作举办短期高等教育培训课程等方式，接收在职人员入学，很大程度上满足了就业市场的人才需求。

（三）注重质量保障和认证

埃及高等教育在经历多次规模扩张的背景下，质量成为制约其可持续发展的一个严峻挑战。2002 年，埃及启动了高等教育改革工程——"高等教育提升计划"，其主要目的是通过立法改革和建立独立的质量保障与监督体系来提高高等教育系统的质量与效率，它以国家政策的形式对高等教育质量提出了具体要求，体现了埃及政府对高等教育质量的重视。具体来说，该计划明确提出以"全面质量管理"为理念，以质量"认证"为主要手段，以质量保障的文化培育与传播为目标。[1]

"高等教育提升计划"的实施，对埃及高等教育质量的提升产生了积极的推动作用，初步构建起高等教育系统的国家质量保障和认证制度；通过国家质量保障和认证体系建设，推动建立高校内部质量保障制度，提升高校综合办学水平，提高高校毕业生的质量，使毕业生能够应对国内外的竞争与挑战，赢得社会的信任；强化高校和社会对教育质量重要性的认识，营造质量建设的文化氛围；建立高等教育质量国家学术参考标准和最低标准，为高校内部质量保障工作提供依据。[2]

当然，从高等教育提升计划实施的效果来看，也存在一定的不足，仍未能从根本上解决埃及高等教育数量与质量、规模与效率之间的根本矛盾。例如，计划还仅仅局限于少数公立大学；大多数国内办学标准仍然达不到国际标准的要求；质量评估的公平性和有效性有待进一步提升；缺乏资金支持，计划实施的可持续性受到挑战等。

---

[1] 李行. 埃及高等教育质量保障与认证计划（QAAP）研究 [D]. 重庆：西南大学，2013：77.
[2] 季诚钧，徐少君. 埃及高等教育质量保障和认证计划 [J]. 外国教育研究，2009，36（3）：59.

第三节 高等教育的挑战和对策

为适应国际形势的变化，实现教育、经济、环境的可持续发展，埃及政府 2016 年提出长远战略性发展目标"2030 愿景"。愿景充分认识到埃及高等教育面临着教育质量下滑的挑战，提出了高等教育领域的重大改革政策，包括：（1）进一步明确国家对高等教育及研究机构的责任；（2）根据不同类别高等教育机构的基本情况和公民入学需求，适当扩大高等教育体系规模；（3）重组教育行政管理机构，提高行政效率；（4）开发多元灵活的科研系统，引入国际化学术标准；（5）强调科研工作在高校建设中的重要意义，培养学生的创新意识；（6）加强高等教育机构与劳动力市场的动态合作关系；（7）明确学术诚信规定，在高校教学中传播诚信科研、尊重多元化的理念；（8）将科学技术、数字化建设融入日常教学生活中；（9）提高高等教育机构的治理水平和组织效率；（10）营造良好的学生活动氛围，大力扶持体育、艺术、社区服务活动的开展，培养学生的综合能力。[1]针对高等教育面临的困境和挑战，高等教育与科研部出台了针对公立大学、私立大学、职业技术院校的发展策略，推出了鼓励创新科研的政策，努力为高等教育发展营造良好的政策与制度环境。

一、面临的挑战

（一）高等教育投入较少，教学质量难以保证

第一，高校扩招与教育投入不成比例。高等教育免费政策直接导致了

---

[1] 资料来源于《今日埃及人》新闻网。

高等教育规模的急剧扩张，然而拨款比例并没有伴随着教育系统的扩张而增大。不断扩招导致各高等教育机构普遍面临财政拮据的状况，尤其是公立院校，经费投入跟不上办学需要，导致学校的软硬件设施不足，更新缓慢，教学条件恶化；缺乏现代化教学环境，信息网络建设缓慢；远程教育条件不足。

第二，教职工待遇较低，师资力量紧缺。2009 年埃及大学师生比仅为1 : 600，师资总体缺乏。[1] 除了数量不足外，通货膨胀与埃镑贬值导致教师收入和生活水平降低，许多大学教师为了维持体面生活，不得不在外面兼职，这在一定程度上影响了日常教学工作，导致教学质量下滑。

第三，缺乏学术自由，办学效率低下。长期以来，埃及高校的人才培养计划、专业设置、招生规模都由政府相关职能部门决定，高校缺乏必要的自主权。高等教育的行政管理相对刻板，官僚主义、形式主义盛行，严重影响教师的学术科研热情与质量。[2]

（二）高等教育结构失衡，学生职业规划亟待重视

第一，因历史、政治、社会等原因，埃及高等院校的学科设置以人文社科领域为主。人文社科专业的毕业生，就业去向多集中在政府公务人员，由此造成公务员系统的人员冗杂，而科学技术领域的学科发展迟缓也导致制造业、高新技术产业的人才十分匮乏。

第二，缺乏劳动力市场的需求监测以及毕业生就业去向的追踪反馈。目前埃及教育系统缺乏收集劳动力市场需求信息的相关机制，也缺少对应届毕业生就业去向的追踪和就业比例变化的统计。这也归因于埃及国家行政机构中缺少专门负责对接高校与劳动力市场的部门，就业市场无法向高

---

[1] 武慧杰. 埃及高等教育所面临的挑战及应对之策 [J]. 阿拉伯世界研究，2009（4）：55.

[2] 武慧杰. 埃及高等教育所面临的挑战及应对之策 [J]. 阿拉伯世界研究，2009（4）：57.

校反映人才需求，高校无法根据就业市场需求调整课程结构和育人政策，导致毕业与就业脱节。

第三，"唯成绩论"影响学生综合素质培养。决定埃及高等教育院校录取的唯一标准是高中结业成绩，而埃及基础教育普遍属于应试教育，学生学习的重点是如何获得高分，忽视培养理解分析问题的能力。招生部门很少考虑学生的个体差异和特殊需求，仅以高中结业成绩为标准招录学生，学生很可能被分配到自己不感兴趣的学科。在"背诵记忆"教学模式下，大部分学生缺少创新意识，更缺少科研动力。

（三）国家政策有待完善，监察机制相对松散

第一，国家对高等教育的经费投入有待提高。近年来，高等教育院校数目不断增加，基础设施建设翻新费用也随之增加，国家除了给予高校必要的教学资金外，也应重视建设技术工坊、科研中心等新兴教学场所，根据各高校学科特色进行有针对性的规划建设。

第二，国家缺少严格的学术认证规定。目前埃及缺少针对高等教育学术论文认证的严格法律规定，因此学术严谨性和原创性得不到应有的重视。各高等院校在学术认证方面相对独立，没有统一明确的规范标准，缺乏统一的监管机构。

第三，监管机制相对松散。埃及公立大学受到高教部的全面监督，政府集权是其管理体系的重要特征。由于缺少自主决定权，公立院校的监管机制较为松散，并不能起到实质性监督作用。埃及的高等教育改革工程要求各大学建立质量保证与评估中心，对教学与行政管理实施自我监督，但埃及高校缺乏将科研成果、教学成绩与评优评职相挂钩的机制，监管部门未发挥有效的监察作用，在高校行政系统评优评职的过程中无法保证绝对透明度。同时，埃及高校缺乏对教职工的考核奖惩机制，教师的科研成果

无法与绩效相关联，严重打击教师的科研热情，也无法鼓励教师全方位提升个人学术技能。[1]

二、应对的策略

（一）提高高等教育支出比重，加强教师队伍建设

随着埃及适龄大学生人数的增加和高等教育大众化趋势的推进，埃及政府应继续加大教育投入，鼓励建立各级各类高等教育院校，同时提高大学生的奖学金待遇，激励大学生培养创造力与学术研究能力。此外，还可通过加强国际交流合作，为埃及大学生和教师队伍提供更多留学交流的机会，以培养出更适合劳动力市场需求的专业人才。

教育质量的提高离不开教师团队的能力拓展。针对高等教育管理的挑战，应在高校建设有特色的教学行政队伍。一方面，建立教师资格考试的新机制并完善在职教师的评估考核机制，将教师的专业技术能力和学术研究成果与评职评优挂钩；另一方面，为教师提供有助于提高科研能力、交流教学经验的学习机会，提高高等教育的教学质量。

（二）注重学科设置，培养综合素质

第一，以去中心化为目标，逐渐削弱人文社科类学科的绝对主导地位，强化电子信息科技类新兴学科的发展。根据"2030愿景"，2030年前埃及政府致力于在公立大学建立专门从事生物技术、可再生能源、人工智能、遗

---

[1] 武慧杰. 埃及高等教育所面临的挑战及应对之策 [J]. 阿拉伯世界研究，2009（4）：54-61.

传学等研究的研究中心。提高各类学科的普及率，开发提供多元化线上教学的课程系统，学生可通过该系统学习不同学科的知识技能并参加等级考试。推进学习型社会建设，大力发展开放型教育，根据社会需求适时调整专业设置，接收在职人员入学继续教育，联合举办各类短期高等教育培训。

第二，广泛开展学生交流工作，鼓励学生参与各类学术研究项目或社会实践。注重学生语言水平的提高，设置多样化语言课程，助力学术科研的合作交流，以便顺利进入国际学术前沿领域。针对毕业生就业情况，埃及政府实施了国家就业计划，涵盖政府行政部门的就业计划、社会发展基金就业计划、青年就业计划，开展帮助毕业生适应市场需求的培训课程，通过扩大小微型企业规模，强化民营、私营企业在解决就业问题上的作用。

（三）完善相关法律政策，统一学术标准规范

第一，给予大学自主决定权。高教部在保证政策落实的基础上，应给予地方公立大学一定的自主决定权，各校可按照自身情况建立教师的奖惩机制。同时应强化监察机构的职能，不仅在中央部门设立监察机构，也应在地方大学常设独立于学校行政体系之外的监察部门，保证评职评优过程中的公平公正，避免滋生腐败。

第二，出台统一的学术认证标准。应以国际学术标准为基础适当调整现有规范，并逐渐替代各高校自行制定的学术标准。设立学术认证委员会，对在职教师和毕业生的研究成果进行标准化评估监察。此外，还应设立奖励激励机制，充分利用人力物力资源，调动行政、教学团队的积极性。

第七章 职业教育

职业教育对一个国家的经济社会发展至关重要。教育通过所谓的"工人效果"和"配置效率"提高劳动者在生产活动中的贡献。其中"工人效果"指的是教育,特别是职业技术教育可提高人们在工作时运用技术的能力,从而提高直接生产过程的效率。埃及的职业技术教育可追溯至穆罕默德·阿里时期,经过多年的发展,体系已日渐完善,形成了颇具埃及特色的办学模式。埃及宪法第 20 条规定:"国家有义务促进和发展技术教育和职业培训,并根据国际质量标准扩大所有类型的技术教育。"[1] 如今,埃及的职业教育体系吸纳了 50% 以上的中等教育学生,政府部门和企业也日益重视职业技术教育在应对失业问题上的作用,埃及职业教育的办学取得了良好的成效。尽管如此,埃及职业教育仍然面临很大的挑战,需要政府、企业协商应对,共同推进职业教育的发展与进步,更好地服务于社会。

---

[1] 资料来源于埃及中央政府网站。

第一节 职业教育的发展和现状

埃及的职业教育起步相对较晚，但至今也已有近70年的发展历程。期间，埃及的职业教育经历了从萌芽到逐渐成熟的过程。

一、职业教育的发展历程

（一）萌芽阶段（19世纪初至19世纪50年代）

穆罕默德·阿里登上政治舞台后，对埃及社会开展了大刀阔斧的改革，以改变埃及落后的状况，教育则成了其改革的关键抓手之一。他坚信，想要振兴埃及，就要先大力发展埃及的军事、工业和农业。为了实现这一目标，埃及迫切需要通过教育培养大批专业人才。穆罕默德·阿里鼓励开办各级各类学校，尤其是高等学校和职业技术学校。埃及的职业教育在穆罕默德·阿里执政期间出现了萌芽，该时期的职业技术学校主要聚焦农业和工业技能。

1830年开设的皇家德拉斯卡纳学校是埃及近代以来的第一所职业技术学校。[1] 该校旨在强化埃及的农业技术和科学，但由于学校地址远离农业地区，且教师是外国人，对埃及农业的实际情况缺乏了解，其教学逐渐偏离了学校设立的初衷，学校日渐成为政府雇员的培养学校，最终宣告关闭。穆罕默德·阿里为纠正办学方案的偏误，很快又新开设两所农业学校。1833年和1836年他分别在巴希拉哈伊马和达卡利亚省的纳巴鲁开设农业学校，后者于1844年搬迁到曼苏拉，主要教授农作物种植、畜牧生产、人造黄油

---

[1] 资料来源于《罗兹·优素福报》网站。

等技术。

最早的一批埃及职业技术学院有效地助推了埃及农业的振兴。农业学校的毕业生很大程度上丰富和改善了埃及传统农业生产方式，小麦、大麦、扁豆、亚麻、苜蓿的种植技术也得到了精进；此外他们还引入了浆果类、水果类等新的农作物和新的棉花品种，使埃及棉花在穆罕默德·阿里时代成为印度和美国棉花的有力竞争对手。

现代化工厂是工业职业技术学院的雏形。穆罕默德·阿里也非常重视工业，希望通过工业武装军队，推进社会现代化，他要求埃及青年走进工厂学习工业技术，并要求工厂配合教授工业知识和技能。

（二）低谷时期（20 世纪初至 50 年代）

穆罕默德·阿里逝世之后，埃及的教育状况严重恶化。他的继任者废弃了他的改革计划，限制世俗教育的发展，削减教育预算，关停了许多学校，其中包括大批中等技术学校，使得接受技术教育的学生人数大幅减少，技术教育仅存于几个农业和工业办事处以及几所夜校之中，这些学校的技术教育都无法达到培养熟练工人的标准，这种情况直到 1863 年伊斯梅尔就任埃及总督后才有所扭转。

伊斯梅尔帕夏执政后重新恢复被关停的学校，大力复兴世俗教育，积极鼓励外国人来埃及兴办教会学校，甚至希望埃及教育走全盘西化的道路。据统计，到 1892 年，西方国家在埃及公开创办的学校多达 42 所，注册学生总数超过两万人，[1] 西方殖民国家得以通过教育这一公共事业加强了对埃及的渗透，埃及教育进入"殖民化"时期。

殖民者从维护其宗主国自身利益出发，限制埃及学校和学生数量的增

---

[1] 李建忠. 战后非洲教育研究 [M]. 南昌：江西教育出版社，1996：402.

加，并对教育内容做了种种限制。此外，埃及教育支出也被缩减，导致大多数埃及人失去了受教育的机会，到 1931 年，接受过最低水平教育的埃及男女青少年的比例分别为 20.5% 和 6.5%，埃及的适龄人口仅有 3.5% 有机会入学。[1] 穆罕默德·阿里时期创办的现代职业技术学校中仅有三所被保存下来，这些学校未开设文化科目，所有的办学经费都由学校自己筹集，学生在校一边学习一边像工人一样从事生产劳动，产品出售后用来维持学校基本运转。

1922 年埃及独立后，民族主义者重建家园的热情高涨，他们在求索中推动了埃及教育的发展。埃及教育事业尽管背负着英国殖民主义留下的沉重包袱，但职业教育学校及其他各类学校还是在这一时期均得到了一定的扩充，教学规模、质量、办学条件在不同程度上有所提高。埃及教育部为不同教育阶层的人民创造就业条件，要求学校以宗教、爱国教育和阿拉伯文为重点课程，同时设置数学、音乐、卫生、手工、农业、商学及家务培训课程，成绩好的学生可以进入职业技术学校或相关的专科学院进行深造，这在很大程度上促进了埃及职业技术教育的迅速发展。虽然受教育经费不足的限制，这项"壮举"的执行效果不尽如人意，然而，政府通过扩大教育覆盖面、在全国范围内普及大众教育来引导公民树立学习意识，具有很强的引导意义。这个时期普遍存在两种学制：一种是以大众的、职业的和宗教的教学为特点，面向底层人民开办的初级学校；另一种则是以精英的、学术的和世俗的教学为特点，主要面向中上层阶级开办，以为国家培养世俗领导人为目标的学校。

（三）勃兴时期（20 世纪 50 年代至 21 世纪初）

战后和平为经济繁荣创造了有利的机遇，发展经济需要大批掌握先进

---

[1] 李阳. 埃及近代以来教育发展与埃及现代化 [D]. 西安：西北大学，2002: 26.

技术的人才和具有一定文化科学知识的熟练技术工人，这些并非是仅仅依靠发展基础教育就能解决的问题。1952 年埃及七月革命后，随着埃及进入农业和工业发展的新阶段，人们对高等教育和职业技术教育的需求更为迫切，尤其是苏伊士运河收归国有后，大批外国技术人员离开了埃及，埃及亟须弥补各种技术职位的空缺，以满足工厂、水坝、土地开发和基建等大型项目的需要。纳赛尔就任总统后，优先发展中等技术教育，先是在每个省会城市建立工、农、商业三所技术学校，而后在各省继续扩大职业技术学校的规模。不到十年的时间，工、农、商业等各类技术学校在校生人数迅速增加了五倍，十年后在此基础上又增加了四倍。[1] 同时，纳赛尔政府创办了一批介于免费义务学校与竞争入学的中等学校中间性质的预备学校，这类学校起初有两种类型：普通预备学校和实用技术学校。前者侧重文化知识的学习，为学生接受中等教育或技术教育做准备；后者以教授实用科目和职业技术训练为主，为学生直接步入社会参加工作打基础。后来，实用技术学校逐步被一些中级职业培训学校替代。值得一提的是，在此期间，技术工人的培训不仅局限于教育部所属的学校，一些部委和机构，如卫生部、工业部、国防部、石油部、交通部、电力部、苏伊士运河管理局以及一些大型阿拉伯承包商和大型公司等也设立了类型多样的培训院校和技术教育中心，其中包括护理培训学校和学徒制工业学校、邮政学校、铁路学校等。

萨达特和穆巴拉克都将教育视作应对外部世界挑战的对策，由于受到快速工业化对技术人才需求增长的影响，埃及集中力量扩大技术教育规模，使得职业技术教育的发展尤为迅速。萨达特时期较纳赛尔时期更加重视职业技术教育，为了使埃及人力的培养与社会经济结构相适应，埃及于 1970 年成立了中央技术教育委员会，以制定各类技术教育的长期发展计划，包括在普通中学设置有关课程。推进开设的课程包括化学工业、电子学和建

---

[1] 李阳. 埃及近代以来教育发展与埃及现代化 [D]. 西安：西北大学，2002：36.

筑学，以满足工业生产和服务的需要。1973 年，埃及教育部拨款 150 万埃镑用于支付职业技术教育学校的费用，后又拨款 276.7 万埃镑用于职业技术教育的未来规划。[1] 1974 年，埃及劳动人事部对职业分类起草了第一份计划，对全国劳动力进行规划。同年，以劳动人事部长为主席的高级培训委员会还做出决定：建立 20 个专门的委员会负责全国各部门的培训工作，并向每个部门推荐统一的培训方针。萨达特奉行的是对外开放的政策，教育事业也借"开放"的春风，广泛吸收国外先进教育理念和办学方法，埃及的职业技术教育也有了外资企业的身影。当时的世界银行也专门在埃及设立了技术资助项目，并派驻专家提供技术咨询和指导。政府层面和国际层面的支持有力地推进了埃及中等技术教育的发展，工、农、商业学校都出现了前所未有的繁荣。

穆巴拉克上任后，依旧看重科学技术和人才发展对国家综合实力提升的重要性，也强调要大力发展各类教育，培养适合国家建设的优秀人才。他认为，国力的增强、人民的富裕要靠科技，科技来自知识，知识来自人才，人才来自教育。埃及若要屹立于世界民族之林，要靠教育来强筋壮骨，靠知识来驱逐愚昧。[2] 为此，一场重在全面提高基础教育质量的教育改革拉开序幕，职业技术教育是这场教育改革的重要内容。1988 年，埃及颁布《第 209 号教育部长令》，决定在基础教育阶段设立职业学校，面向普通初级中学一年级或二年级不及格的学生、小学毕业的学生，以及未能完成小学学业或从未上过小学的学生开放。[3] 穆巴拉克上台后，职业技术教育学校的在校生数量不断增加。截至 1983 年，中等技术教育占埃及整个教育比重的 54.1%；截至 1988 年，中等技术教育已占埃及整个教育比重的 60% 以上，教育部更是将基础教育和中等教育预算的 45.1% 投向了此类学校。

---

[1] 瞿葆奎. 教育学文集：第 24 卷 [M]. 北京：人民教育出版社，1991：500.

[2] 朱金平. 穆巴拉克传 [M]. 北京：东方出版社，1998：323.

[3] 资料来源于联合国教科文组织国际教育局网站。

该时期政府致力于加强社会上有关部门的协同努力，以共同推进建设生产性的社会，增强国家竞争力，埃及发起了包括"穆巴拉克－科尔倡议"和"亚历山大经验"等项目在内的数个公私合营的职业技术教育项目，为埃及青年提供理论、技术培训和体验式教学，使埃及青年具备相应的生产技能。此类项目有效地带动了技术教育的发展。

穆巴拉克时期，尽管职业技术教育在数量上取得了可观的发展，但教育改革的实际成效还有待提高。比如，班容量大，师生比例失衡，旷课现象频频出现，教学质量堪忧，导致学位文凭的含金量不断下降，学生进入社会后一职难求，埃及青年普遍面临着严峻的失业问题。这意味着，埃及的职业教育和用人市场需求严重脱节，供需比失衡。大众教育本应是埃及的社会均衡器，但在穆巴拉克时代，教育差距和贫富差距都在扩大，[1] 社会矛盾激增，这是穆巴拉克政府倒台的原因之一。

2011年政治动荡之余，埃及青年还未完全走出失业困境，埃及的当务之急是妥善治理社会转型问题，确保埃及社会有更大的凝聚力，能打造一个更有竞争力和可持续发展的经济体。教育在社会治理、应对社会转型过程中的挑战具有重大作用，埃及的失业问题深层原因在于就业市场需求和学生专业不匹配。埃及教育部前部长马哈茂德·阿卜·纳绥尔明确指出，埃及的教育危机总体表现为高失业率和贫困率。[2] 因此，埃及教育系统迫切需要制定长期的发展规划和战略，因此《2014—2030年大学前教育战略规划》应运而生，就包括职业技术教育在内的各级教育做出了长远规划。同年，职业技术教育被纳入宪法。宪法指出："国家有义务促进和发展技术教育和职业培训，并根据国际质量标准扩大所有类型的技术教育。"[3] 2014年塞西上台后也针

---

[1] ALEXANDER A. Schooling Mubarak's Egypt facts, fictions, and the right to education in an age of privatization[D]. Rhode Island: Brown University, 2018: 4.

[2] 资料来源于埃及教育部网站。

[3] 资料来源于《罗兹·优素福报》网站。

对教育发起了数个倡议，最具代表性的便是埃及"2030 愿景"。

二、职业教育的现状

（一）埃及职业教育的发展现状

埃及"2030 愿景"的颁布是埃及职业教育新阶段的开端，该愿景指明了未来职业教育的发展新方向。埃及希望通过"2030 愿景"来全面改善埃及的技术教育体系，为职业技术教育的毕业生提供劳动力市场所需要的技能。愿景制定了职业技术教育发展计划，指出要在 2021 年底前全面发展埃及现存的职业技术教育学校，科学安排课程，扩大就业实践培训，并提高职业技术教育学校中教师和培训人员的从业素质，积极推进此类学校向生产性学校过渡。此外，埃及也与一些国家就职业技术教育部门积极开展合作，与中国、法国、意大利、德国和日本签订合作备忘录，将技术教育与劳动力市场所需的技能以及正在开展的生产项目充分联系起来。

除了埃及"2030 愿景"，埃及政府又于 2017 年 10 月发起了"生活技能和公民教育倡议"，突出强调技能学习的重要性，旨在全面提升学生技能学习能力，并解决学校专业与劳动力市场需求失配的问题。同年，埃及启动了"教育部门全面转型"改革计划，旨在改进传统教育（教育 1.0），采取重要的政策、措施推进国家教育系统现代化，使教育系统向教育 2.0 转型，使埃及青年为第四次工业革命做好准备，使教育朝着埃及"2030 愿景"的可持续发展目标迈进，即学会学习、学会思考、学会创新，通过"三会"将学生发展成为具有浓厚好奇心的学习者、思维开放的交际者、高创造性的创新者，使其能够在不断变化的社会环境中具有高技能竞争力，并为国家学习型社会创建和创新型社会经济发展做贡献。[1]

塞西就教育推出的各项倡议和愿景体现了塞西政府对推进教育全面转型和解决青年失业问题的决心。如今，经历了数次政治经济变革和教育改革，埃及职业技术教育已取得了长足的发展，形成了相对成熟的职业教育体系，其生态也正不断向好发展，不断焕发生命力，这是社会、政治和经济多重因素综合作用的结果，是应对青年失业、人口膨胀的对策之一，更是顺应了生产技术和生产模式不断演进的劳动力市场趋势。但从长远来看，塞西政府对职业教育改革愿景的现实落地效果有待观察。

（二）学制与办学类别

埃及实行九年制基础义务教育，其中包括六年制的小学教育和三年制的初中教育（预备教育）。通过小学教育升学考试的学生可进入初中教育阶段，初中教育又分为普通初中和职业中专，约97%的小学毕业生升入普通初中。[2]完成初中教育后，学生可选择继续升学或直接就业。同样，继续升学者可选择进入普通高中或接受职业技术教育，其中职业技术教育按学制分为三年制和五年制的职业技术高中。作为普通高中的替代升学方案，目前中等职业技术教育吸纳了埃及58%以上15岁及以上的学生。[3]中等职业技术教育主要集中在劳动密集型产业，主要为农业、工业、商业三大类别，具体专业包括旅游和酒店管理、会计、农业、烹饪、食品加工、信息通信技术、可再生能源、服装设计、纺织、建筑、自动化、物流管理、电气工程、车辆工程等。职业高中的毕业生可以根据毕业考试的成绩继续升入高

---

[1] 资料来源于世界银行网站。

[2] Strategic planning unit-ministry of higher education of Egypt (SPU-MoHE). Post-secondary vocational education and training in Egypt[R]. Country Background Report, 2012: 20.

[3] Egypt country report for the 2014 ministerial conference on youth employment[R]. Ministry of Education, 2014: 15.

等教育阶段，但相比于普通高中的学生，职业高中的高等教育升学率较低，仅约 5% 的职业高中毕业生继续接受高等教育。

通常，埃及学生以选择公办的三年制职业教育为主。2019—2020 学年，工业类职高选择三年制职业教育的学生占比 95.2%，剩余 4.8% 的学生选择了五年制职业教育；商业类职高选择三年制职业教育的学生占比 94.9%，其中商务类职高中选择三年制教育的学生占比 96.9%，旅游和酒店管理类职高中选择三年制教育的学生占比 71.7%；农业类职高中选择三年制教育的学生占比 99.4%。

（三）专业设置

在国家政策的支持下，埃及职业教育办学体系不断完善，职业教育规模也日渐扩大，2021 年招生规模达 200 多万学生，占中学生总数的 50% 以上，构成了埃及整个教育体系的重要部分。2019—2020 学年，埃及职业技术教育在校生总人数为 2 052 505 名，按工业、商业、农业三大招生类别来划分。在专业设置上，埃及三大类职高的课程设置学科多元，体系较为完善，遵从以"实践为主，理论为辅"的教育原则优化课程设置。

在招生大类上，工业类和商业类（包含商务和旅游、酒店管理两类）是埃及职业技术教育的主要招生大类，分别占总招生人数的 46% 和 42%（其中商务类占比 39%）。这符合埃及实际国情和经济发展需求。工业在埃及国民经济中占有重要地位，埃及工业约占国内生产总值的 16%，工业产品出口约占商品出口总额的 60%，工业从业人员 274 万人，占全国劳动力总数的 14%。[1] 另一方面，工业与许多生产和服务部门有着密切联系，并在发展对外贸易和改善国际收支方面发挥着重要作用。工业与商贸之间的密切联

---

[1] 中华人民共和国外交部. 埃及国家概况 [EB/OL]. [2021-05-05]. https://www.fmprc.gov.cn/web/gjhdq_676201/gj_676203/fz_677316/1206_677342/1206x0_677344/.

系需要充分的人力资源支持来维系，而埃及在职业教育培养的侧重方向恰能服务于埃及工商业对人力资源的需求。但对于农业而言，埃及农业方向的职业技术教育占比较低，仅为 12%，招生规模相对有限，不能满足埃及这一传统农业大国的用人需求。埃及作为传统农业国，全国可耕地面积为 310万公顷，约占国土总面积的 3.7%，农业占国内生产总值的 14%，农业从业人员约 550 万人，占全国劳动力总数的 31%。[1] 近年来，埃及政府重视扩大耕地面积，鼓励青年务农，而农业职业技术教育招生规模仅占职业教育招生总规模比重的 12%，不足以满足农业部门对专业技术人才的需求，无法服务于埃及农业的升级发展。旅游和酒店管理这一方向的职业技术教育也出现了类似的问题。旅游是埃及的重要外汇收入来源，且旅游业正持续为埃及经济发展提供动力，但目前埃及旅游和酒店类职高招生规模还比较有限，仅占职业教育总招生规模比重的 3%，旅游业人才缺口是埃及旅游业潜力进一步释放的瓶颈。

（四）办学规模

在高等教育阶段，埃及设有面向三年制职高毕业生的两年制职业技术学院（大专）。尽管五年制职高和大专没有相互对应的课程和毕业要求，但两类学校的毕业生获得的是同级别学历。重组后的职业技术大学是高等教育阶段职业技术教育的主要承担者，重点培养工业、商业、旅游和酒店管理业、医疗和社会服务五大方向的学生，2009—2010 年度注册学生数为127 440 名。[2]

除了农业、工业和商业三大类主流职业技术教育类别，埃及也通过职

[1] 中华人民共和国外交部. 埃及国家概况 [EB/OL]. [2021-05-05]. https://www.fmprc.gov.cn/web/gjhdq_676201/gj_676203/fz_677316/1206_677342/1206x0_677344/.

[2] Strategic planning unit-ministry of higher education of Egypt (SPU-MoHE). Post-secondary vocational education and training in Egypt[R]. Country Background Report, 2012: 26.

业培训中心这一非正式教育部门进行职业培训教育。职业培训部门是埃及职业技术教育体系的另一个重要组成部分。各培训中心面向相关行业从业人员开展培训，培训时长通常不到一年，以跟进行业新标准、补充行业新知识，强化从业人员的生产技能和职业素养。此类培训中心通常授予结业证书而不颁发文凭，但埃及工业部下设的生产力和职业培训部承担正式的学徒制职业培训教育，为期三年，学生毕业后可拿到被教育部认可的文凭，该文凭相当于教育部颁发的职业高专文凭。目前由生产力和职业培训部开办的培训中心有 45 所，约有 22 000 名学生在培训中心接受职业教育。除了提供长期学制的职业教育，生产力和职业培训部也为公共和私营部门的雇员提供短期培训课程。目前生产力和职业培训部门正继续扩大其覆盖范围，提高大众对职业教育培训的认知程度。与之类似，埃及人力资源部在职业培训方面也发挥了显著作用，共开设了 51 个职业培训中心，其中包含 13 个流动中心，为 435 个职业提供培训服务。[1] 目前，埃及有 600 个公共培训中心和 223 个私营或半私营培训中心。600 个公共培训中心包括 317 个提供长期培训、可颁发文凭的系统培训中心和 283 个提供短期技术培训的培训中心，每年平均约有 48 万名学员在培训中心接受职业培训。[2]

第二节 职业教育的特点

历经 70 多年的发展，埃及职业教育的特色逐渐呈现，主要可归纳为四点：以职业技能教育为导向、多方合作办学、办学经费来源多样化、国际合作与交流丰富。

---

[1] 资料来源于《穆柏台达报》网站。

[2] 资料来源于埃及教育部网站。

一、以职业技能教育为导向

埃及致力于建立适应快速变化的劳动力市场需求和技术发展变化的职业教育体系，以减少青年失业率，提高劳动力市场的生产力和效率，提升埃及人口素质和人才竞争力，提升就业市场和社会的性别包容度，维护社会公正，并不断增强职业技术教育在实现经济可持续发展中的作用。鉴于埃及职业技术教育培训体系覆盖了埃及 50% 以上的青年，埃及政府正不断摸索职业教育方法，强化各部门和有关组织机构之间的凝聚力和协调性，积极学习国际先进经验，开展战略合作，对接国际标准，强化职业技术教育的基础设施建设，改进职业教育课程及评价体系，提升职业教育质量，共同推进职业教育体系改革朝着创新、实用、可持续的方向发展。

《1981 年第 139 号教育法》第三章第 20 条规定："高中职业教育旨在培养工业、农业、商业、服务业的'技工'群体，开发学习者的技术天赋。根据教育部的法律法规，高中职业教育招收已获得基础教育毕业证书的学生。"[1] 埃及 "2030 愿景" 对于职业教育和培训提出的目标是，实施紧跟世界标准的质量和认证体系，使学习者掌握就业市场所需要的技能；发展教师和培训师全面可持续的职业规划；不断改进培训课程和计划；发展完善的职业教育和培训机构体系以适应发展规划和就业市场的需求。[2]

二、多方合作办学

埃及职业教育的最大特点是多方参与，合作办学。在埃及职业教育主流体系中，两个教育部门——埃及教育部和高教部是最主要的职业技术教育

---

[1] 资料来源于《罗兹·优素福报》网站。

[2] 孔令涛，沈骑. 埃及 "2030 愿景" 教育发展战略探析 [J]. 现代教育管理，2018（10）：111.

管理部门。埃及教育部负责管理约 1 300 所职业技术学校，其中工业学校占 50%、商业学校占 35%、农业学校占 10%、酒店服务业学校占比 5%，每年约有 180 多万学生接受三年制或五年制职业技术教育。[1] 高教部负责管理职业大专。除了教育部门，埃及工业部、商务部、卫生部和人力资源部等 17 个不同部委也通过开办职业培训中心不同程度地参与埃及职业教育。除了上述政府机构外，还有国际组织和非政府组织，英、法、美、德等国的机构，以及埃及私营企业等民间力量也参与埃及职业教育的规划和治理。

三、办学经费来源多样化

埃及职业技术教育的办学资金来源多样，主要由学生的学费、政府财政拨款、合作伙伴资助组成。

在埃及职业技术教育体系中，中等技术教育通常是免费的，但有的私立机构会收取学费。同时，这些职业教育机构也按月向学生提供津贴。在大多数情况下，职业教育机构向学生提供的津贴及教育资金投入多于向学生收取的学费。

政府拨给埃及职业技术教育的资金一直较低，但近年来经费有所增加。埃及还专门设有教育发展基金，该基金主要与各国家机构及地方和区域组织合作，为有助于各级教育发展的项目方案提供财政支持，满足埃及对人力资源的需求，以跟进国际先进技术，帮助埃及应对劳动力市场的挑战，加速社会经济发展。

合作伙伴通过向政府各部委提供赠款或贷款，或通过开展战略合作为埃及发展职业技术教育提供支持。埃及开展职业技术教育的国际合作伙伴包括欧盟、世界银行以及中国、加拿大、法国、德国、美国等。

---

[1] 资料来源于埃及教育部网站。

四、国际合作与交流丰富

近年来，埃及积极开展国际职业技术教育合作与交流，学习先进经验，加强探索以服务于自身的职业教育发展和产业发展。目前埃及职业教育有多个办学成效显著、颇具知名度和影响力的国际合作项目。

穆巴拉克–科尔倡议（The Mubarak-Kohl Initiative，简称 MKI）是埃及总统穆巴拉克和德国总理赫尔穆特·科尔于 1991 年共同发起的一项技术合作计划，旨在为埃及各地的工业部门引入基于德国模式的工厂——学校双轨制。截至 2012 年，该项目在约 150 所学校开展，吸纳了约 25 000 名学生。在该项目框架下，相关的生产、商业部门和学校开展合作，为学生提供体验式实地教学，优秀的学生还有机会获得工作机会。不同于传统的课堂教学，该教育项目理论和实践并重，让学生到生产部门进行实习，充分地实现了职业技术教育在这方面"零"的创新，有效带动了职业技术教育的发展。该项目也是私营部门参与职业技术教育的先行者。

欧盟的职业技术教育改革方案（The EU TVET Reform Program）。2005—2013 年埃及约 40 所学校试行了法国的交替教育和培训模式。与穆巴拉克·科尔倡议类似，它具有很强的实用性和灵活性，部分职业教育的课程和培训内容是工业部门共同参与制定的，且与国家标准不同，项目还培训了许多职业教育行业教师。项目的突出成果在于确立了活跃的企业—职业教育合作伙伴关系。这一合作伙伴关系在工业、建筑业和旅游业三大行业发挥着积极作用，为社会、家庭和个人都带来了实际收益。2013 年 1 月，欧盟又在埃及发起了一项旨在完善教育体系中认证和质量保障问题的新计划。

世界银行的技能发展项目（The World Bank's Skills Development Project）是 2004—2010 年作为贷款项目与欧盟计划同时实施的，通过试点需求驱动和竞争性融资机制，刺激私营部门对技能发展培训的需求与中小企业生产过程直接相关的技术培训。在项目框架下，工业培训委员会、建筑技能发展委员会和旅游人力资源开发国家委员会三个部门理事会成立，这成了捐助方援助制度化的罕见例子。目前世界银行的技能发展项目正对接将贸易工业部及其下设的生产力和职业培训部纳入合作。

美国国际开发署的埃及竞争力计划（The USAID Egyptian Competitiveness Program）。2011—2014 年，美国国际开发署提供了 400 万美元的资助，让埃及学生在四个省的 3—4 所试点学校以及成衣生产和食品加工部门接受职业技术教育培训，作为穆巴拉克–科尔倡议和欧盟职业技术教育改革方案未涉及领域的补充。它在试点学校设立了就业单位，为学生引入了创业学习模块，提高学校培训部门的能力，并对校董事会进行培训。美国国际开发署也向上埃及的一些农业技术学校提供支持。此外，美国国际开发署还启动了总额为 1 亿美元的赠款机制，为包括从事职业技术教育培训工作的组织在内的非政府组织提供赠款。

英国文化委员会的国家技能标准项目（The British Council National Skills Standard Project，简称 NSSP）。该项目于 2000—2005 年在制造业、旅游业和建筑业开展，设立可转移学分，以满足工人的认证需求（半熟练、熟练和监督员 1—3 级）。该项目制定了 100 多个标准，推动了约 50 个培训中心的升级进程。

意大利发展合作项目（Italian Development Co-operation）。作为意大利和埃及之间债务交换的一部分，意大利发展合作组织正通过多个项目积极开展合作，为不同项目提供资金，其中一些是针对埃及职业技术教育的，以强化职业技术教育的基础设施建设和推动地方发展为目标。意大利合作组织在埃及完成的项目有开罗唐博斯科学院的职业技术教育发展项目（2010年结束）和在法尤姆省开展的埃及青年教育和培训项目。法尤姆省的项目还与国际移民组织有合作关系，以减少非法移民。该项目与意大利的学校开展合作，升级埃及旅游学校，对教师进行职业培训和指导，学生可到意大利实习。由于埃及高质量的旅游学校很少，该项目有力提升了埃及旅游类职业学校的办学水平和效益，且可以以点带面继续推广这一模式。

中埃鲁班工坊。鲁班工坊是 2018 年习近平主席在中非合作论坛北京峰会上提出的"八大行动计划"内容之一。2018 年底，由天津轻工职业技术学院、天津交通职业学院与埃及艾因夏姆斯大学、开罗高级维修技术学校联合建设的埃及鲁班工坊启动。目前，埃及是唯一一个建有两个鲁班工坊的国家，埃及鲁班工坊建设走在了非洲前列，是目前在非洲建设规模最大、专业数量最多的鲁班工坊。作为非洲鲁班工坊的标杆和样板工程，埃及鲁班工坊共占地 1 820 平方米，建有数控设备应用与维护、新能源应用技术、汽车运用与维修技术、数控加工技术等多个专业实训室和一个人工智能电脑鼠实训区。工坊将致力于为埃及青年提供技术培训，推进中高职有效衔接，为中埃双方的企业培养人才。

第三节 职业教育的挑战

总体而言，职业技术教育的学生数量和学校数量在过去十年有着显著的增量。以埃及职业技术教育高专为例，2008—2019 年，学校数量增长了88.9%，增量显著，如图 7.1 所示。

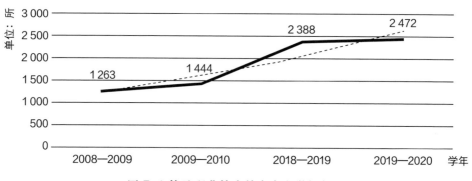

图 7.1 埃及职业技术教育高专学校数量

就学生数量而言，过去十年，埃及职业技术教育学生总量以及工、商、农各类别的学生规模均有了可观的增长。根据埃及中央公共动员与统计局发布的数据，2009—2010 学年，埃及职业高专的毕业生总人数为 211 741，其中工业类毕业生人数为 107 323，商业类毕业生人数为 77 096，农业类毕业生人数为 27 322。到了 2019—2020 学年，埃及职业高专的毕业生总人数达到 549 752，其中工业类毕业生人数为 270 133，商业类（商务与旅游酒店类）毕业生人数为 223 066，农业类毕业生人数为 56 553（如图 7.2 所示）。2009—2020 年，埃及职业高专的学生总量增长了约 1.6 倍，工业类毕业生数量增长了约 1.5 倍，商业类毕业生数量增长了约 1.9 倍，农业类毕业生数量扩大了约 1 倍。

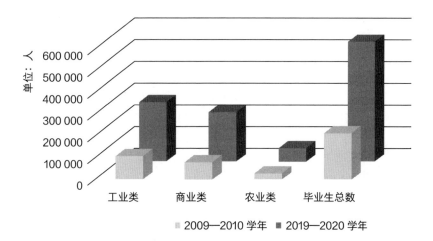

图 7.2 2009—2020 年埃及职业技术教育高专毕业生数量

根据埃及中央公共动员与统计局发布的数据，2019—2020 学年埃及义务教育阶段的在校生人数为 5 626 979，职业高专的在校生人数为 2 053 505，接受普通高中教育的学生人数为 1 819 497，显然接受职业教育的中学生已超出普通高中学生数量，前者约占埃及中学生总数的 53%，这意味着埃及有一半以上的青年学生在职业技术教育体系中接受教育。尽管从宏观数量来看，埃及职业技术教育规模正持续发展扩大，日益成为埃及重要的教育产业，但若做进一步量化研究，将职业技术教育与普通高中教育对比可以发现，职业技术教育在质量上存在问题与不足。

一、教学资源无法满足目前的需求

根据埃及中央公共动员与统计局发布的数据，2019—2020 学年，埃及的学校总数为 56 569 所，其中包含小学 19 059 所、初中 12 611 所、普通高中 3 861 所、职高 2 472 所。职高在 6 333 所中学学校中仅占 39%，但学生数却占总人数的 50% 以上，这反映出职业技术教育与普通高中教育之间学生数与基础设施数比例失衡突出的问题。2019—2020 学年，平均每所职业技术教育学校和普通高中的在校生人数分别约为 830 名和 471 名，这样来看，职业技术学校的学生密度几乎是普通高中学校学生密度的两倍。平均到班级的学生密度同样不容乐观。2019—2020 学年，埃及普通高中在校生数量为 1 819 497 名，共有 44 499 个班级，平均每班学生人数约为 41 名。职业高专学校方面，2019—2020 学年，工业类学校在校生人数 943 046 名，共 25 613 个班级，平均每班学生人数约合 37 名；商业类学校在校生人数共有 869 844 名，共 18 793 个班级，平均每班学生人数约合 46 名；农业类学校在校生人数 240 615 名，共 4 971 个班级，平均每班学生人数约合 48 名。就班级平均学生数量来看，职业高专的班级学生密度略高于普通高中的班级学生密度。显然，对于庞大的职业教育学生群体而言，基础设施数量有限，直接影响到了学生密度，相对拥挤的教学环境对职业技术教育的教学质量、学生素质乃至文凭含金量都有着负面影响。此外，埃及职业技术教育的教学设备和设施也比较陈旧落后，埃及需要继续加强职业教育的基础设施建设，配备先进的教学硬件，以提供基础教学支持。

二、教师数量和质量都较低

整体上，埃及职高和普高的师生比处于相对合理的范围，但若观察近年来二者的变化可知，埃及职高面临职业教师数量增幅变小的变化趋势。师生比是衡量教育发展及绩效的重要指标之一，一般而言，师生比越高，意味着每位教师的教学负担相对越少，给到每个学生的时间和关注则相对越多，教学质量也会越高。2019—2020 学年，普通高中共有 106 723 名教师，师生比约为 1∶17；工业类职高共有 92 592 名教师，师生比约为 1∶10.1；商业类职高共有 41 161 名教师，师生比约为 1∶21.1；农业类职高共有 12 944 名教师，师生比约为 1∶18.6（如图 7.3 所示）。在三大类职高学校中，工业类职高师生比最高，但若结合五年以来的师生比变化来看，埃及职高和普高学校的师生比均呈现出下降趋势，这意味着埃及职高和普高的教师数量并没有保持同比例增长，职高和普高的教师数量增幅都小于学生数量增幅。目前教师资源储备不足或成为埃及教学质量进一步发展的瓶颈。埃及职业教育的师资数量不足的原因之一在于收入较低。在埃及，教师仍是薪酬待遇较低的职业，而职业技术教育的教师无法从私人辅导中获得额外收入，薪水更低。

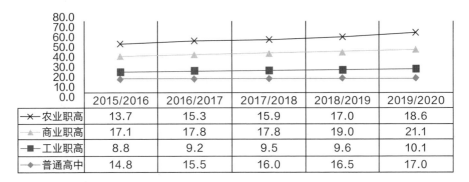

	2015/2016	2016/2017	2017/2018	2018/2019	2019/2020
农业职高	13.7	15.3	15.9	17.0	18.6
商业职高	17.1	17.8	17.8	19.0	21.1
工业职高	8.8	9.2	9.5	9.6	10.1
普通高中	14.8	15.5	16.0	16.5	17.0

图 7.3 2015—2020 年埃及普通高中与职业高中师生比变化

此外，埃及职业技术教育教师的质量较差。社会普遍认为职业技术教育的教师经验不足、技能欠缺，职业前景低于普通教育的教师。[1]

埃及对新入职的职业技术教育教师并无太多要求，他们往往也是应届毕业生，缺少工作经验，入职前仅需接受为期至少八周的培训，入职后也很少进一步获得系统的专业培训。本就缺乏实际生产、工作经验的教师仅仅接受了短暂的职前培训和不成体系的在岗进修，这对于教师素养和教学水平的提升是杯水车薪。在实际教学实践中，职业技术教师很难采用因材施教和以学生为中心的教学方法，一方面是由于教学设施条件有限，另一方面是因为教师本身脱离了生产实践，生产经验和培训经验都非常有限，且不了解就业市场上的最新动态，所教知识过时，培养出来的学生难以满足市场需求。

多年来，政府也致力于提升职业技术教育教师和培训人员的水平，开展了多个教师培训项目，如 2006 年启动了"教师骨干"进修项目，2008 年成立了教师进修培训学院，2015—2016 学年培训了 10 万名教师中的 2.7 万名。尽管多年来教师数量有所增长，各类教师专项培训项目也在开展，一定程度上提升了职业教育教师的教学水平，但由于职业教师收入较差，缺乏相应的评估体系，利益相关方对教师培训意见不一，缺乏政策激励或相关政策不完善等，埃及职业技术教育教师的教学水平进步缓慢。2012—2013 学年，职业技术教育教师中平均仅有 20%（其中三年制教师为 19%，五年制教师为 22%）获得了高级职称——高级教师和专家教师，[2] 而普通教育体系中超 40% 的教师是高级教师或专家教师。

全面提高埃及职业教育的质量需要先解决职业教育教师面临的结构性问题——职业地位较低、职前培训不足、进修程度有限、缺乏教育实践。因此，埃及政府应针对职业技术教育教师制定综合科学的教师培训进修计

---

[1] ETF and World Bank. Reforming technical vocational education and training in the Middle East and North Africa: experiences and challenges[R]. Luxembourg: Office for Official Publications of the European Communities, 2006: 26.

[2] European Training Foundation. Egypt[R]. Turin: Torino Process, 2014: 39.

划，建立健全职业教育教师评估机制，强化职业技术教育教师的职业素养，建立以学生为中心的教育方法，推动改善职业教师的形象。

三、不同专业招生规模差异大，专业发展不均衡

埃及职业教育各大类专业下的二级专业招生规模存在较大差异。工业类职高中建筑、电气、设计装潢、纺织、机械专业是主要的招生方向，这五个方向的在校生人数约占工业类职高在校生总人数的80.7%，各方向平均在校生规模超出15万人。在商务类职业教育与旅游和酒店类职业教育中，贸易综合实务专业的学生数量在商务类职高教育中占比最高，达51.06%；行政文秘、市场营销和金融市场、法务类专业紧随其后，占比分别约为19.2%、13.0%和12.0%。就旅游和酒店类职业教育而言，酒店宾馆综合实务专业的学生占比最多，约占43.6%；烹饪和餐饮方向的在校生分别约占24%和20.9%。在农业类职高中，农业综合实务、农学师资和实验室准备方向的学生较多，二者合占农业类职高总学生人数的一半以上，约占55.2%；农业器械和土地改良的学生最少，约占总学生人数的7.73%。

由上述数据可知，每个大类下都有"强势专业"和"弱势专业"，且选报人数差距悬殊。招生规模、经费支持力度和教学质量之间存在关联，招生规模小的专业获得的拨款相对较少，长此以往则可能会影响办学质量，部分弱势专业还可能由于综合原因停招而导致专业多样性下降。

四、职业教育社会认可度低

在社会文化层面，职业技术教育的吸引力仍然有限，学生更倾向于选

择就读于普通高中，最后升入大学。一方面，目前埃及职业技术教育体系的毕业生在一定程度上仍然遭受着歧视和偏见，社会中存在的刻板印象是职业技术教育的毕业生是因为考不上普高和大学，或学习不好才选择了职业技术教育；不少人认为职业技术教育体系的学生是"普通高中—大学"这一路径的淘汰者，没有深造机会。另一方面，对于父母而言，即便社会对职业技术人才的需求越来越多，他们仍倾向于让子女读大学，毕业后在政府部门工作，认为后者是更体面的发展路径，而职业技术教育是没有前途的选择，毕业后的工资待遇和工作条件也一般。社会上也有不少人不看好职业技术教育，认为其学习环境差，教育质量低下，教师水准不尽如人意，管理混乱；学生毕业后没有前途，主要从事体力劳动，只是蓝领而非白领；工资低，工作时间长，没有充分的工作保障。[1]埃及职业技术教育陷入了低认可、低尊重、低质量产出的恶性循环。

为了打破这一困境，埃及政府曾于 2007 年斋月期间发起了一项名为"基于媒体的就业倡议"的大规模媒体运动，为工业就业创造了一个积极的形象，很大程度上让年轻人对生产工人和技术工的工作产生了改观，有效解决了年轻人不愿被雇为生产工人而导致工人缺乏的问题。作为补充，工业培训委员会还提供了就业前培训。运动发起后，项目收到了超过 100 万人的咨询，其中约有 10% 的人参加了面试，大多数人最后都被雇用了。[2]此外，埃及还向职业技术教育的学生开放了升入大学的机会，让他们有机会继续深造。尽管如此，埃及高职升入大学的比例仍然很低。显然，提升职业技术教育的社会形象是长期性工作，虽然目前埃及的职业技术教育的社会形象已有所改观，但埃及政府还需继续推进系统性的改革，比如改善基础设施和设备，确立统一的国家标准以及资格与认证框架，推进专业及课程的

[1] OECD. Schools for skills: a new learning agenda for Egypt 2015[R]. Paris: OECD, 2015: 228.

[2] UNDP. Youth in Egypt: building our future, human development report Egypt 2010[R]. Cairo: Institute for National Planning, 2010: 42.

科学化、合理化，提升教师、培训人员和管理人员的资质和水平等，从而提升职业教育的社会认可度。

五、管理分散，缺乏统筹协调部门

埃及职业教育管理体系的特点是多方参与。尽管多方发力，但存在各自为功、独立运作的现象。埃及职业技术教育培训部门在政策制定和提供培训方面过于分散，二十多个部委和机构参与职业技术教育培训体系中，而且主要管理方（教育部、工业贸易部、人力部和中小型企业）之间长期以来存在领导权竞争，阻碍了职业技术教育与培训的改革。近年来，埃及政策制定者日渐意识到，必须建立一种综合的模式或新机构、新框架，对职业技术教育与培训进行明确的领导、协调和监督。

2000 年埃及设立了人力资源开发最高委员会，监督与国家社会和经济优先事项密切相关的人力资源发展和就业战略的制定，为职业教育和培训建立资格框架，改革培训中心的行政管理并观测评估其绩效。尽管设立人力资源开发最高委员会的初衷是好的，但该委员会自建立起就常年处于"休眠"状态，没有发挥突出的实质作用。基于此，2006 年，贸易和工业部成立了"工业培训理事会"，其任务是协调和指导该部所有培训相关实体、项目和政策的开展。此后，另外两个专门的指导委员会——"旅游培训理事会"和"建筑培训理事会"也相继成立，但目前这两个理事会已经停止运作。自 2013 年 1 月以来，埃及一直在尝试进行重组，重新发挥人力资源开发最高委员会的职能作用，并探索设立国家职业技术教育管理局，由其负责管理所有技术与职业教育培训机构，以解决目前该系统的管理分散问题。利益相关方对此虽有共识，但也有异见，担心这一管理机构的设立会影响教育体系的自主管理能力，不利于教育管理的权力下放。

目前，埃及亟须推进国家职业技术教育管理局统筹管理多种职业机构和方案，在确保不损害职业技术教育体系的多样性和创新、教育治理放权的前提下实现教育发展愿景和战略的一致性。埃及职业技术教育在统筹管理上任重道远，除了设立统一的集中管理机构外还需要在其他方面进行实质性改革，如重新考虑课程和培养方案开发、标准制定和认证、评估和评价体系的设立等。

六、职业技术教育和就业市场需求不匹配

职业技术教育作为具备高实用性的教育，理应为埃及降低失业率发挥作用，但实际上职业技术教育在解决埃及青年失业困境方面所发挥的作用十分有限，原因就在于职业技术教育在办学时未能充分考虑就业市场需求。就业市场作为需求侧，是重要的风向标，但其给到教育体系的信息并不充分。埃及青年人口数量多，给就业市场带来的人口压力相对也大，而多年来埃及职业教育体系在数量和质量把控上与市场需求并不匹配，职业技术教育学校中所教授的职业技能以及不同方向的招生规模与市场需求存在错位，如农业和旅游业类职业技术学校招生规模较小，难以长期满足市场和经济发展需求。同时，职业技术教育学校为学生提供的职业生涯规划和指导、市场就业信息及就业政策解读方面的帮助也十分不足。对于此，2006年，埃及在欧盟的支持下成立了一个职业教育培训观测站，用以搜集就业市场的技能需求和素质要求，反馈给埃及政府，供政府做教育决策时参考，但由于缺乏资金未能充分达成目标。目前该观测站仍然存在，但发挥的作用相对有限。除此以外，相关行业、地区也有相应的观测门户，但目前这些门户需要进一步协作，进行必要的整合，确保相关方都参与其中的同时避免数据和信息的重复，从而收集到完备、科学、有效的数据和就业信息，

提供科学有效的职业指导服务，帮助学生进行职业选择。同时，相关方需要开展必要的分析工作，服务于课程改革、培养方案改革和政策制定等，以强化就业市场的导向性。

在就业市场的导向性这一方面，校企合作伙伴关系大有可为，可在就业市场和学校、培训机构之间充分发挥协调作用。用人单位需要积极和职业技术教育对接，通过向学校提供最新的生产需求和技术需要等重要信息的方式参与职业技术教育的课程设置及培养方案的制定，推动职业技术教育质量发展紧跟时代和技术发展，让学生获得满足生产实践需要的技能，与社会经济发展的需求相对接，从而服务于用人单位自身的生产实践，由此可以形成互惠共赢的企业–校际职业教育闭环。同时，职业教育毕业生的去向和就业满意度也是宝贵的一手信息，这些信息能为职业教育部门提供有效的反馈，也是埃及职业教育方案的重要评估维度。

第八章 成人教育

埃及是世界上最早开展成人教育的国家之一。公元前 3300 年，埃及社会开始出现第一种成人教育形式，即家庭教育。该教育的普及主要是为了传播法老时期的象形文字，培养更多专门记录宗教王室事务的抄写员，服务统治家族。[1] 成人教育作为重要的教育形式之一，在埃及的教育史中被保留与传承，并随着历史的演进而发展。时至今日，成人教育仍在埃及社会中享有重要的地位，是埃及教育体系的重要组成部分。

2016 年，埃及政府提出"2030 愿景"，十分重视成人教育的开展，在高文盲率教育现状下将扫盲工作作为首要任务，并鼓励国民参与继续教育，不断提高能力以适应劳动力市场的需求。同时监督各高等院校建立成人继续教育学院，让参加工作的公民有丰富技能、重新择业的机会。在成人教育与扫盲总局的带领下，各地方分支机构积极落实相关政策，强化国内国际合作关系，凝聚社会各界力量，加快扫盲教育的普及，同时关注社会弱势群体的受教育权保障情况，及时了解其家庭困难并给予补助。虽然目前埃及的成人教育已取得了巨大成效，但仍面临着国民参与度不高、政策不完善、教育资源短缺等挑战，相信在埃及政府的高度重视与大力扶持下，在成人教育与扫盲总局的正确领导部署下，埃及成人教育系统将不断完善，为更多公民提供系统的终身教育，以适应社会发展需求，为国家发展贡献力量。

---

[1] 吴雪萍，马博. 埃及成人教育的发展历程和特征 [J]. 职业技术教育，2010，31（1）：80-84.

第一节　成人教育的发展与现状

　　埃及成人教育以"人人都有权利接受教育"为理念，培养有生产能力、工作能力、市场竞争力的公民，在教育实践中传播可持续教育理念。目前埃及成人教育主要有两大类，即扫盲教育和继续教育。

　　埃及"2030 愿景"颁布后，成人教育与扫盲总局也出台了愿景计划。确定在 2030 年前实现：全国各地区、各年龄段女性都能免费接受成人教育；保证未成年人有机会在童年时期获得良好的早教、扫盲教育，便于之后接受初等、中等、高等教育；保证未成年、青年人有机会接受技术教育、继续教育；保证更多成年人有机会学习新的技能、技术，提高个人能力，拥有择业自由；消除成人教育中两性不平等现象，增加妇女获得教育的途径，如增设地方社区成人中心、开展远程学习等，为女性接受成人教育提供便利条件；丰富扫盲课程，除了阅读、计算、拼写外，增设基础英语、社会文化等科目。[1]

一、成人教育的发展历程

（一）以宗教教育为主的成人教育阶段（公元前 700 年—公元 19 世纪）

　　公元前 700 年，科普特语取代象形文字，成为埃及社会的主流语言，此阶段成人教育的内容主要是教授科普特语，目的是传播基督教。因此该阶段的成人教育以宗教教育为主，人们在教堂或家庭接受《圣经》教育和简单的科普特语拼写、计算。在基督教为主流宗教的阶段，埃及成人教育的

---

[1]　资料来源于埃及成人教育与扫盲总局网站。

根本目的是培养虔诚的基督教徒。642 年，埃及被纳入阿拉伯帝国版图。自此伊斯兰教逐渐取代基督教成为埃及社会的主流宗教，伊斯兰教育逐渐在埃及的教育历史中出现。伊斯兰教兴起阶段的成人教育内容以教授《古兰经》为主，根本目的是培养虔诚的伊斯兰教信徒，与之前基督教成人教育不同的是，该阶段的教育形式已不再采用家庭式教育，而是让人们在清真寺不仅可以接受伊斯兰经法教育，成年男性还可以接受农业、军事技能等方面的非正规教育。在近三千年的教育历史里，埃及成人教育内容主要以宗教教育为主，教育形式由家庭教育逐渐发展为机构教育，此阶段成人教育的发展为现代埃及成人教育奠定了坚实的基础，积累了丰富的教育组织经验。

（二）成人教育世俗化阶段（19 世纪—20 世纪 50 年代）

19 世纪，西方殖民者打开了埃及的大门，给埃及人民带来沉重灾难的同时，也为埃及教育带来了西方的新思想、新观念、新技术。在"埃及现代教育之父"穆罕默德·阿里的带领下，埃及社会引入了大批世俗教育机构。在成人教育领域，他建立了近代埃及最早的职业技术教育学校，打破了爱资哈尔大学等一众宗教教育机构的垄断地位，促进了世俗教育与宗教教育的融合发展。然而，身处殖民统治压迫下的埃及缺少教育自治权，在殖民期间成人教育的发展受到了资金、政策等方面的巨大限制。1922 年，埃及正式宣布独立，为了促进国家快速发展，满足人民日益增长的扩大教育规模的需求，埃及政府大力发展成人技术教育、教师教育，建立了多所现代化职业技术学校，传播现代科学技术，引进西方先进的教学方式，丰富学科设置，大力推进世俗教育的发展，为适应劳动力市场需求培养技术性人才，该阶段的成人教育与国情发展相适应。

（三）以扫盲教育为主的成人教育阶段（20世纪50—60年代）

埃及现代成人教育开始于20世纪50年代纳赛尔总统执政时期，当时埃及社会文盲率高达90%，国家的首要任务就是扫盲。埃及的文盲主要分三类：一是从小未接受过教育的15岁及以上青年；二是曾在基础教育机构入学但中途辍学的人；三是参与过扫盲教育且已脱盲，但因长时间未学习应用又重新回到文盲水平的人。针对以上人群，政府在全国范围内号召消除文盲，在各省尤其是偏远农村地区开设了许多识字班和扫盲夜校，教学地点包括当地清真寺或私塾，教学内容大多是简单的拼写、数学。

（四）成人教育内涵多元化阶段（20世纪60年代—21世纪初）

在此阶段，成人教育的内涵逐渐丰富，由之前的扫盲教育转型为由高等教育院校开设继续教育学院，为已经拥有基础学历或已经工作的埃及公民提供再教育和再就业的机会。20世纪60年代，埃及教育的国际交流逐渐频繁，拥有了更多与世界先进教育大国合作的机会，例如1960年开罗美国大学成立了公共服务部，其职能等同于其他国家的继续教育部门。公共服务部采用英语教学，教授内容涵盖商务谈判、商务英语、社交礼仪、文秘工作等方面。随后该部门逐渐扩大业务范围，可为不同英语水平的国民提供教育服务，报名参与者既包括已就业人员，也包括由中等教育机构升学者和计划重新择业的人群。该部门同时提供资格认证服务，参与者可通过报名考试的方式获得等级资格证书，从而获得更广泛的择业机会和待遇更优厚的工作。2006年，公共服务部更名为继续教育学院，包括阿拉伯语语言与翻译部、商务学习部、计算机部、英语学习部、特殊教育部五个教学部门，为不同等级的学生提供个性化课程、资格考试机会和个人自选课程。此外，该中心扩大了成人教育的覆盖面与普及度，将受益对象由埃及公民扩大到居住在埃及的侨民，后又扩大到整个中东地区各国公民。在此阶段，成人教育的发展逐渐出现了依托高校的趋势，影响力较大的埃及高等教育机构纷纷响应国家政策，建立成人与继续教育中心。高校良好的教学环境和设施、优质的师资队伍使成人教育步入了发展的快车道。

（五）成人教育提质与均等化阶段（2016 年以来）

根据埃及"2030 愿景"这一中长期发展规划，成人教育是该战略中的重要部分，政府即提出"2030 年埃及无文盲"的口号。针对成人教育的发展，愿景明确了"全民教育"的概念，提出扫盲教育的三个主要步骤：切断文盲来源、扫除现有文盲、强化脱盲人群的继续教育。[1] 教育机构要致力于消除教育鸿沟，尤其是成人教育的城乡差别、地域差别、性别差别，为此政府还提出了大学生帮扶扫盲计划，要求每位高校准毕业生在毕业前完成一定数量的扫盲指标，作为能否毕业的前提条件。此外，政府鼓励高等教育院校开设成人教育中心，致力于满足国民教育需求、实现男女受教育权平等，将赋予公民生活实践技能作为成人教育的首要目标，为公民提供充实自己、重新选择就业的机会。综上，现阶段埃及成人教育的发展目标是，在降低文盲率的基础上大力发展高校成人教育中心，打造具有本国特色的成人教育系统，满足劳动力市场的需求，解决国民就业问题。

---

[1] 孔令涛，沈骑. 埃及"2030 愿景"教育发展战略探析 [J]. 现代教育管理，2018（10）：110-114.

二、成人教育的现状

（一）成人教育的类型与内容

目前，埃及成人教育培训班分为三种类型：（1）正常教育学期班，根据学生的性别和受教育程度分班，每学期规定学习时间为 3—9 个月；（2）进修班，面向已识字但需要进修其他课程的学习者，每学期规定学习时间为 1 个月；（3）特长班，根据学习者的需求进行分类，学习时间视情况而定。成人教育的基本原则是由学生根据个人情况选择上课的时间、地点和科目，但需保证每周学习时间不低于 12 学时。目前埃及各地区统一开设的成人教育课程见表 8.1。[1]

表 8.1　埃及各地区统一开设的成人教育课程

课程名称	基本内容	时间	目标群体	课程描述
启蒙教育	阿拉伯语、数学、社会文化	4 天 / 周 3 小时 / 天	农村及城市地区 16 岁及以上人群	侧重小组讨论的方式，教师每月需培训 5 天
伊斯兰阅读	《古兰经》经典诵读、写作	5 天 / 周 3 小时 / 天	农村及城市地区 16 岁及以上人群	运用《古兰经》简短章节教授阿拉伯语的拼写、阅读
生命健康	口语、社会文化、价值观培养	5 天 / 周 3 小时 / 天	农村及城市地区 16 岁及以上人群	培养学生的自主学习能力，教师采取参与式学习
系统学习	在听说读写的基础上培养综合分析能力	4 天 / 周 3 小时 / 天	农村及城市地区 16 岁及以上人群	依托《启蒙教育》课程，培养合作学习能力

---

[1] 信息来源于埃及成人教育与扫盲总局网站。

续表

课程名称	基本内容	时间	目标群体	课程描述
人与生活	情境式口语训练、日常计算	5天/周 3小时/天	农村及城市地区16岁及以上人群	利用现实情境重现的方式帮助学习者熟悉常用词汇
为更好的生活而学习	法律、心理健康、责任意识、理性思维	4天/周 3小时/天	刑法机构（少管所）的青年男性	让受教育者认识到学习的重要性，赋予他们就业技能
人口问题	人口问题、两性平等、责任意识	4天/周 3小时/天	农村及城市地区16岁及以上人群	强调国家人口问题的重要性，培养公民主人翁意识
学习即受益	实用技能、家庭创收、女性减贫	5天/周 3小时/天	农村地区16岁及以上的贫困家庭女性	针对女性提供手工艺、农业等实操机会，师生互动性强
终身学习	协助受教育者适应生活、学习、工作	不限	农村及城市地区16岁及以上人群	根据当地社会环境资源，由教师自行设计教学方案
强化语言	听说读写进阶教学	4天/周 3小时/天	农村及城市地区16岁及以上的人群	基于讲故事、阅读文本的方式强化学生阅读、写作能力
学会生活	培养创新思维、批判思维	4天/周 3小时/天	农村及城市地区16岁及以上人群	模拟现实情境，要求学生给出处理方法

（二）成人教育的法律与管理机构

1. 成人教育的专门法:《1991年第8号扫盲与成人教育法》

《1991年第8号扫盲与成人教育法》是埃及成人教育的专门法。1989年9月，时任埃及总统穆巴拉克宣布"未来十年将是埃及扫盲教育与成人教育快速发展的十年"，把20世纪90年代定为国家"消盲"十年期，旨在通过十年的努力基本消灭埃及的文盲。随后 1991 年，埃及颁布了《1991 年第 8 号扫盲与成人教育法》，规定每个埃及人都有权接受成人教育，可根据自身不同的受教育水平选择接受扫盲教育、技术教育、继续教育等。

该法律共包含 17 条，其中规定了国家及其相关部门在扫盲与成人教育中的责任，提出了"扫盲"和"成人教育"的释义，限定了扫盲的对象，确立了扫盲与成人教育的管理结构及工作制度、责任、组织架构，明确了师资选聘制度、财政拨款标准等。2009 年颁布了《2009 年第 131 号扫盲与成人教育法修订案》，该修订案对 1991 年版《1991 年第 8 号扫盲与成人教育法》的部分条款进行了修订，如修改了扫盲教育对象的年龄，由之前的 14—24 岁调整为 15—25 岁等，但整体框架与内容没有变化。

2．成人教育的管理机构：成人教育与扫盲总局

根据《1991 年第 8 号扫盲与成人教育法》，1992 年埃及成立成人教育与扫盲总局，隶属于教育部，主要负责各扫盲与成人教育机构的教学规划、教师培训、考试设置等，其职能包括制定成人教育计划、督促各教育行政省分局执行总体规划、建立确保公民参与率的扫盲制度、强化扫盲及成人教育的媒体宣传作用、建立监督评估机制、制定预算分配教育经费等。目前该机构设有董事会及多个执行机构，其负责人由总统任免，任期三年，该机构在埃及各教育行政省都设有分支机构——扫盲执行委员会。

埃及全国扫盲教育由成人教育与扫盲总局统一管理，在 27 个省下设一个分支管理机构，负责向地方成人教育机构传达总局政策、监督地方教育机构的执行情况、统计地方文盲数据等。各地方成人教育机构的教育大纲由成人教育与扫盲总局统一制定，地方扫盲委员会每年需向总局提交年度教育统计数据，由总局整理后发布。

为落实扫盲工作，成人教育与扫盲总局在成立之初采取了以下措施：

（1）对全国范围内的文盲登记、分类；（2）组织扫盲教师培训，为担任扫盲工作的教职队伍提供教学、管理培训；（3）出版扫盲专用教科书与成人教育教科书；（4）做好试点工作，在积累一定经验后在全国范围内推广等。以上举措取得了显著成效。

目前，成人教育与扫盲总局定期发布全民教育杂志、成人教育数据报告、成人教育研究、年度成就等一系列官方期刊、报告，并采取一系列便民政策，如开通网络报名学习通道、提供网络报名考试机会、提供网上证书查询渠道等。对于每一个参与正规成人教育的公民，在顺利通过考试后，成人教育与扫盲总局都会为他提供一份"识字证书"，该证书的效力等同于基础教育毕业证书，使学习者有资格进入中等教育阶段或获得相应工作机会。

（三）成人教育机构

埃及成人教育机构主要有扫盲学校和高校成人教育中心。扫盲学校属于地区公益性机构，聘请的教师多为接受过中高等教育的毕业生，其教学大纲由各地区扫盲委员会监督执行。高校成人教育中心兴起于20世纪60年代，当时各高校纷纷建立隶属于本校的成人继续教育中心，面向社会开设培训课程。成人教育中心主要分为两类，一类是隶属于公立高等教育院校的成教中心，另一类是隶属于私立高等教育院校的成教中心。以下分别介绍两类成人继续教育中心的代表院校。

1. 艾因沙姆斯大学成人教育中心

艾因沙姆斯大学位于首都开罗，是埃及第三大综合性大学。成人教育中心隶属于社区服务与环境事务部，该中心致力于实现以下目标：通过在大学内组织扫盲课程提高扫盲教育的普及率；为社会各年龄段公民提供接受继续教育的机会，以培养其专业技能并获得就业机会；根据就业市场情况制定相应培训课程，以满足社会及个人的发展需求。

在教育资源方面，该中心既承担了扫盲课程，也会根据市场需求制定个性化课程大纲，并从大学各院系或社会聘请教师，为个人、企业、社会机构开设行政、管理、技术、语言等学科的培训班。教育中心提供短期培训课程，适合想要在短时间内掌握某一学科专业基础知识的人群，由于参与者多为在职人员，因此课程安排较为灵活。该中心同时提供一系列的在职文凭资格认证机会，学生完成学时并通过考试后可获得艾因沙姆斯大学颁发的资格证书。

在国际交流方面，该中心积极与中东地区、国际成人教育机构建立合作关系，开展联合办学项目以适应全球化发展趋势，同时定期发行成人教育专门期刊，涵盖国内外最新研究成果，培养学生的学术能力，拓宽学生的视野。此外成人教育中心还为阿拉伯地区各国公民提供职业规划与指导的咨询服务。

在发展规划方面，目前该中心定期组织开展研讨会、讲习班，讨论研究中心的教学发展趋势，力求做到与时俱进。在 2016 年年度研讨会上，该中心提出了要开展机关干部的可持续教育，努力解决贫困地区青年人的文盲与失业现象，积极赋予妇女终身学习和参与可持续发展教育的权利，根据国际教育趋势为成人教育教师提供培训课程，进一步完善成人教育的监测评估机制并扩大大学成人教育中心的融资规模，致力于发挥信息通信技术在成人教育方面的作用，努力建设学习型、知识型社会，实现可持续发展的目标。在 2017 年年度研讨会上，提出了加快武装冲突地区扫盲进程，面向阿拉伯世界最不发达国家、最贫困国家开展扫盲帮扶计划，为偏远贫困地区的成年人设计实用性课程，培养他们的就业技能，实现社会经济回报最大化。在 2018 年年度研讨会上，提出了成人教育的课程计划与项目战略需要紧跟数字化转型潮流，大力发挥数字媒体在成人教育中的作用，同时中心应尽快调整并适应数字化时代的机构管理模式。在 2019 年年度研讨会上，提出了要将发展成人专业技能作为赋能的切入点，要培养学生的思维能力和实操技能，始终坚持以扫盲教育作为一切成人教育的基础，重视阿拉伯世界边缘化群体的扫盲教育，尤其强调了针对武装冲突地区、贫困地区人民教育的重要性。

2．开罗美国大学继续教育学院

开罗美国大学继续教育学院始建于 1960 年，成立之初名为公共服务部，彼时埃及与美国的外交关系快速升温，美国为该部门提供了大量资金与经验支持。2006 年，该部门更名为继续教育学院，设立阿拉伯语语言与翻译部、商务学习部、计算机部、英语学习部、特殊教育部五个教学单位。该学院致力于打造灵活、高质量、针对性强的课程，旨在提高学生的就业能力，实现终身学习和可持续发展教育。

在开设课程方面，开罗美国大学继续教育学院面向社会开设职业培训研讨课，涵盖会计、金融、工商管理、市场营销、人力资源、公共关系、税务师、小型项目管理、物流管理等；同时为学院教师定期开展培训课程，包括英语教学、数学、信息技术等。值得一提的是，该学院在语言课程上具有突出优势。学生入学时需参加英语或阿拉伯语基础水平远程测试，主要考察学生的阅读、写作能力，测试结果将用于之后的分班和个性化语言课程设计。学院分别开设英语课程、阿拉伯语课程，其中英语课程包括基础英语与基础口语两部分，各包括四个阶段共 16 门课程，在课程结束后学习者会获得国际评估认可的结业证书；阿拉伯语课涵盖基础阿拉伯语和语法课程，前者包括阿拉伯语基础知识、语音、拼写、阅读、词法、句法等，后者全面系统地教授阿拉伯语语法体系。学院还经常召开翻译方向研讨会，涵盖如笔译、口译、法律翻译、计算机翻译、影视翻译、阿拉伯语编辑技巧等主题。

在国际交流方面，学院与各国继续教育学院建立合作关系，共同开设课程，并创办文化教育系列讲座栏目，讲座的主题丰富多样，如"音乐与我们的时代""诗歌适合在 21 世纪阅读吗""在家上课：如何熟练线上教学""提高远程工作的生产力"等，该栏目为学生提供了多元丰富的信息来源，拓宽了学生的视野，提高了学生的综合素质。

在学习生活方面，学院为学生提供职业咨询与指导服务，帮助学生评估职业潜力并定向培养相关技能，明确学生的就业方向。学生可自主选择线下教学与线上教学，学院会根据个人意愿与入学语言测试成绩分班。学生需按照教育大纲完成选课，按时完成课程学时并在学期末统一参加考试，在完成所有课程后，学生可获得由开罗美国大学颁发的毕业证书。同时，学院提供旁听课程的服务，可供已申报其他专业的学生在官网上提出旁听申请，旁听生不能获得学术证书，但经教师允许后可申请获得学院颁发的修学证明。学生有权就课堂教学、教学环境、行政流程等问题向继续教育学院提出投诉。

在评奖评优方面，继续教育学院每年为学生颁发一次奖学金，申请奖学金的条件包括：申请者必须为埃及国籍（会优先考虑除开罗、吉萨以外省份的学生）；申请者年龄不得超过 28 岁；申请者至少需取得各学科"良好"等级的成绩，优先考虑"优秀"等级的学生；申请者之前未在开罗美国大学获得过其他奖学金；申请者必须通过英语、阿拉伯语分班考试并获得翻译资格认证书。

在资格认证方面，目前继续教育学院获得国际继续教育与培训协会、英语语言课程认证委员会的认证批准，符合美国中部各州高等教育委员会的审查标准，拥有科学与工程专业认证资格、全球事务与公共政策专业认证资格。学生可在继续教育学院参与雅思考试和剑桥英语等级考试的培训课程和专业测试，在通过考试后可获得资格证书。

（四）成人教育取得的成就

自 20 世纪 50 年代至今，埃及政府始终重视成人教育的发展，在扫盲领域取得了显著成绩，15—24 岁及以上青年识字率及其变化情况如图 8.1 所示。[1]

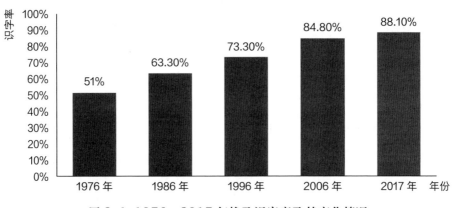

图 8.1　1976—2017 年埃及识字率及其变化情况

图 8.1 反映了扫盲教育的持续推进下埃及青年识字率不断提高的趋势。进入 21 世纪后，识字率增速放缓，这主要归因于教育资源分布不均和区域发展不平衡，偏远贫困地区人口中文盲比例仍然居高不下。2017 年，根据联合国人类发展报告统计数据，埃及成年人（15 岁及以上）的文盲率为 19.2%，其中女性文盲率为 25%，男性文盲率为 13.5%，较高的文盲率仍然是阻碍国家经济发展与改革的问题之一。根据中央动员统计局数据，埃及国民不接受扫盲教育的原因主要有四个，分别是家庭无意愿（34.2%）、家庭物质条件不允许（27%）、个人无意愿（23.2%）、上学条件困难（8%）。[2]

---

[1] 数据来源于世界银行数据库。

[2] 数据来源于埃及中央动员统计局网站。

第二节 成人教育的特点和经验

一、成人教育的特点

埃及现代成人教育起步于 20 世纪 50 年代，从最初的专注扫盲教育、逐步降低国家文盲率、提高国民文化素质，到如今各高等院校响应国家号召开设成人教育、继续教育学院，面向全社会开设个性化、综合类课程，成人教育的开展形式不断丰富，教育体系不断完善。总体来看，埃及的成人教育主要有以下三个特点。

第一，成人教育均等化不断推进。埃及城乡文盲率差距悬殊，有些教育较发达的城市地区已接近零文盲率，而没有得到全面开发的上埃及地区文盲率普遍较高。为加快扫盲进程，"2030 愿景"中提出免费向所有 10 岁及以上没有识字基础的公民提供扫盲教育，尤其针对上埃及地区提出优惠扶持政策。由于上埃及地区老龄化严重，且交通不便，动员国民接受教育是一大难题，为此埃及政府承诺向每位成功获得识字证书的受教育者提供 200 埃镑的教育补助，并针对家庭条件困难的学生发放补助金，另外还制定了一系列奖励激励政策。

第二，成人教育是埃及女性赋权的抓手。埃及公民中女性文盲率远高于男性文盲率，且整体上农村妇女的文盲率要高于城市妇女的文盲率。因此"2030 愿景"中提出政府要更加重视女性教育，通过与全国妇女理事会加强合作，加快妇女扫盲进程，不仅要提高女性的文化水平，也要专门为女性开设生活技能、手工艺术等课程，帮助女性以最适合自己的方式进入劳动力市场。全国妇女理事会启动了"布海拉省妇女文盲村"项目，以布海拉省作为试点省份，在该省的农村共开设 1 065 间教室，共完成女性扫盲

16 942 人次。[1] 为鼓励女性参加扫盲班，政府还免除了她们参加考试的费用，并对成绩突出的女性给予经济奖励。但埃及仍存在着妇女受教育权被强行剥夺的现象，一些偏远农村地区的未成年女性尚未接受教育就被迫结婚，而婚后家庭禁止女性接受教育。2017 年全国妇女理事会与宗教基金会合作发起"拒绝未成年婚姻"运动，国家也在努力将强迫未成年少女结婚定为刑事犯罪，以此避免出现女孩中途辍学或丧失受教育权的情况。

第三，授课方式多样。早在 20 世纪 70 年代萨达特总统时期，政府就开始利用电视台普及扫盲教育，设立了《乡土》栏目，每天播出 15 分钟的识字节目。而今埃及政府充分利用媒体扩大扫盲教育的普及范围。由于偏远地区资源匮乏，网络尚未全面普及，因此政府通过 3 个媒体渠道进行扫盲教育，即电台、电视、网络。人们可以通过收听广播接受教育，成人教育电台每天会有 15 分钟的基础知识讲解课程。成人教育与扫盲总局在电视教育频道发布了一系列网络课程，受教育者可以直接在电视上收看，也可以进入成人教育与扫盲总局官网点击进入教育课程。

此外，埃及政府鼓励开发各类扫盲应用程序，目前社会普及的应用程序有十款，这些应用程序里的课程大多是由埃及各高校的教授专家编写，为受教育者提供阅读、写作、计算等学科的课程，并全部获得成人教育与扫盲总局认证许可。

在接受扫盲教育期间，受教育者可选择线上、线下两种方式接受课程，但都需要定期参加阶段性测试。顺利通过考试则可以进入下一个学习阶段，反之则需重修课程，按期完成全部学时并通过结业考试后，受教育者可获得资格认证和就业凭证。在新冠肺炎疫情期间，线上教学成为首要选择。政府为了加快线上扫盲的普及，在各线下教育机构推出信息技术课程，教学生如何操作手机、电脑客户端，如何进行课堂互动和随堂测试等。

---

[1] 资料来源于埃及国家妇女委员会网站。

二、成人教育的经验

第一，注重改革，完善机制政策。面对国家高文盲率的教育现状，"2030 愿景"提出了 2030 年"消盲"的战略目标。政府注重体制改革，对成人教育与扫盲总局及其分支机构进行了教学、行政管理等方面的改革：去除行政系统冗杂化，提高行政效率；加强教学队伍建设，教师定期接受培训；提高教师待遇，设立奖励激励制度；加强对地方机构的监管监察，设立专门的监察组、巡视组等。成人教育与扫盲总局积极响应国家号召，推出了"2030 愿景"的落实政策，其中充分考虑到女性、未成年人、老年人等群体的受教育现状，计划在 2030 年前实现全民免费接受成人教育的目标，保证弱势群体有机会获得良好的扫盲教育，保证青年人有机会选择接受技术教育、继续教育，学习新的技能技术，充实个人能力，拥有择业自由。

21 世纪以来，埃及扫盲发展到了瓶颈阶段，有许多老年人、偏远地区妇女、童婚受害者等弱势群体无法正常接受教育，埃及政府及时发现扫盲工作的不足，在"2030 愿景"中提出完善扫盲数据库的倡议，并开展试点工作，在法尤姆省等地区开展文盲普查登记工作，力求收集文盲群体中每个人的信息，上报给总局整理备案，根据文盲的个人情况进行一对一精准对接，对其家长、监护人劝解说服，并给予一定的奖励激励政策。

第二，注重教师能力发展。埃及成人教育与扫盲总局规定课程教师需每周接受 1—3 次专业课程培训，这些课程旨在提高教师的专业素养，培训内容不仅包括课堂教学，还涉及价值观培养、终身学习意识培养等方面。成人教育与扫盲总局设有专门的教师监察与评估部门，对教师的教学情况、培训课出勤率、学术产出情况进行评估监督。此外，各分支机构会定期举行特定主题的培训研讨会，探讨成人教育的发展趋势、面临的挑战等。

在扩充教师队伍方面，成人教育与扫盲总局凝聚社会各界力量，与政党、大学、社团、社会组织建立合作关系，为扫盲教育提供高素质志愿者，参与各地区的扫盲工作。值得一提的是，埃及政府调动大学生力量，将扫盲作为大学必修课程，让大学生感知社会发展，参与国家建设，在步入工作岗位前发挥奉献精神，培养他们树立正确的人生观、价值观。

第三，评估机制完善，注重培养质量。成人教育与扫盲总局制定了多项评估机制，要求各地方扫盲委员会和各高校继续教育中心需定期向总局反馈教学成果数据，同时也会委派巡视组定期开展走访调查，对成人教育执行机构进行评估，评估标准主要体现在两方面：一是在教学体系方面，考察课程大纲是否落实、课程质量是否符合标准、教师是否定期进行培训；二是在受教育者方面，考察课程进度是否合适，课程内容是否丰富有效。巡视组在走访中广泛听取学生意见，并以报告的形式将考察结果递交到成人教育与扫盲总局，以便对教学体系、课程大纲进行调整。

第三节 成人教育的挑战与对策

一、成人教育面临的挑战

（一）发展不平衡，国民参与度不高

2017 年埃及城市地区文盲率为 17.7%，农村地区文盲率为 32.2%。因为埃及的成人教育中心主要分布在教育发达的城市，许多农村地区缺少成人教育机构，当地居民接受扫盲教育的条件极为不便，加之生活条件艰苦，许多文盲放弃接受成人教育的机会。2018 年埃及各省份 10 岁及以上的文盲人数见表 8.2。[1]

---

[1] 数据来源于埃及中央动员统计局。

表 8.2 2018 年埃及各省份 10 岁及以上的文盲人数

省份	文盲人数			占当地总人数比		
	男性	女性	总数	男性	女性	总数
明亚省	593 933	865 435	1 459 368	33.4%	51.7%	42.3%
贝尼苏韦夫省	324 659	469 489	794 148	32.4%	49.8%	40.9%
艾斯尤特省	456 544	624 620	10 081 164	31.8%	46.6%	39%
法尤姆省	365 984	474 347	840 331	32.4%	45.8%	38.8%
索哈杰省	465 533	706 131	1 175 664	29.5%	47.2%	38.1%
布海拉省	621 087	863 889	1 484 976	30.1%	44.6%	37.1%
马特鲁省	33 867	54 506	88 373	25.4%	46.8%	35.3%
基纳省	245 496	424 057	669 553	23.6%	42.5%	32.8%
谢赫村省	299 725	412 051	711 776	26.7%	37.9%	32.2%
东部省	584 062	776 600	1 360 662	23.6%	34.6%	29.5%
卢克索省	96 573	149 645	246 218	21.9%	36.3%	28.9%
吉萨省	668 082	890 631	1 558 713	22.9%	33.2%	27.8%
代盖赫利耶省	506 679	638 016	1 144 695	23.4%	30.1%	26.7%
盖卢比尤省	421 094	565 233	986 327	22%	31.7%	26.7%
米努夫省	290 779	425 338	716 117	20.1%	31.3%	25.5%
北西奈省	23 698	46 121	69 819	17%	34.1%	25.4%
西部省	330 185	483 068	813 253	19.2%	29.1%	24.1%
伊斯梅里亚省	85 407	115 287	200 694	19.8%	28.3%	23.9%
杜姆亚特省	116 294	110 261	226 555	22.9%	22.8%	22.9%
阿斯旺省	77 861	131 723	209 584	15.7%	27.3%	21.4%
亚历山大省	332 623	422 430	755 053	17.8%	23.9%	20.8%
南西奈省	4 753	7 065	11 818	14.9%	23.6%	19.1%
开罗省	552 191	683 386	1 235 577	15.1%	20.5%	17.7%
苏伊士省	35 207	48 038	83 245	13.9%	20%	16.9%

续表

省份	文盲人数			占当地总人数比		
	男性	女性	总数	男性	女性	总数
新河谷省	9 606	17 201	26 807	11.6%	22%	16.6%
塞得港省	38 249	46 009	84 258	13.6%	17.4%	15.4%
红海省	12 254	18 753	31 007	10.2%	17.1%	13.5%
总数	7 596 425	10 469 330	18 065 755	23.6%	34.6%	29%

从表 8.2 可看出，上埃及地区的文盲率普遍较高，如明亚省、贝尼苏韦夫省、索哈杰省等，这与当地保守的传统习俗、匮乏的教育资源、较大的性别差异、普遍艰苦的生活条件有关。

除了地区教育资源分配不均导致国民参与度不高外，年龄也是限制国民接受成人教育的重要因素。进入 21 世纪后，埃及的文盲率稳步下降，但下降速度明显减慢，这是因为高龄组（60 岁及以上）的文盲率只增不减。据统计，2017 年埃及年轻人（15—24 岁）的文盲率为 6.9%，而老年人的文盲率高达 63.4%，这也说明 20 世纪 50 年代成人教育开始阶段出生的那一代人并没有很好地接受"全民教育"的思想，很多人因为成人教育课时繁多、操作复杂等因素放弃受教育机会。如今成人教育开辟线上平台，技术操作困难也成为老年人逃避成人教育的重要原因。

（二）两性受教育程度不均衡

上埃及地区没有得到全面开发，这些地区的女性缺少参加扫盲教育的机会，女性文盲率几乎是男性文盲率的两倍。2018 年 10 岁及以上的男性和女性文盲人数见表 8.3。[1]

---

[1] 数据来源于埃及中央动员统计局。

表8.3 2018年埃及10岁及以上男性和女性文盲人数

性别	文盲人数	人口总数	文盲占比
男	7 596 425	32 128 100	23.6%
女	10 469 330	30 224 029	34.6%
总计	18 065 755	62 352 129	29%

部分相对落后地区的传统思想观念限制了女性的受教育权。一些农村家庭认为女性在结婚后应将重心放在家庭而非学习上，甚至禁止女性接受教育。

（三）缺乏相关制度保障，质量参差不齐

《1991年第8号扫盲与成人教育法》规定，扫盲是一项国家义务，无论是受教育者还是参与者都是自愿参与。没有具体的标准与要求导致扫盲机构缺乏工作动力。[1]一方面，各扫盲机构工作积极性不高、不同机构的扫盲完成度差距很大；另一方面，机构对扫盲信息的统计不足，无法为扫盲计划的规制提供有效参考。成人教育与扫盲总局依靠分支机构统计数据，每年发布的数据报告仅是将各分支机构上报的数据进行整合，并没有根据年龄段、工作属性、知识基础等要素进行分类和分析。国家缺少文盲教育的个人信息库，各省份的上报信息都是粗略统计人数。从质量上看，缺乏统一的教育质量标准。国家目前没有专门管理各高校继续教育学院的部门，而由各高校自行管理，因此各学院往往拥有自己独特的教育体系，在合作管理方面难以统一。这使得各个教学单位"各行其是"，培养质量参差不齐。

---

[1] 资料来源于《金字塔报》网站。

（四）缺乏教学资源

埃及成人教育面临着教育资源有限的挑战，其中包括成人教育机构数量有限、教师数量有限、融资有限等。教育发达的城市地区拥有数量较多的扫盲机构和继续教育中心，而偏远贫困的农村地区不仅缺少扫盲机构，还缺少良好的教学基础设施，许多农村地区学生需乘车前往就近的扫盲机构，期间产生的路费、杂费也为家庭造成巨大的经济负担，因此贫困地区辍学现象十分严重。此外，扫盲教育的教师数量和教学质量难以保证。由于成人教育属于公益性服务，教师薪资待遇并不高，许多教师因此选择放弃教学岗位，相较于城市地区，农村地区的教师更是少之又少，目前成人教育管理部门员工人数约 3 000 人，而扫盲教师队伍仅有 5 000 人。同时国家也没有设立教师监督机制或绩效考核机制，教学方式与内容不能实时更新，很难提高成人教育的质量。

（五）教育质量较低

从课程设置看，大部分扫盲机构开设的课程都属于通识教育，缺少逻辑能力、国际视野等专业性的课程设置。从师资团队看，埃及过度依赖外籍师资，自主培养师资的努力不足。例如，继续教育学院开设的工程、商业、科学类基础学科课程，大多聘请国外资深专家学者或来自企业的非专业讲师，长此以往很难培养符合埃及国情、能解决埃及实际问题的学生。从网络教学管理看，课程网络平台搭建滞后。在信息化时代和新冠肺炎疫情期间，远程教育逐渐成为一种趋势，但埃及目前并未普及官方线上教学客户端，也并未设置任何教授操作远程客户端的课程，直接导致许多公民无法正常接受教育。综上，课程设置欠合理、师资队伍建设靠外援、网络教学行动滞后，这些因素都导致成人教育的质量较低。

二、成人教育的发展对策

（一）加速补短板，促进成人教育均等化

补齐欠发达地区成人教育短板是促进埃及成人教育均等化的重要途径，可以从以下三方面发力。一是政府定向帮扶。国家重视"全民教育"政策的落实，为解决教育资源的地区差异，政府针对上埃及地区教育水平落后的省份提出了优惠扶持政策，提出了上埃及开发复兴计划，不仅为文盲率较高地区提供资金支持以完善教学设施，还为这些地区的文盲人群提供奖助学金补助。在"2030愿景"框架下，国家致力于在各地区建立社区教育中心，鼓励人民参与扫盲，为受教育者提供机会将所学知识技能与社会实践活动相结合，加快行政体系的改革重组以提高行政效率。二是加强区域互助。目前埃及部分教育发达省份已接近零文盲目标，因此政府将扫盲教育资源向高文盲率地区倾斜，同时在低文盲率地区大力建设继续教育中心，推动脱盲后继续教育工作的落实。三是欠发达地区加强本地教育资源动员。在教学场所方面，地方政府扩大清真寺的教学作用，以偏远地区清真寺为主要教学场所，同时建立捐赠基金会，鼓励民营企业、慈善机构、社会政党等组织捐赠学校和青年教育中心。在教学合作方面，政府致力于丰富成人教育的教学内容，动员当地社区、职业培训中心或手工坊参与教学，向受教育者传授简单的工艺技能。各高校继续教育中心与民营企业建立长期合作关系，为毕业生提供充足的就业机会。

针对两性教育不平等问题，国家提出了"女性与生活计划"，该计划由成人教育与扫盲总局、联合国教科文组织开罗办事处合作开展，旨在保障女性的受教育权，降低女性文盲率，加快在经济、社会、文化方面的女性赋权，目前已开展试点工作，在开罗省、吉萨省、苏伊士省、阿斯旺省等地区开设40个女性扫盲班，共有600名各年龄段女性报名参加，配备教师、

协调员共 120 名。以上政策严格秉持"全民教育"的宗旨,加快了扫盲教育的全国普及,在教育层面缩小了城乡差距、性别差距,推进了 2030 年无文盲目标的实现。

(二)激励机制与法规互补,扩大成人教育普及率

目前埃及的法律没有规定公民必须接受成人教育,但良好的激励政策可以提高公民的积极性,通过与法律互补的方式让更多的人自愿参与学习中。成人教育与扫盲总局与国家银行签署合作协议,国家银行为高文盲率地区提供技术支持,每年为 10 000 名毕业生提供奖学金,激励脱盲者继续学习。[1] 此外,为鼓励文盲参与扫盲教育,在免费提供教育的基础上,国家会给每位获得识字证书的脱盲者 200 埃镑的奖励金。[2] 政府还开发了扫盲教育相关应用程序,利用远程线上方式授课的 10 个应用程序是:沃达丰扫盲应用、Alpha Noor 应用、Alpha Taheel 应用、AlRashidi 应用、阿拉伯语阅读、轻松学、无网阿拉伯语教学、阿拉伯语教育计划应用、阿拉伯语读写、阿拉伯语听说读写。以上应用程序上的课程通俗易懂,大部分内容由埃及高校教授专家编写,并得到成人教育与扫盲总局的批准。扫盲应用程序极大地提高了扫盲普及率,许多女性可足不出户在家接受网络教育,交通不便的偏远地区人群也可以直接通过应用程序自觉学习。除了在学习过程中的激励,还有针对学成后的激励,如农村发展部为脱盲学生提供小额贷款,帮助其完成扫盲后的就业发展问题,[3] 总之,政府通过奖学金制度、促进成教便利化、提高课程趣味性、为毕业生提供就业机会等多种手段,激发公民参与兴趣,扩大教育普及率。

---

[1] 资料来源于《国家报》网站。

[2] 资料来源于《金字塔报》网站。

[3] 杨芳. 埃及成人教育述评——基于埃及的《识字与成人教育国家报告》[J]. 河北大学成人教育学院学报,2011,13(1):52-54.

（三）加强制度建设

目前，埃及成人教育与扫盲总局制定了《至 2030 年扫盲计划》，已起草并向议会提交关于建立成人教育权力机构的提案，对执行机制和相关法律进行了新的构想。此外，扫盲总局正在筹划制定新的扫盲法令。为了保证成人教育全覆盖无盲区，新的政策将对国家各单位员工进行知识测试，对没有识字证书或未受教育的员工进行重新教育，以此保证文盲人群参与教育的积极性。

为了提升扫盲行动的针对性，政府针对不同人群规制了更加精细的教学纲领性文件。扫盲总局将埃及文盲分为三类：一是从小未接受过教育的 15 岁及以上青年；二是曾在基础教育机构入学但中途辍学的人；三是参与过扫盲教育且已脱盲，但长时间未学习应用重新回到文盲水平的人。针对第一类人群，埃及政府在各地区增设文盲培训班，并派遣人员全覆盖式搜索文盲，说服本人及监护人同意参与扫盲教育。针对第二类人群，国家决定建立成人教育辍学管理机构，该机构将会深入各地区调查辍学人员的辍学原因，并进行规劝教育，各扫盲机构将会采取奖励教育机制，为按时出勤、表现良好的学生提供各种形式奖励，为家庭条件困难无力支付往返路费、杂费的家庭提供申请补助金的渠道。针对第三类人群，国家重视脱盲后教育，新政策规定识字证书的有效期为五年，有效期满后受教育者应重新报考，若没有通过考试需要重新接受教育，以此激励受教育者自觉学习，保证成人教育的连续性。

（四）综合提升成人教育质量

加强师资队伍建设和提升课程质量是提高教育质量的重要途径。在教师队伍方面，在为现有师资队伍提供课程培训、奖励激励的基础上，政府已与 20 多所大学签订合作协议，提出"大学生参与全民扫盲"的倡议，部分高校采取必修课的模式，将毕业前完成 4 个人的扫盲教育作为大学生顺利毕业的先决条件，目前已有来自教育、文学、社会服务等专业 350 万大学生报名参加该项目。同时国家与 4 个政党签订合作协议，要求各政党发挥社会号召力，依法开办扫盲班，有近 5 万个社团参与扫盲工作，这些社团提供了大量资金、人力支持。目前国家已在部分省份开始试点工作，例如法尤姆省与阿拉伯非洲银行、美国大学社会研究中心等组织建立合作关系，卡柳比亚省与科普特福音社会服务组织、微软公司建立合作关系，这些组织为地区扫盲工作提供了教育场所、资金人力和技术支持。在提升课程质量方面，国家应采用更高效的教学计划，完善行政管理部门的权力分配机制和教育评估系统，给予成人教育与扫盲总局必要的支持，并赋予地方教育机构自主决定权；确保成人教育方案符合社会发展趋势，充分考虑受教育者的切实需求，落实他们受教育后的就业情况；同时督促各高等院校建立继续教育学院，给予已经参加工作的公民充实自己、再次选择职业的机会；为国家机关公职人员提供技术培训课程，提高政府行政效率，加强网络学习系统建设和监督评估机制的建设。

第九章 教师教育

教师在教学方面发挥着关键作用，教师的知识素养、专业技能等都影响着教学的效果和学生的发展。20 世纪 90 年代末，随着教育事业重要性的凸现，埃及开始重视用现代技术培养师资队伍，并加强对在职教师能力的培训，以提高教育质量，规范教学体系。

第一节 教师教育的发展和现状

教师的培训和专业发展是改善教育的基石，随着教师与学生人数的连续攀升，教师教育变得更加重要。数据显示，1981—1982 学年，埃及在职大学教师为 10 544 人，1999—2000 学年，这一数字增加至 30 486 人，增长了 189%；助理教师由 14 959 人增至 18 885 人，增加了 26%；爱资哈尔师范和诵经专业的学生则由约 8 500 人增加至约 12 000 人。[1] 据埃及教育部 2021 年发布的数据，埃及目前共有 1 025 842 名在职教师。[2]

为培养专业的师资队伍，满足高质量教育发展需要，自 20 世纪中后期

---

[1] 许林根，杨灏城. 埃及 [M]. 北京：社会科学文献出版社，2006：433.

[2] 资料来源于埃及中央公共动员与统计局网站。

开始，埃及政府逐步建立了由职前教育（pre-service education of teachers）、在职培训（in-service education of teachers）与持续专业发展（continuing professional development）组成的教师培训体系，并制定了一系列规章制度来确保这一体系的运作，其中职前教育主要指师范类高校的本科或研究生阶段教育，在职培训指在学校任职后接受的职业相关培训，持续专业发展则指在学校任职后接受的专业相关课程学习。

一、教师教育的发展历程

埃及的教师教育起步较晚。20 世纪 90 年代初，埃及开始重视发展和普及教育，同时注重培养和储备师资力量。埃及的教师教育大致可划分为三个阶段。

（一）教师教育的泛化阶段（1981—1995 年）

穆巴拉克总统执政时期的教师教育的内涵比较宽泛，不仅包含教师的职前培训、职中培训，还将重心落在了"教师培育"上，即培养工业和农业技术院校的师资。因此，该时期的教师教育实质上是教师培育和教师教育并重。

在工业教育的师资培养方面，埃及政府向工程技术教育领域提供了 3 000 万美元的贷款，在开罗和贝尼·苏夫新建两所工业教育学院，用以培训技术教师。持有普通中学毕业证书或者技术中学文凭，经过四年的学习后，符合条件的毕业生将获得教育学（工业教育）学士学位。其中贝尼·苏夫学院的教育学于 1993—1994 学年正式开始招生，教学目标是：为与教育部有关的技术教育学院培养技术教师，改善两年制技术学院的师资力量；为发展技术教育管理项目提供方案；帮助设计、开发和评估课程，开发、制作教材；与工业建立强有力的联系。学院设计了可行的方案以保证工业教育学院发挥精准作用，如选拔和培养有能力在工业教育学院从事技术教师培训工作的人员；邀请专家来协助设计评估项目方案，开展教学活动，提供教育辅助工作，开发用来评估和培训负责人的体系；自主建设教培体系，仅使用院内教师作为培训师资，不另外从工程类学院招聘教职人员；建立完善的师资培养体系，有专门的教师负责对实践训练和理论领域进行监督；自 1993—1994 学年开始在该学院开发实践教育项目，三、四年级的学生应在第二学期参与该实践，至少保证每周一天且持续参加两周。

在农业教育教师的培养方面，埃及 1992 年 11 月 5 日颁布的第 254 号内阁法令以及同年 11 月 8 日颁布的第 255 号内阁法令要求规范师范类基础教育中农业教师教育专业的工作，并根据相关文件，为持有农业中级文凭的人开办夜间课程，以提高他们的科学、教育和教学技能。

除了通过建立类似工业教育学院等教师培训学院和利用既有的高校师范专业来培养教师外，政府还通过开设技能培训班和外派研修的方式来提升在职教师的教学水平。教育部还增加了各专业相关培训项目的数量来激发教师培训部门的活力。教育部出台的教师培训政策相关项目的数量达 283 个，有 35 894 名教师从中受益。1992—1993 学年，埃及政府在上述项目上花费了大约 88 652 埃镑。1993—1994 学年教师培训项目数量达 132 个，有 11 298 名教师参与。从 1993 年起，教育部派遣部分教师去国外参加培训，学习科学、数学、英语和法语等教育领域的新技术、新知识。第一批派遣了 339 名教师出国学习。

（二）教师教育专业化与多元化阶段（1995—2000 年）

1996 年之后，埃及的教师教育进入了专业化阶段。与上一个阶段相比，教师教育回归到教师职前教育、职中培训的本位，而教师培育则不再是教师教育的重点。这一阶段的教师教育呈现出三大趋势：途径多样化、内涵多样化、国际化。

1. 教师教育的途径多样化

1996 年 11 月，埃及举行全国教师发展培养、培训和关怀大会，会议提出了进行在职培训以提升教师的专业熟练度、为在职教师提供专业发展前沿信息、充分利用多媒体优势进行远程培训等建议。其中，远程培训成为重要议题。同年，远程教师培训平台正式落成，该平台连接了埃及各地的 27 个培训中心。截至 1998 年 6 月，有 226 353 名教育工作者接受了远程培训，其中包括 95 772 名初等教育教师、18 300 名中学教师、11 289 名幼儿教师和一些扫盲教师、一班一校的教师、主管、行政人员等。[1]

在该阶段，教师借助远程培训平台学习使用最新的教学策略，视频课程成为重要的远程教育方式。

2. 教师教育的内涵多样化

教师教育专业化与多元化阶段，大学开始向教师提供长期培训项目（1995—2000 年），开展对普通教育课程的研究，并与教育部合作开展了多项教育发展项目，其中包括教师培养与培训在内的发展项目。自 1996 年起，培训项目飞速增加。1993—1999 年，项目数量增长率达 3.13%。此阶段，教师培训项目、参与人数及培训内容相关信息见表 9.1。

---

[1] OECD. Schools for skills: a new learning agenda for Egypt[R]. Paris: OECD, 2015.

表 9.1 1993—1999 年教师培训项目信息一览 [1]

项目名称	培训次数	参与人数	培训内容（领域）
科学项目	20	300	数学、科学、实验
技术项目	8	385	职业技术教育（工业、农业、商业）
语言项目	89	6 310	阿拉伯语、英语、法语、意大利语、德语
主管项目	15	4 312	宣传、社会研究、幼儿园、优等生班、残疾人士和社会教育
合计	132	11 307	

3．教师教育国际化

虽然 1996 年之前埃及就已经开始派遣教师去国外进修，但 1996 年以后派遣人数激增，1998—1999 学年增加到 1 588 名教师，比 1993—1994 学年增加了 299%。每年 1 月、4 月和 9 月，教师们被派往英国、美国、法国和爱尔兰的大学接受培训学习。1993—1999 年，埃及派往国外进修的教师数量见表 9.2。

表 9.2 1993—1999 年派往国外进修的教师人数 [2]

学年	派出国	科学	数学	英语	法语	幼教	特殊教育	主管培训	校长研修	总计
1993—1994	英国	126	94	119	—	—	—	—	—	339
	美国	—	—	—	—	—	—	—	—	—
	法国	—	—	—	—	—	—	—	—	—
	总计	126	94	119	—	—	—	—	—	339

[1] National Center for Educational Research and Development (NCERD). Education development: national report of Arab Republic of Egypt from 1990 to 2000[R]. Cairo, 2001: 36.

[2] National Center for Educational Research and Development (NCERD). Education development: national report of Arab Republic of Egypt from 1990 to 2000[R]. Cairo, 2001: 38.

续表

学年	国家									总计
1994—1995	英国	137	136	86	—	—	—	—	—	359
	美国	86	68	63	—	—	—	—	—	217
	法国	—	—	—	20	—	—	—	—	20
	总计	223	204	149	20	—	—	—	—	596
1995—1996	英国	216	227	72	—	—	—	—	—	515
	美国	—	—	149	—	—	—	—	—	149
	法国	25	14	—	20	—	—	—	—	59
	总计	241	241	221	20	—	—	—	—	723
1996—1997	英国	336	249	136	—	—	—	—	—	721
	美国	35	36	228	—	—	—	—	—	299
	法国	8	8	—	40	—	—	—	—	56
	总计	379	293	364	40	—	—	—	—	1 076
1997—1998	英国	338	249	204	—	—	—	—	—	791
	美国	65	64	99	—	—	—	—	—	228
	法国	—	—	—	80	—	—	—	—	80
	总计	403	313	303	80	—	—	—	—	1 099
1998—1999	英国	339	249	180	—	—	—	15	105	888
	美国	84	85	119	—	—	—	—	—	288
	法国	—	—	—	99	—	—	—	—	99
	爱尔兰	—	—	—	—	60	20	—	—	80
	总计	423	334	299	99	60	20	15	105	1 355
总计		1 795	1 479	1 455	259	60	20	15	105	5 188

从表 9.2 可知，派遣目的地中英美国家居多，并且派遣对象大学数量在不断增加，科学、数学、英语和法语领域参与培训的教师人数稳步增加，此外，1998—1999 学年还增加了新的培训领域，如幼儿园及中小学的管理等。

埃及教育部还与世界银行和欧盟合作，为教师提供职中培训，以提高基础教育的教学质量。国际合作培训项目旨在提高教师教学和学生学习质量，引导学生掌握基本技能。项目鼓励教师在教学过程中有意识地使用高科技手段和多媒体工具；逐步建立远程教师和教学管理培训体系；规划并设计适合开展基础技能培训的远程教育平台及媒介。埃及教育部希望将远程教育作为国际合作的重要途径，通过线上交流获得在教师培训领域世界领先的专家的经验，这些专家来自英国开放大学、美国宾夕法尼亚大学、荷兰开放大学等，这将有助于埃及设计并实施更多的教育培训类项目。

国际合作项目落地于1997年8月，项目下的第一个研修班主题为"开放学习、远程学习和教师培训"，旨在培训并挑选一批专门人员来编写和设计教材。主要议题涉及以下几点：（1）为什么在埃及教师教育和培训的背景下，我们要关注远程学习？（2）能从视频会议中获益的最佳方法是什么？（3）在研讨会期间展示课程规划和使用教育辅助工具的模型和示例；（4）小学阶段英语课程及中学阶段社会研究课程的范例展示；（5）开放学习和远程学习教材的区别和特征；（6）远程培训的益处。

除上述议题和目标外，国际合作项目还为在职教师和教育管理者专门设计了课程，其中包括为小学一、二、三年级教师开设的通用授课能力提高班；为小学四、五年级教师开设的不同科目的授课能力提高班；为校长开设的通用培训课程。此外，还有关于教学中多媒体设备使用的培训。

（三）注重教师全面发展的教师教育阶段（2000年以来）

2000年以后，埃及的教师教育不仅关注教师的教学技能，同时关注教师的综合能力与素质的发展、教师的社会地位等。2000年埃及政府颁布的《2000—2005年中期发展计划》指出，发展教师的各项技能，发挥科学和道德的作用，增强教师的创造力，提高其知识水平，同时应利用通信和信息技术开发各类课程和培训项目。2007年政府发布了《2007—2012年国家教育战略计划》，该计划的目标之一就是改革和完善埃及的教育体系，努力解决包括师资与教学质量、教师专业发展等一系列重要问题。具体而言，这一战略计划对教育领域的诸多议题提出改革构想，并计划通过率先实施12条优先方案来推进改革，其中，与教师教育相关的方案包括：建立教师学院，为职业教师签发执照；为各级教育建立新的教育工作者培训制度，特别是针对新课程的培训；加强远程教育培训；按照大纲且根据个人实际需求进行培训。

除了加强对教师培训的重视，埃及政府在引导教师专业化、职业化发展方面也做出了许多努力，并且有意识地提高教师的社会地位，如：2003年制定国家教育标准，明确各级教育教师应具备的学历与资质；2007年建立教师骨干队伍，培育优秀教师人才；2008年成立教师专业学院，为获得教师职业执照并加入骨干队伍设立统一标准，即必须通过相应考试，并明确教师职称等级。可见，在发展教师教育事业的过程中，埃及政府逐渐重视专业教师的培养与培训，并就教师教育多次召开有关会议，出台相关政策，提出相应战略，不断更新与完善教师教育体系。然而，由于资源不足与条件受限，多项政策在具体实施过程中遭遇挫折。总体来看，埃及教师教育的各项改革方案虽然取得一定成果，但并未达到其预定目标，未来仍需聚焦教师职业专业化和教学实践的改进，尤其需要开发利用多媒体等各类资源，完善教学能力评估测试，加强教师技能培训。

二、教师教育的现状

（一）职前教育

埃及教师的职前教育，是师范学生在各省的教育学院接受专业教育与培训。埃及教师的职前教育由高校的师范学院和教师所授学科的所属学院共同完成，即师范学院负责培养教师的师范类通识知识与授课技能，而教师授课科目的专业知识学习通常在其他院系进行。那些想成为教师的非师范类学生，在完成四年制大学课程后，可转去教育学院接受为期1—2年的培训课程。

艾因夏姆斯大学是埃及第一所建立教育学院的大学，参加职前培训的学生除个人主修的特定教学科目外，还需学习埃及社会教育基础相关课程，包括教育史、埃及教育史、埃及教育体系、心理学、心理卫生与精神健康、教学方法等，此外还有实践课程，学生在接受专业教育期间也需参加学校要求的集体实践活动课程。

目前各大教育学院还为那些想成为教师但毕业于非教育专业的学生提供一年制课程，以帮助他们获得教育专业的文凭。然而，正如上文所述，教育学院为其他学生提供的职前教育往往与他们的本专业学科割裂，效果不佳。为了解决这一问题，教育学院也开设了教育学（理工类）和教育学（文史类）学士学位专业，学制为四年，相当于融合了专业教育和职前教育，既缩短了所需年限，又增加了教学法和学科专业的契合度。除学士学位外，教育学院还可授予硕士与博士学位。通常情况下，各教育学院下设七种教育系别：教育基础、比较教育、教育管理和政策、教育心理学、心理健康、课程和教学指导、信息和通信技术。此外，主要的教育学院还设有六个专业系别：阿拉伯语、外语（英语/法语/德语）、社会科学、数学与自然、物理与化学、生物与地质科学。

2015年埃及共有26个主要的教育学院。2010—2011学年，各大教育学院的学生总数占受训教师总数的63%、占教育专业毕业生总数的65%。此外，埃及还有几所小型教育学院，专为幼儿园、特殊教育、体育教育、艺术教育、音乐教育和工业教育培训职业教师，这一类教育学院的学生总数占受训教师总数的37%，占教育专业毕业生总数的35%。

（二）在职培训与持续专业发展

在职培训自确认任职学校后开始，新聘教师首先被聘为助理教师，其在初始合同签订之日的两年内，必须向教师职业学院申请教学资格证，并接受阿拉伯语、英语、基础教育及专业测试。自 2009—2010 学年以来，埃及教育部出台了一项帮助助理教师顺利实现身份转变、完成阶段过渡的方案，帮助新教师进一步熟悉教学领域并为他们参加资格考试提供指导，此外还有以主动学习、使用信息和通信技术及其他教学辅助手段为重点的教学技能培训计划。

在职培训和持续专业发展由各省、区和各级学校的相关负责人提供，其中教师职业学院是主力。教师职业学院是根据《国家教育战略计划》（埃及教育部 2007 年发布）于 2008 年正式成立的，主要宗旨是"根据质量标准对所有培训方案进行质量监控"，[1] 其职能包括为教师、主管和其他教育专业人员制定标准，负责教师的测试与认证，负责职前教育、在职培训和持续专业发展项目的认证授权，颁发教育学院及其他培训人员的资格证，并为教育研究提供支持等。尽管面临种种挑战，教师职业学院仍在多个领域取得进展，如：对教师和其他专业人员进行需求评估，对大量教师进行测试和发放从业证，提供与助理教师初始从业证有关的专业发展课程，为现有教师提供提升课程。2011 年，教师职业学院被评为阿拉伯区域专业发展杰出机构。

从 2012 年 2 月开始，陆续有 60 万名教师（约占在职教师总数的三分之二）参加了由教师职业学院组织的提升课程，平均每个月有 75 000 名教师参与培训。[2] 然而，对专业人员进行这种为期数天的一次性大规模培训或再培训引起人们对于培训质量、内容相关性及培训效果的疑虑，一些人担心

---

[1] OECD. Schools for skills: a new learning agenda for Egypt[R]. Paris: OECD, 2015.

[2] OECD. Schools for skills: a new learning agenda for Egypt[R]. Paris: OECD, 2015.

参加培训的教师不会认真对待这些课程，而是将其视为晋升之前的例行公事而敷衍对待。

尽管取得了一些成绩，教师职业学院在履行一些其他规定职责方面并不成功，尤其是与教育学院之间缺乏合作，未达到《国家教育战略计划》的预设目标。此外，埃及各阶段教师教育间缺乏连贯性，尤其是职前教育与在职教育间没有连续性，脱节严重。

未来，埃及政府对于教师职业学院的规划是，在全国建立并授权认证培训中心，完成每个学科至少 1 000 名培训教师资格的认证；及时审阅并定期更新培训方案，重视教育部主管、学校管理人员和行政人员的专业发展；定期对各学科领域进行目标明确的需求评估，建立强有力的监测和评估系统。

埃及的在职培训时长为每年 20—25 小时（约三天），参与培训是晋升至下一个等级的门槛，但此类培训课程并没有帮助教师的持续专业发展。世界银行相关评估认为，埃及的在职培训和持续专业发展在很大程度上仍然非常传统，即采取短期的一次性讲座、讲习班、研讨会和资格认证方案等，很少有后续跟踪，且培训内容宽泛，在分享经验方面仍有欠缺。

就培训效果而言，由高级教师或其他合格的人员提供的在职培训反响较好。很多学校仅依靠本校资源无法提供优质培训，而是需要引入外部的优质资源，以达到更好的培训效果，这点在职业教育的相关培训上尤为突出。

第二节 教师教育的特点

埃及的教师教育有以下几个突出的特点：起步晚，但发展快；重视教学手段创新；重视国际合作。

一、起步晚，但发展快

埃及的教师教育起步较晚，直到 20 世纪 80 年代教育体系才基本形成。在教师教育体系构建完成后，教育部高度重视教育质量和制度体系构建，并在短期内取得了较为显著的成绩。目前主管教师培训的教育部副部长利达·希贾兹表示："教师培训是头等大事，尤其是培训小学四年级到初中三年级的各学科教师。"[1] 各地方教育局均任命学科指导员，负责教师培训工作的开展与监督。学科指导员是教育部有效传达并落实教师培训计划的抓手，负责细化教育部的培训要求，确保政策落地。

2010 年世界银行就各国教育体系与教学方法的调研给出了评估结果，其中一项根据各国是否制定了旨在培养经过培训且具有经验的教师的具体政策来为其赋分，其重要的考量因素包括：（1）该国教师是否有机会获得专业化发展；（2）该国教师专业化发展机会是否根据实际需求分配。这一评分可以反映出该国是否注重教师的专业培训与丰富教师的经验，以及该国教师教育体系是否足够完善。埃及在这一项目中得到 3 分（满分 4 分），该分值表示"完备"。因此，埃及的教师教育具有可圈可点之处。

除了质量增速快，近年来埃及教师教育还重视制度建设，2020 年教育发布了《最高培训委员会 2020 年第 10 号关于修订教师培训计划》的文件。该文件体现了对教师教育，尤其是教师教育质量的重视。文件要求各地方在落实培训方案前必须和指导员协调，在获得同意后方可落实。协调细节包括培训地点、时间、每个科目的人数。培训过程中，技术指导员负责每个学科教学方法的具体指导，旨在提高教师和学生的教与学的效率。此外，新版的教师培训方案还增加了实践演练的比重，教师必须在自己的学校或者培训地附近的学校授课五次，并提交授课记录；同期培训的教师必须互

---

[1] 资料来源于《密斯拉维报》网站。

相听课、评课。为了保证落实教师培训计划，教育部要求各地方指导员每月提交培训报告。目前，教育部的做法与埃及"2030愿景"提出的"没有教师教育改革，就没有教育改革"相吻合，教育部对教师教育的重视程度在未来将只增不减。

二、重视教学手段创新

如何使用多媒体手段授课是埃及教师培训中的重要内容之一。早在20世纪90年代，教师培训的项目中就包含多媒体技术应用。在新冠肺炎疫情背景之下，数字媒体融入课堂教学的需求愈发迫切。为此，埃及教育部发起了"教育开罗"的教师培训新计划，旨在培训教师和学校管理人员获得数字教育技能。[1] 主要培训内容是网络技术应用，目的是让教师掌握电子教学系统，并能用其与学生互动。教育部为每一个中小学学科开发了专门的教学系统。

目前，教师的现代教育技术应用能力得到了很大的提高，熟练应用教学科技为埃及教育数字化快速发展奠定了基础。目前，网络授课、网上提交作业、网上批改作业成为疫情下埃及教育的主流模式。教师使用网络等现代化科技有利于促进师生之间的沟通。

三、重视国际合作

埃及的教师教育注重国际合作。国际合作的形式有两种：一种是将教

---

[1] 资料来源于埃及《国家报》网站。

师派遣到美国、英国、法国等进行短期培训或进修；另一种是与国际或国外机构合作，通过远程教育或在埃及境内开设培训项目。以埃及和英国文化协会合办的国家教师培训计划为例，这种机制化的国际合作已经成为小学英语教师培训的重要组成部分。该计划于 2017 年正式启动，目标群体是教育部小学英语教师、教师教育工作者和教育部主管，旨在通过实践培训提高公立学校英语教师的语言水平和教学能力。培训重点是让教育工作者获得适应 21 世纪的外语教育技能：将技术融入学习和教学中，推动学生参与，适应时代需求。该计划还致力于实现教育部的"改革计划 2.0"目标，并对标国际国内战略愿景，如联合国的"优质教育与实现目标结合"和埃及的"2030 愿景"规定的"发展教师专业和技术技能"。目前已有 27 个省的 22 000 名小学英语教师参与了国家教师培训计划。

第三节 教师教育的挑战和对策

教育是联合国 2030 可持续发展第四大目标，也是埃及"2030 愿景"重心之一，教师教育及培训在其中占有重要地位，是提升教育质量的关键。然而，埃及在教师教育及培训方面还存在一些不足和挑战。

一、教师教育的挑战

（一）教师教育的覆盖率不高、质量不均衡

由世界银行组织进行的教育学院调研项目发现，埃及的教育学院存在以下弊病：教师质量不均衡、设施不足、教学资源薄弱、管理水平不高、

录取标准过低、评估标准过时以及缺乏激励措施，[1] 虽然政府近年来出台了各种政策改善教师教育质量，但仍有欠缺，无法跟上教师教育的国际趋势。从教师教育的覆盖率看，统计数据显示，有 50% 的培训教员根本没有接受过教学培训，30% 以上的教员除了普通教育外，没有接受过对该岗位的专门培训。20 世纪 50 年代，培训教员除了需要有专业教育学位和两年的实践训练外，还需要至少五年的实际工作经验和一年助理培训教员经验，而目前对培训教员的要求降低为需要不低于八周的正式培训，且不再严格要求有实际工作经验。此外，由于政府禁止在公共部门招聘培训教员，在面对庞大需求压力时，各级各类学校只能降低要求，开展最低限度的培训。

（二）师范类专业生源素质较差，教育资源不足

这个问题可归因于埃及高校的录取制度。自 20 世纪下半叶起，埃及高等教育扩张，教育部规定，所有学生在高中毕业后都能升入大学学习。考虑到财政压力，教育部把投入需求较低的人文学科专业作为扩招的主阵地，其中就包括教育专业，让教育学院成为吸纳大学生的主力学院之一，接收了大批学业成绩相对较差的学生。

这样的入学制度对教师教育以及对埃及教育质量影响十分严重。另一方面，教育学院招生数量过多也给教师的职前教育带来巨大压力。埃及的教育学院人满为患，目前的教育学院录取和分配学生的程序导致师范专业过度拥挤，教学资源严重不足，这使得教师教育质量大大下降。学生人数过多迫使教师成为课堂教学的中心，教学模式不得不以理论而非实践为导向，教育学院被迫实行大班教学，很少有机会以小班教学的形式授课，而专业辅导中的实践指导内容很少甚至没有。扩招导致的教育资源不足是教师教育发展的一大桎梏。

---

[1] National Center for Educational Research and Development (NCERD). Education development: national report of Arab Republic of Egypt from 1990 to 2000[R]. Cairo, 2001.

（三）重理论、轻实践，理论与实践割裂

教学是一个偏重实践的活动，而现行的教师教育体系过度重视理论教育，忽视对实践能力的培训。埃及师范专业的预备教师在学校进行实地教学的机会非常少。该专业学生最多每周一天或半天的时间用以实践，在第三和第四学年临近结束时，由校方安排两次为期 2—3 周的集体实习，以此估计，即使在最好的情况下，该专业学生在四年的学习中最多可以实习授课 20—30 节课，由于条件有限，实际数字要远远低于这一估计数字。按照专业要求，学生应在四年制课程中花 25% 的时间在福利学校实习（28—30 周）。但事实上，实习机会对于人数众多的师范生来讲十分稀少，且即便得到了实习机会，学生也往往由于学校的实践教学组织松散而获益甚少。

理论与实践割裂是另一个重要问题。由于现行的培养模式是师范学院和其他学院协同培养，即师范学院教授教学理论与实践，而其他学院教授教师所授科目的理论，这种培养模式导致了教育学院无法帮助学生很好地将所学的教学理论实践在其讲授的课程中。因为教育学院关注通识性教育理论和方法论，而其他学院仅关注与授课科目的知识体系，学生很难将教学理论与技巧落实到某一个科目具体的教授上。

二、应对教师教育挑战的对策

（一）扩大教师职前教育覆盖面，提高教师教育实践的质量

针对一线教师中受过正规职前教育的比例低的问题，可以考虑让未接受过正规职前教育的教师转岗教授通识课，同时招聘受过规范职前教育的新教师替代他们教授专业性较强的课程。此外，在教师招聘环节应明确招

聘要求，只招收师范类毕业生或受过 1—2 年职前教育的其他专业毕业生，以此保障职前教育的覆盖率。

实践环节质量不足是教师教育整体质量不足的重要原因。要提高教师教育的质量，就必须先培训教师队伍。因为教师职前培训、职中培训项目中的教员多数是专业的培训师，也就是说，他们本身并非从事一线教学工作的教师，而是从大学、职业技术院校毕业后就直接走上了教师培训的岗位，因此自身也缺乏教学经验。然而，教学是一项理论结合实践、但更侧重实践的工作，目前在职的培训师仅掌握理论，缺乏实践经验，因此不能胜任教师的培训任务。一方面政府可以聘请资历老、经验丰富的教师作为兼职培训师为教师开展职前培训或职中培训。另一方面，针对已签约学校的教师，可以考虑以培训机构和本校合作的方式开展岗前培训，如在专门培训机构学习理论课，在任职学校通过同一学科教研室教师"老带新"的方式进行实践训练。这种方法可以充分利用在校经验丰富的老教师资源，暂时解决专门培训机构师资资质不足的问题。未来，让部分一线教师退居二线培训青年新教师应成为教师教育机构改革的大方向，以经验丰富的老教师逐步取代一部分仅有理论基础而缺乏实践经验的培训师。

（二）缩小招生规模，提高生源质量

如上文所述，埃及的教师教育质量之所以低下，很大程度上归因于师范生素质不高、基数过大，一方面造成学生对专业认同感低、学习不努力，另一方面造成教育资源紧张、人均教学资源占有率低等问题。

为了提高教师教育质量，必须从提高培养对象本身的素质做起，政府可以考虑适度限制师范学院的招生规模，在满足教育领域的实际需求的前提下，尽量避免将师范类专业用作"升学兜底"专业。考虑到限制高等教育招生规模带来的负面影响，可以考虑首先推动招生结构转型，将原先以

"兜底"形式分配到教育学院的学生分配到其他文科专业。然而，没有改革的结构性调整终究是权宜之计，改革的第二步是要通过逐步提升教师工资待遇和社会地位来增加师范专业的吸引力。如果教育学能成为社会阶层跃升的通道，则利益相关方将为本专业设置入学壁垒，生源数量也能得到控制，生源质量也会有所提升。

（三）推动职前培训的理论与专业教学实践融合

2018 年埃及教育部发布的数据显示，埃及具有本科学历的教师中，78% 毕业于教育学院，22% 毕业于其他学院。也就是说，有高于 20% 的教师在本科阶段的专业学习和教育技能学习是割裂的，即先利用四年时间学习专业知识，然后转到教育学院接受为期一年的教育培训。由于每个学科有各自的特征和特定的教学方法，割裂式的培养模式容易导致所学内容对实践的指导效果较差。

"割裂式"教育的主要原因有三：第一，学生临近毕业才决定从事教师职业；第二，教育学院开设的师范类专业没有囊括部分学校教学科目；第三，一些大学本身没有教育学院。为了解决该问题，国家需要推动教师职前教育与所授专业课程融合，即扩大师范专业的涵盖范围。一方面，可以考虑增设师范学院，减少学生因所在省份大学没有师范学院而被迫选择"专业 + 职前培训"的学习方式，因为上述的教育方式培养的学生教学能力有限，且增加了学生在校年限，提高了从事教师职业的机会成本，导致该职业的吸引力下降。另一方面可将美术、艺术、音乐等科目纳入教育学院的师范专业当中，避免因专业缺位导致学生不得不选择"专业 + 职前培训"的教育方式。总而言之，要加速推动"4+1（年）"的教师教育模式加速向四年制师范专业转轨，将教学理论、技能有机地融合到学生大学学习的全过程，让教学法与所授科目融合，使教师教育能更有效地指导教师上岗后的教学实践。

第十章 教育政策

第一节 政策与规划

在埃及的政府部门中，高教部主管高等教育，教育部主管大学前教育。前者于 2016 年发布了《2030 年高等教育发展国家战略》，后者于 2014 年发布了《2014—2030 年大学前教育战略规划》。作为高等教育和大学前教育的综合性指导文件，两者与 2016 年出台的埃及 "2030 愿景" 共同，阐明了埃及各阶段教育未来的发展方向。

一、埃及 "2030 愿景"：埃及教育的综合纲领

无疑，人才是国家发展的核心，而教育是人才培养的根本。正因如此，"埃及 2030 愿景"（以下简称 "愿景"）精心描绘了埃及教育的蓝图，为其设置了丰富的指标。可见，埃及的顶层设计者们充分考虑到了教育对经济发展、社会进步和环境治理的重要性，赋予其基础性地位，希望其发挥基础性作用。[1] 从整体来看，"愿景" 着重强调了教育发展的战略目标，即提升

---

[1] 孔令涛，沈骑. 埃及 "2030 愿景" 教育发展战略探析 [J]. 现代教育管理，2018（10）：110-114.

教育水平、完善教育体系和提高学生综合素质。三个目标相辅相成，对埃及各阶段的教育发展提出了总体指导和要求。

（一）提升教育水平

通过回顾和研判已往的教育政策和教育发展实际情况，政府在"愿景"中把提升教育水平视作教育改革的重中之重。教育水平的提升取决于两方面因素，一是教学质量的提高，二是教育普及性的扩大。教学质量的提高，意味着各个阶段的教育水准向国际公认的标准、理念和目标看齐，与时代同行，对落后过时的教学大纲、教学方法和教学材料进行调整，在定期评估和指导的基础上激发教育体系的活力。教育普及性的扩大，意味着在国家的支持下保证教育公平和机会均等，使每个人都能够受到高质量的教育。

提高教学质量是综合的系统性工程，对基础教育、高等教育、职业教育等各教育阶段均提出了要求。就基础教育而言，应贯彻各项有关法律法规和行政命令的精神宗旨，对基础教育体系进行重组优化，组建高效率、负责任的教学机构和力量雄厚的师资队伍，并完善实验室、图书馆、操场等基础设施建设。就高等教育而言，高等院校应审慎计划招生规模，推动录取标准多元化，将学生培养和社会实际需要相连；提高财政支持力度；根据专业特点调整学制；拓展完善交换生和访问学者的相关机制，扩大国际学生和教师在埃及大学中的数量，以提升高等教育的国际化程度。预计到2030年至少有7所大学进入世界500强大学名单。就职业教育而言，应根据国际标准修订教学内容；在职业技术学校建设一定数量的车间，将不同领域和不同工作性质的实习计划纳入培养方案，让隶属于大学的行业机构为学生提供就业机会；完善就业体系，发布市场趋势和职业需求信息，引导职业高中和高等职业学院毕业生按照不同层次对口就业。

扩大教育普及性是对阿拉伯埃及共和国1953年建国以来免费教育、全民教育方针的延续，致力于消除教育领域因阶层、地域、性别导致的不平等现象。在这方面，学前教育和基础教育的形势最为复杂，面临的挑战最为严峻，因而成为重点关注的对象。针对埃及学龄前儿童受教育率较低、各地标准不一、差距悬殊的情况，"愿景"提出：为0—3岁的儿童设计教育计划，并在2030年将4—6岁儿童的幼儿园入园率提升至80%以上；有关部门应制定学前教育的国家标准和评估方式，培养幼儿基本的读写和交流技能，为其接受下一阶段的教育做准备。目前，埃及年均新增学龄儿童数达200万人，给基础教育带来较大压力。[1]"愿景"提出将基础教育毛入学率和净入学率的目标定为100%和98%，文盲率（15—35岁）降至7%以下，并于2030年将18岁以下儿童的失学率降至1%。

教育水平的提高可在教育竞争力的相关指标上得到直观反映。为更好地评价上述目标和举措的实现程度，"愿景"列出了教育竞争力预期指标，见表10.1。

表 10.1 埃及教育竞争力预期指标

教育指标	预期排名
世界经济论坛（WEF）全球竞争力指数—基础教育	30
教育体系质量指数	30
基础教育普及性指数	20
高等教育升学指数	40
伊布拉希姆非洲治理指数（IIAG）—教育	5

[1] وزارة التخطيط والمتابعة والإصلاح الإداري لمصرية. ((رؤية مصر 2030))[Z]. القاهرة: وزارة التخطيط والمتابعة والإصلاح الإداري،
2016: 33.

（二）完善教育体系

教育体系意指教育系统中各种要素的有机整合，既包括各级教育制度等结构性因素，也包括教师培养、人才评测、内容设计、教学管理、资金筹集等服务性因素。"愿景"要求建设一个"高效、公正、可持续"的教育体系，并针对教育体系的不同方面进行了规划。

优秀的师资和教育管理团队是教育体系的中坚力量。为全面加强人才队伍建设，"愿景"计划对高等学校的教育学、职业教育、学前教育等专业进行全面质量核查与评估，使其达到国际标准，并制定教师培养计划和标准，提高持有教育相关专业大学以上学历教师的比重；设立国家教育管理人才培养中心，促使更多教育管理人员接受相关专业的高等教育。有序的管理结构将为教育体系的平稳运行保驾护航，"愿景"从改善立法环境、修缮政策规章等方面入手，提出推进教育立法，为各阶段教育发展和教育宣传制定国家性政策，提高公民对教育质量的满意度，提振埃及社会对当前教育管理结构的信心。此外，在全球化日益深入发展的今天，提高教育的国际化程度成为政府的努力方向，调整课程大纲和改善教学方法被提上议程。为此，"愿景"鼓励政府机构同企业和国际组织合作，调整课程大纲和课本内容，使之更加符合新一代的"国际公民"；建设基础教育阶段中的公民教育和创新教育总体框架，推动教育产出更加符合社会需求；与此同时，确保埃及的普通学校和国际学校都有教授阿拉伯语、社会研究和国民教育等共同性课程；在 2018 年底形成国家教育质量评估指标，将其列入国家教育大纲。

（三）提高学生综合素质

提高教育质量和完善教育体系的最终目的是为国家培养人才，服务经济建设和社会进步，使教育真正成为推动国家发展的引擎。在信息时代，人才的标准正在从"专才"向"通才"转变。"愿景"指出，教育应该提高学生的综合素质，充分发挥其潜能，引导其尊重国家历史、认同公民身份并尊重文明差异，培养其创造力、责任意识和适应力，为国家的未来而不懈奋斗。"愿景"设置了综合素质建设的诸多目标：提高学生的语言技能；加强学生的数学、科学和信息技术学科能力；以 21 世纪的时代背景为预设，锻炼学生的生活技能；加强公民教育，塑造学生的公民意识，让学生尊重多元文化，投身志愿工作，增强社会责任意识；促进继续教育；培养世界级体育人才。

为实现上述目标，"愿景"指出：全国所有学校的学生应在小学四年级参加阿拉伯语水平测试，通过率需达到国家标准，至 2020 年底使埃及在上述测试的排名中进入阿拉伯世界前 5 名；实施"国家外语政策"，在教学中参照欧洲语言共同框架；每所学校应形成发达的数学与科学教学大纲，在 2030 年前使埃及的国际数学竞赛（TIMSS）排名进入世界前 10 名，国际学生评估项目（PISA）排名进入世界前 15 名；在 2020 年应至少有 20 名埃及学生参加国际科学竞赛；保障学校的信息技术教学环境，推动 STEM 学校建设；设计生活技能、爱国教育等内容的评价指标；将公民教育、教育可持续发展等纳入国家课程大纲总体框架；出台国家体育教育计划，推进体育学校建设和标准制定，培养出男女运动员各 15 名参加 2028 年奥运会。

二、《2014—2030 年大学前教育战略规划》：大学前教育规划的总纲领

《2014—2030 年大学前教育战略规划》（以下简称《规划》）聚焦于教育可及性、教育质量、教育体系管理三个大学前教育的重要方面，为不同阶

段的教育勾勒出了具体的发展蓝图。《规划》就学前教育、基本教育、高中教育、职高教育、社会教育和特殊教育等设置了相应的教育阶段计划，就大学前教育系统发展框架设置了制度计划，就全面课改、教学技术、学校供餐等重点问题设置了交叉计划。各计划以《规划》的指导精神为基础，由前言、战略目标、中期执行目标和评估指标组成，具体内容呈现出整体趋同、各有侧重、相互呼应的特点。《规划》包含教育阶段计划、教育制度计划和交叉计划三个要点。

（一）教育阶段计划

教育阶段计划同《规划》的结构相对应，对不同教育阶段的发展提出教育普及性、教育质量、制度支持与建设分权制三个方面的要求。

教育普及性方面，各计划将全面提高入学率作为首要任务，并重点关注落后地区。其中，学前教育在埃及普及率最低，部分边陲地区的入学率不足 20%，而其他阶段教育整体情况相对较好。学前教育的入学率应每年稳步提升 5%，小学、初中阶段尚存的极少数失学现象应尽快杜绝，普通高中和职业高中也应确保足够的生源吸纳能力。为此，各计划提出：向社会各界，特别是学生家长和政策制定者普及教育的意义，尤其是学前教育、社会教育、特殊教育等；加强国家财政支持，包括向困难家庭提供小学阶段资金补贴和在边远地区建立职业教育所需的学校和设施；建立社会与私企的参与机制，拓宽教育资金来源。特殊教育计划提出：要与社会各界合作，为天才儿童和残障儿童增建专门学校；参照相关法律法规，推动融合教育，将有条件开展融合教育的学校比重提高至 10%，为轻度残疾学生配备专用资源教室和教学设备；成立地区、国家和国际企业，推动民办融合教育的发展。

教育质量方面，各计划包括四点共同的内容。一是改善课堂教学。其一，缩小班级规模。30 人以上的幼儿园班级应配备至少两名教师；小学不得超过 60 人 / 班；初中不得超过 42 人 / 班；普高和职高的班级规模也应符合相关标准。其二，制定激励性教学指南，帮助学生实现全面发展。其三，加强校园基础设施建设，尤其要为职业教育建设创新基地，提供教学设备。其四，完善评估体系。二是进行课程改革。提高对理科和英语等科目的重视，使小学阶段的教学方法与国际接轨，鼓励初中生参加学科兴趣社团，培养高中阶段学生参加 STEM 等国际竞赛。此外，发展阿拉伯语、宗教教育、社会等科目，以巩固学生的身份认同与公民意识，实现文理兼顾。职高课程则应以市场需求为导向，讲授创业相关课程。三是补短板，提下限。为后进生提供帮助，缩小学生间差距；降低失学率和挂科率，消除作弊现象；在全国各省兴建就业实习中心，提振职高教育。四是教育信息化。加强高中阶段信息基础设施建设，普及虚拟课堂，为学生提供平板电脑；运用电子资源辅助教学。

制度支持与建设分权制方面，各阶段计划内容不尽相同。小学阶段：放宽小学的独立管理权，增强统筹能力；实现教育部数据库与民事登记数据对接，以便统筹宏观入学率、监测失学人数。初中阶段：教育资源向贫困地区和大容量班级倾斜，促进公平分配；发挥受托人委员会的监督作用；依照能力而不是资历任命校领导。高中阶段：推出教师激励和发展计划，以教学成果作为评判标尺。职高阶段：政府部门与相关机构联合成立职业教育和实习委员会；建立职业教育毕业生路径跟踪机构，根据职业教育特点实施学校管理，取代不合适的教学方式。社会教育方面：立法支持在公共教育框架内社会教育财政管理独立化；组建信息系统，观察社会需求。特殊教育方面：完善面向天才儿童和残障儿童的专门学校的立法支持；在中央层面支持融合教育的体系化发展。

（二）教育制度计划

教育制度计划全称为《集中制和分权制框架内大学前教育系统制度结构发展计划》，旨在推动埃及的大学前教育从集中制向集中制与分权制联动发展，实现教育系统由供给导向型转变为结果导向型，从而使资源利用率和效益最大化，包含如下五项分支计划。

《立法环境和教育系统体系化调整计划》旨在重审现存的法律法规和决定，对其中不合时宜的内容进行修正，具体内容见表 10.2。

表 10.2 《立法环境和教育系统体系化调整计划》政策内容一览 [1]

政策类别	政策内容
教育普及性	1. 实行教育部监督民办幼儿园的约束性立法。 2. 为轻度残障人士融合教育和针对不同残障人士开设专门学校的相关举措立法。 3. 重审在学校、语言学校与普通学校之间转学的相关规定。 4. 改革确立与执行资源管理的立法与监管机制。
教育质量	1. 结合当代教育现状重审 1981 年教育法。 2. 立法支持普通高中与职业高中发展计划。 3. 建立培养各领域优秀人才的全国性体系。 4. 立法支持各教育阶段的残障学生和天才学生。 5. 立法允许跳级。 6. 调整 155 号人才法（Cadre Law）及其修正案，纳入学前教育及其各种职能，从而与 93 号法律相适应。
制度支持与建设分权制	1. 立法允许教师和管理干部的局际调岗，以缓解人员短缺或冗余带来的系列问题。 2. 发布行政令，将教育局及教育部相关部门负责的学前教育管理体系化。

---

[1] 资料来源于埃及教育部网站。

《教学和财务信息系统发展计划》[1] 旨在提供高质量、易普及的一体化教学和财务信息系统。教学信息管理系统方面的措施包括：继续细化数据库建设；将学校数据库与教育地图、考试结果数据库和卫生部的公民登记数据库相连；根据各级教育部门需求，提供统计数据、信息和报告的预测图，出台教育指数报告，以便统计分析。财务管理系统方面的措施包括：在政府各部门间建立预算编制的平衡机制，在各教育局间建立平行互补机制；建设商品服务的可再生数据库，定期发布财务报告；拓展财务权力下放、中期支出框架和基于业绩计划的预算的应用范围；与财政部、计划部和地方行政部合作，针对制定和执行预算的相关制度和监管机制进行改革。

《职业发展与人力资源管理计划》[2] 将人力资源管理和职业发展计划视作大学前教育系统的重要支柱，提出改组管理机构，加强各级管理机构协调能力；建设信息系统和囊括管理、跟踪、评估、决策与执行的电子治理模式，消除职能重叠与双重管理的现象；出台集职业路径、培训时间规划、方法与地区于一身的综合计划，鼓励自我职业发展；制定荣誉和物质奖励制度，促进不同领域的职业发展；建立以培训成果为导向的定期评估机制和纵向、横向问责机制。

《跟踪评估计划》[3] 从教育系统效果、政策实施、各级部门资源利用效率等方面提出：建设涵盖绩效、结果、验证手段、资源、数据收集与分析、报告发布等指标的矩阵，并将其整合进信息系统；培养各级行政人员中的相关人才；发挥科研中心开发工具分析结果的作用；为跟踪评估系统的建立提供指南和立法支持。

《学校中心型改革计划》[4] 旨在改善学校教育环境，保障教育质量和儿

---

[1] 资料来源于埃及教育部网站。

[2] 资料来源于埃及教育部网站。

[3] 资料来源于埃及教育部网站。

[4] 资料来源于埃及教育部网站。

童权益，为知识型社会和国家发展输送创新人才，其内容包括：完善学校改革的立法和法律环境；确立公平公正的校领导遴选标准，并培养其自主决策和资源管理的才能；凭借有效的沟通和技术手段，实现管理变革与专业发展，促进学生和教职人员之间的平等，照顾特殊群体；实现更大范围内的财务平衡，以绩效为依托公平分配资源；重审与受托人委员会及校社关系有关的决定和规章，使上述委员会有效参与政策制定和执行监督；设立当地社会和私营企业的激励机制，促进其为学校提供人力与物力援助；建立学校间集团发展模式，确保改革成功。

（三）教育交叉计划

三项交叉计划《全面课程改革计划》《教学技术计划》《学校供餐计划》是对上述两组计划的补充与细化，具体内容如下。

《全面课程改革计划》[1] 从方向上追求文化创新与民族认同的统一，力图提升埃及教育在科学、数学和技术方面的国际竞争力；从方式上追求从教到学、从知识到技能、从记忆到创造、从知识消费到知识生产的转型；创新数学、科学和外语等科目的教学方法；阿拉伯语、宗教和社会学科的教学方法要继续传承并深化、巩固公民的身份意识；出台各个科目的课程标准，依此推出教科书编写规范，并以国家认证的考试作为检测手段。

《教学技术计划》[2] 旨在加强信息通信技术（Information and Communication Technology，简称 ICT）在学校教学和行政管理中的运用。一方面，为教育部各单位配备相应的设备、软件、程序、网络、网站和 ICT 专业人才；设计 ICT 教学领域的操作模式和资格证明；根据各学校实际情况配备 ICT 设施，向其提供电子教学的软件和系统，以提高 ICT 教学的普及性。另一方

---

[1] 资料来源于埃及教育部网站。

[2] 资料来源于埃及教育部网站。

面，要提升学校管理人员教师运用 ICT 手段进行决策和教学的能力；设置设备维护和操作的预算，及时更换学校的老旧设备，增加一般学校和技术学校的合作，以提高 ICT 教学的质量。

《学校供餐计划》[1] 关注学生的身体健康，旨在增加学校供餐日的天数，改善学校供餐的营养配比，减少因不健康饮食和营养观念淡漠导致的各类疾病，提出继续保持幼儿园 100% 的供餐率，将小学、初中、职高和普高的供餐率分别由 83%、53%、30.5%、4% 上调至 100%，方便各阶段学生就餐；将学校餐食为学生提供每日所需营养的比重由 30% 提高到 50%，提高学校餐食中铁等微量元素的含量；督促学校雇佣营养专家，将饮食教育融入学校活动；形成农业、工业、酒店等领域的职业学校参与校园供餐的联动机制，鼓励社会各界为学校供餐提供财政支持；建立财政部和教育局负责校园供餐人员的联合机制，编制供餐预算；与教学楼管理总局协调，为供餐提供充足场地。

三、《2030 年高等教育发展国家战略》：高等教育规划的总纲领

《2030 年高等教育发展国家战略》[2]（以下简称《战略》）是埃及首部包括明确目标和特定计划的高等教育战略，隶属于埃及"2030 愿景"，致力于推动科学技术、高教机构、研究中心的创新，并为行业和市场输送优质人才。2016 年 11 月 8 日，埃及高教部官方网站登载部长阿什拉夫·希哈的表态，称"我们应为学生接受高等教育提供支持，培养他们思考、辩论和创

---

[1] 资料来源于埃及教育部网站。

[2] 资料来源于埃及教育部网站。

造的技能，从而让学生在毕业后能够在劳动力市场上拥有竞争优势。"[1] 根据《战略》前言所述，当今世界正经历由"资源经济"向"知识经济"的转型，埃及高校的根本任务就在于培育学生的"思想资本"——知识经济的"命脉"。《战略》致力于将埃及由"知识的消费者"发展为"知识的生产者"，使埃及"2030 愿景"成功实现。在起始部分，《战略》开宗明义地点出"一个愿景、一个使命和八个原则"，作为所有具体目标和举措的总则。一个愿景，即"培养具有科研创新能力的高学历人才，并使其同国内、地区和世界范围内的劳动力市场相匹配，进而推动经济可持续发展"；一个使命，即"依据各级形势变化，提供灵活、适切的高质量教育与科研服务，在正确价值观和道德的框架内让学生成为埃及社会有机的一分子，为埃及知识与科技型经济的发展做出贡献"；八个原则，即"鼓励社会参与并倡导关注共同利益、培养卓越人才、机会均等化、培养服务导向的高效领导力、树立责任意识、鼓励交流与意见争鸣、表彰和奖励优秀人才、坚持公开透明"。

《战略》对高等教育的发展路径和预期目标进行了详细的规划，主要涉及以下七个方面。

第一，提升高等教育可及性。《战略》启动之时，埃及高等教育入学率仅为 30.%，低于全球平均水平 32.2%[2]，且存在专业比重不均的问题，呈现出"重人文而轻应用"的倾向：应用类专业仅占 28%，低于经济合作与发展组织成员国的水平（40%），与发达国家差距较大。[3] 基于以上问题，《战略》提出：全面提升各类高等教育机构的入学率；在继续发挥人文类专业在扫盲、巩固国民身份、解决人口问题的基础上，提升应用类专业比重；在人

---

[1] 资料来源于世界大学新闻网站。

[2] وزارة التعليم العالي والبحث العلمي المصرية. ((الإستراتيجية القومية لتطوير التعليم العالي (2030)).[Z]. القاهرة: وزارة التعليم العالي والبحث العلمي. 2016: 24.

[3] وزارة التعليم العالي والبحث العلمي المصرية. ((الإستراتيجية القومية لتطوير التعليم العالي (2030)).[Z]. القاهرة: وزارة التعليم العالي والبحث العلمي. 2016: 24.

口较多、位置偏远和私立高中较多的省份优先建设私立高等教育机构，以提升高等教育可及性。高等教育机构入学率具体目标见表 10.3 和表 10.4。

表 10.3 高等教育机构入学率目标

机构种类	2020 年入学率	2021 年入学率	2030 年入学率
公立大学	57%	60.7%	47%
技术学院	8.4%	4.4%	15%
艾尔哈尔大学	13%	12.9%	13%
私立大学	6.6%	4.4%	10%
私立高等学校	13.3%	16.2%	12%
私立中等学校	1.7%	1.6%	2%
总计	33.5%	29.6%	40%

表 10.4 高等教育专业比重调整目标

专业	2020 年入学率	2021 年入学率	2030 年入学率
人文类	67.7%	72%	60%
应用类	32.3%	28%	40%

第二，优化教学质量评估体系。保障埃及高等教育的教学质量，既依靠外部的专业评估与认证，又依靠各机构内部的质量机制。就外部而言，应增加获得认证的院系数量，在 2020 年和 2030 年依次达到院系总数的 30% 和 80%。就内部而言，目前共有 10 所 [1] 埃及大学的机构满足 ISO1009 标准，

[1] 即开罗大学、亚历山大大学、艾因·夏姆斯大学、哈勒旺大学、德曼胡尔大学、本哈大学、坦塔大学、苏哈贾大学、扎加齐克大学、艾斯尤特大学。

应继续完善考评机制，提高这一数字，具体计划包括：成立 12 个测评中心，配备足额工作人员和设备；购买涵盖 200 种专业的试题库，并配备使用指南；购买 12 种统计分析程序；为 11 种专业设置在线考试；训练 326 名考评专员；准备 12 类学生守则和评估手册；将学生满意度从 35.75% 提至 60%，等等。

第三，完善录取制度。埃及高等教育录取主要基于高考成绩，各大学根据自身容纳能力、学生意愿和地区分布进行录取，各校还根据实际情况组织面试和能力考试，对外语水平提出要求。埃及有关部门和机构已经与剑桥大学、联合国教科文组织等国际机构和组织达成了初步共识，认为录取制度应在巩固当前形势的同时朝地区化、多元化的方向优化发展，"理想的录取制度尚需仔细研究"[1]。

第四，建设人才队伍。《战略》制定之际，各类专业教学人员分配不均是埃及高校面临的一个显著问题，其中技术、农业与兽医、基础学科、医学类专业的生师比均低于 20∶1，而工程类和文学文化类专业则超过 50∶1，社会类专业更是高达 215∶1，这与"重人文而轻应用"的录取现状不无关系。为了缓解这一问题，《战略》提出，应着力壮大教师队伍，尤其是人文类专业，在 2030 年使人文类专业和应用类专业的平均生师比达到 50∶1 和 25∶1。在提升教师总数的同时，还应增强教师的教学科研能力和国际交流水准，并为其提升社会福利和薪资水平。此外，《战略》对行政管理人员的能力也做出了新的要求，提出推动高校领导职位年轻化；充分发挥问责机制的作用，保证高校事务和战略计划有序运行；促进行政领导亲自参与大学计划的制定；成立行政管理技能发展国际中心，组织针对各个行政管理岗的培训班；推行基于问责、透明和竞争力的领导岗位考核机制。

第五，提升学生培养质量。高等教育保证学生在遵守道德、行为正确

---

[1] وزارة التعليم العالي والبحث العلمي. ((الإستراتيجية القومية لتطوير التعليم العالي (2030))[Z]. القاهرة: وزارة التعليم العالي والبحث العلمي،
2016: 64.

的基础上提高其开展科研和社会活动的能力，使毕业班学生与就业单位相匹配。《战略》提出：扩大学生活动的种类和范围，支持学生活动项目；建设师生沟通委员会，鼓励学生照顾残障人士；建设青年创新创业中心；成立负责毕业生与就业市场对接的机构；推出工作能力培养计划，弥补学生知识和技能的不足；提高学生的归属感和国民意识，使其远离错误观念；完善校园银行和大学城建设，为学生提供良好服务。

第六，注重高等技术教育。高等技术教育发展的目标有三个：第一，确立高等技术教育系统的制度框架，成立高等技术教育与实习协调委员会，优化既有机构，在45所高等技术学校内仿照德国推行"2+2+2"新学制；第二，夯实高等技术教育发展体系，发展既有院系，兴建新院系，开拓中等以上技术学校的发展路径，将学校与当地产业相连；第三，出台技术类大学指南，2020年前创立3所新的技术类大学，2030年前再创立3所。

第七，提高国际化水平。当前，埃及各类高校已经与德国、意大利、法国、西班牙、奥地利、俄罗斯、美国等国高校签署30余个本科联合培养计划。在此基础上，《战略》提出应继续扩大与世界一流大学的合作，签署更多教学人才互换的协定，与外方共建大学和院系；积极参与具备国际投资的重大科研项目；冲击地区和国际排名，彰显埃及大学特色；推动埃及文化对外传播，完善公派留学制度。此外，《战略》把外来留学生看作他们本国软实力的象征，强调应着力吸引外国留学生，借以提高埃及本国的政治、文化和经济资本。

第二节 实施与挑战

一、教育政策的实施成效

（一）大学前教育

《2014—2030 年大学前教育战略规划》和埃及"2030 愿景"为埃及的教育事业注入了活力。近年来，埃及的大学前教育在教育部、私营企业、国际组织和社会各界的共同努力下取得较快发展，规模不断扩大，体制有所创新，在一定程度上提振了民众对本国教育的信心。

大学前教育规模的扩大最直观地反映了相关教育政策的成效。为切实提升教育可及性，政府加大了对学校建设的重视程度，并尽力给予资金支持。例如，2019 年，埃及教育部明确表示，不会因为政府遭遇的财政危机停建学校。相反，该年度的大学前教育预算超过 1 340 亿埃镑，除继续建设普通公立学校外，还将新建 11 所公立国际学校和 11 所职业中学。[1] 在增加学校数量的同时，埃及教育部还着力建设高水平学校，为国家培养国际化人才。2016 年 2 月，埃及总统塞西访问日本并签署协议，希望在埃及开设 100 所日式学校，借鉴日本的教学模式，教授与其他公立学校相同的内容。2018—2019 学年，35 所日式学校面向埃及学生招生 [2]，目前埃及已建成 40 余所日式学校。此外，埃及还推出语言学校建设计划，旨在采取公私合营的方式，在埃及建设 1 000 所高水平语言学校。据埃及时任教育部部长塔里克·邵基所称，项目的第一阶段兴建了 54 所学校，大部分在 2020 年开始运营；2020 年，该项目进入第二阶段，将在南西奈、阿斯旺、卢克索等地再

---

[1] 资料来源于《穆巴希尔报》网站。

[2] 资料来源于《金字塔报》网站。

建设 98 所学校。[1]

除建设学校外，埃及政府还努力扩大班级总数，提升各类教育的学生和教师人数。2018 年，教育部宣布了一项总额达 1 000 亿埃镑的班级建设计划，希望到 2028 年底建设 20 万个新班级，为学生数量的攀升做准备。[2] 2020 年 3 月，埃及时任教育部部长邵基在接受《金字塔报》采访时表示，已将特殊教育的覆盖面从 7 万名学生增加至 12 万名学生；以在线教学竞赛的方式聘用了 36 000 名优秀教师，并计划在线上再招聘 12 万名教师。[3]

在教学方面，教育部 2017 年 8 月宣布的两项改革计划"教育 1.0""教育 2.0"，前者侧重于"对既有的教育体制进行循序渐进、目标明确的改革"，后者侧重于"大胆创新，实现埃及教育体制的现代化"。[4]"教育 1.0"具有过渡性，"教育 2.0"则是教育部教育改革的重心。"教育 2.0"以"学习、思考、创新"为口号，主要包括两方面的内容。

其一，"教育 2.0"推出了一个崭新的教育体制。新体制在课程设置、评估模式和教学目标等方面与既有体制均有不同（见表 10.5），于 2018 年 9 月首先在幼儿园和小学实施，并逐渐扩展到初中和高中阶段。

表 10.5 既有教育体制和新教育体制的对比 [5]

既有教育体制	新教育体制
注重知识	注重生活技能
浅层学习	深度学习

---

[1] 资料来源于《金字塔报》网站。

[2] 资料来源于《今日埃及》网站。

[3] 资料来源于埃及信息总局网站。

[4] UNICEF. A new learning agenda for the realization of SDG 4 in MENA[R/OL]. (2018-06-01) [2021-06-25]. https://www.unicef. org/mena/media/6216/file/Operationalization%20of%20LSCE%20in%20Egypt.pdf%20.pdf.

[5] UNICEF. A new learning agenda for the realization of SDG 4 in MENA[R/OL]. (2018-06-01) [2021-06-25]. https://www.unicef.org/mena/media/6216/file/Operationalization%20of%20LSCE%20in%20Egypt.pdf%20.pdf.

续表

既有教育体制	新教育体制
传统式学习	任务式学习
独立的科目	不同的专业
理论式学习	让学生的学习贴近生活
纸质学习材料	电子资料和纸质材料相结合
考试	持续性评价

　　时任教育部部长邵基明确表态，称"现行的教育体制将在 2026 年被新体制所取代"。新的课程体系由隶属于埃及教育部的课程和指导材料开发中心负责制定，"将与美国、芬兰、法国、新加坡等国的教育制度相呼应"[1]。目前，1—5 年级的课程已经完成审定，6—14 年级的课程也将在 3 年之内完成审定，还将会有专门针对特殊教育设置的课程。自 2020 年 9 月起，特殊教育学校的儿童将统一学习手语。考试方法也有所变化：1—4 年级的学生不再举行考试；高中的全国联考将逐渐取消，12 项不同学科的考试将由各学校组织，在学期中进行，换算成平均学分绩点逐年累积；为防止篡改分数，考试将在电子设备上进行；允许学生参加考试时携带一本书。[2] 此外，埃及为扩大新教育体制的覆盖范围，正在"教育 2.0"的框架内推行下面七项改革。（1）早教普及：致力于在村镇建设早教学校，培养儿童基本的阅读、理解、写作、数学和英语技能。（2）阅读补课计划：旨在为 4—9 年级的后进生提供帮助，使他们赶上同龄人。（3）学习型村庄：旨在鼓励偏远乡村开展家庭教育，使学龄前儿童掌握一定的知识和生活技能。（4）提高评估技能：旨在改良考试命题手段，考察学生的理解力，减少考前突击等无益于

---

[1] 资料来源于埃及信息总局网站。

[2] MIRNA ABDULAAL. Seven things to know about Egypt's new education system[N/OL]. (2018-07-31) [2021-06-25]. https://egyptianstreets.com/2018/07/31/seven-things-to-know-about-egypts-new-education-system/.

长期学习效果的现象。（5）教师再培训计划：旨在让教师更新教学法，满足新体制的要求。（6）连接教育与技术：向 26 000 个班级提供埃及知识银行（Egyptian Knowledge Bank）等电子资源和教学技术。（7）难民教育：旨在按照联合国难民安置应对计划向在埃及的难民提供基于社区的正式或非正式教育，确保其生活稳定。

其二，"教育 2.0"推行教育数字化，扩大信息技术在教育中的使用。埃及在数字基础设施建设方面取得了一些成效。联合国儿童基金会于 2021 年 2 月发布的一份报告显示，埃及全国大约有 2 500 所普通高中已经接入光纤；政府业已购买 100 个智能教室，首先为边远地区和人口密集地区的学生提供服务；政府还为高中的师生购置了 200 万台平板电脑，在 10—12 年级的学生中实行电子化考试。[1] 埃及教育部还与相关企业合作，上线了大型电子图书馆——埃及知识银行、针对四年级以上学生的网络学习平台、服务高中生的在线学习管理系统、收费在线课程平台"埃及网课"（Hesas Masr）、可通过视频网站和两个电视频道收看的免费网课录像"我们的学校"（Madrasetna）、家校互动平台——艾莫多（Edmodo）等电子教学资源。目前，电子书平台和面向全国 130 万教师的在线教师学院正在建设中，电子书将统一使用 epub 格式，对残障人士而言易于上手有关。与此同时，埃及政府还与科技公司合作，培养熟悉信息技术的教师人才。例如，微软公司在 2018 年 5 月宣布，将帮助埃及培养 60 万名熟练使用现代教育技术的教师。[2]

埃及大学前教育政策的实施受到了其他国家和国际组织的大力支持。例如，英国在 2019 年向埃及提供 1 200 万英镑的资助，支持埃及教育改

---

[1] UNICEF. Education 2.0: skills-based education and digital learning (Egypt) [R/OL]. (2021-01-23) [2021-06-25]. https://www.unicef.org/media/94141/file/Education%202.0:%20skills-based%20education%20and%20digital%20learning%20(Egypt).pdf.

[2] 资料来源于《今日埃及》网站。

革 [1]，并与埃及教育部合作推出了"全国教师培训计划"，为 27 个省培训了
22 万名英语教师 [2]；2020 年，埃及与美国、沙特、韩国、意大利和德国等
国签署了价值 2.52 亿美元的融资协议 [3]；世界银行在 2018 年通过了一项名
为"支持埃及教育改革"的项目，价值 5 亿美元，囊括帮助埃及提升学前教
育、培养优秀教师和教育管理人员、提升学生学习效果的综合评估、通过
相连的系统提升教育可及性、管理—沟通—监督—评估四位一体计划五个
方面 [4]；联合国儿童基金会在课程和指导材料开发中心制定课程框架时提供
了大量的技术支持 [5] 等。为监督"教育 2.0"有序落实，开罗美国大学社会
研究中心发起了"教育 2.0：研究和文献编集项目"，该项目也曾受到英国外
事和英联邦办公室的资助。

（二）高等教育

《2030 年高等教育发展国家战略》（简称《战略》）的出台为高等教育发
展提供了助力。目前，埃及有 27 所公立大学、32 所私立大学和 4 所社会大
学。2017—2019 年，埃及各类高等教育机构的学生、教师和助教数量不断
上升。《战略》出台之际，埃及的大学"重人文轻应用"这一专业失衡的现
象仍旧存在，但得到了一定程度的缓解。另外，为缩小贫富差距和性别差
距，扩大高等教育的覆盖范围，埃及为有需求的学生提供奖助学金。例如，
埃及高教部与美国合作，实行"高等教育倡议"，为欠发达地区的优秀学生
提供奖学金，为理工科类的女性学生提供奖学金，还为女性学生提供赴美
国攻读工商管理硕士的机会。"自倡议问世以来，包括残疾学生在内的 1 200

---

[1] 资料来源于《金字塔报》网站。

[2] 资料来源于英国文化协会网站。

[3] 资料来源于《今日埃及》网站。

[4] 资料来源于世界银行网站。

[5] 资料来源于联合国儿童基金会。

多名学生都获得了高等教育倡议奖学金。"[1] 根据世界银行在 2018 年发布的一份报告，在高等教育阶段，埃及的性别差距问题已经得到大幅改善。[2]

为支持埃及高等教育发展，埃及政府加大了对高等教育的投入。CAPMAS 的数据显示，2016—2019 年，高等教育支出占埃及政府总支出的比重由 21.8% 上升至 24.7%。据专家估计，埃及政府负担了公立大学 85%—95% 的预算。[3] 不过考虑到种种花销的限制，公立大学也积极采取措施，吸引非政府投资，以提升教学质量。在埃及的新行政首都已建立了 8 处新的国际商务中心，为公立大学吸引外资提供了更多的便利条件。

除整体规模扩大外，埃及高教部着力从两方面推动高等教育提质升级。一是提升信息化水平。例如，埃及各高校的数字学习基础设施在国家电子学习中心的指导下不断升级，全国范围内不同大学的近 700 门课程已在网上成功开展。联合国教科文组织正在推进一项提升埃及大学远程授课能力的计划，已有 1 500 名教职工从中受益。[4] 埃及高教科研部还与通信和信息技术部签署一项为期五年、总预算达 7.22 亿埃镑的合作协议，普及自动测评系统和智能高校应用，推动埃及高校的数字化转型，并开发用于高教科研部本身的信息系统；建设物流实验室，发展人工智能等专业，并在新行政首都建设了非洲和中东地区的第一所信息通信技术大学。

二是提升国际化水平。在 2017 年联合国教科文组织发布的一项高等教育国际化水平的报告中，埃及在阿拉伯国家位列第三，仅次于沙特阿拉伯和阿联酋。2020 年，高教科研部部长卡勒德·阿卜杜勒·加法尔向本地媒体表态称，2019—2020 学年，埃及接纳了超过 70 000 名国际留学生，使埃及在吸纳留学生方面位列世界前 20 强。[5] 近年来，埃及鼓励德国柏林国际

---

[1] 资料来源于美国国际开发署网站。

[2] 资料来源于牛津商业集团网站。

[3] 资料来源于牛津商业集团网站。

[4] 资料来源于联合国教科文组织。

[5] 资料来源于牛津商业集团。

应用技术大学等卓越的外国大学在埃及开办分校，与日本、俄罗斯、加拿大等国合作办学，并鼓励国际上的知名学府与埃及知识中心等教育机构合作。2018年，埃及出台162号法律，旨在为外国大学在埃及开办分校或合作办学的手续和证照申请提供便利。[1] 教育领域的许多权威人士对埃及政府的上述举措予以肯定。埃及艾森（El Alsson）英美国际学校的执行总裁卡里姆·罗杰斯表示，将世界顶级大学的知识和经验转移到埃及需要一定的时间，但国际合作是一个重要的开端。

埃及高等教育政策的实施成果在埃及高校的世界排名上也有所呈现。2019年，埃及有5所大学入围荷兰莱顿大学科学技术研究中心发布的世界大学排行榜。"在榜单中，入围的5所埃及大学在2014—2017年的论文发表数量和各领域论文引用率前10%的指标上均有突出表现。其中，开罗大学排名第34位，引用率排在前10%的论文有194篇；艾因·夏姆斯大学排名第582位，引用率排在前10%的论文有105篇；曼苏拉大学排名第681位，引用率排在前10%的论文有97篇；亚历山大大学排名第730位，引用率排在前10%的论文有91篇；扎加齐克大学排名第834位，引用率排在前10%的论文有72篇。"[2] 根据2021年3月4日发布的第11版《QS世界大学学科排名》，埃及63所大学中有14%列入全球学术排名，其中开罗美国大学的人文、会计、金融、建筑和现代语言等学科名列世界前200名，开罗大学的工程、建筑、计算机科学、信息技术和现代语言等学科名列世界前200名。"在高等教育领域，埃及在2020年排名世界第4位，比2019年上升7位；在研究、开发和创新方面，埃及在2020年排名第74位，比2019年上升9位。"[3] 不过，根据该榜单，埃及仅有4所大学进入世界前1 000名，分别为开罗美国

---

[1] Pricewaterhouse Coopers. Understanding Middle East education: Egypt country profile[R/OL]. [2021-06-25]. https://www.pwc.com/m1/en/industries/education/publications/education-country-profile-egypt.pdf.

[2] 鞠舒文. 埃及5所大学入围2019年CWTS世界大学排行榜 [J]. 世界教育信息，2019，32（12）：72-73.

[3] 资料来源于世界大学新闻网站。

大学（411）、开罗大学（561—570）、艾因·夏姆斯大学（801—1 000）和亚历山大大学（801—1 000），与埃及"2030 愿景"中"预计至 2030 年至少有 7 所大学进入世界 500 强大学名单"的目标尚有较大差距。

值得注意的是，埃及的高等教育政策在很大程度上促进了职业教育的发展。2019 年，埃及政府出台 52 号法律，宣布成立 3 所技术大学：新开罗技术大学（新开罗）、三角洲技术大学（奎斯纳）、贝尼苏韦夫技术大学（贝尼苏韦夫）。[1]2019 年，约有 700 名学生进入这 3 所大学的 IT、汽车、发电厂操作维护技术等实用专业学习。[2] 目前，还有 6 所新的技术大学正在建设中。[3] 这些大学都位于工业园区附近，以市场为导向，专注于本国就业市场上广受欢迎的专业技能，为学生提供两年制专业学位和四年制本科学位，在一定程度上缓解了毕业生"毕业即失业"的窘境。

二、教育政策面临的挑战

经过政府部门和社会各界数年的努力，埃及各阶段的教育政策虽然得到了不同程度的贯彻与落实，但也面临重重挑战。

（一）国家支出不足，依赖国际援助

埃及是北非地区的人口大国，每年都有 50 万—70 万名新生入学，为整个教育系统带来了巨大的压力。为了缓解庞大的学生基数与有限的教学资源之间的矛盾，许多教育政策与规划纷纷出台，如加大政府支出和拨款

---

[1] 《قانون إنشاء الجامعات التكنولوجية》، مجلس النواب المصري، 2019، ص 4.

[2] 资料来源于埃纳尔传媒网站。

[3] 资料来源于《今日埃及》网站。

用于建设校园、教学楼、研究与活动中心、实习基地等教育基础设施，并为其配备相应的教学资源。2014 年埃及出台新宪法，规定要提高教育支出，使其逐步达到国际水平。[1] 然而多年来，埃及政府的教育支出情况并不令人乐观，国家在教育领域的投入始终不足。2014—2020 年教育公共支出及其比重见表 10.6。

表 10.6 2014—2020 年教育公共支出及其比重 [2]

学年	2014—2015	2015—2016	2016—2017	2017—2018	2018—2019	2019—2020
国家公共支出（单位：百万埃镑）	789 431	864 564	974 794	1 207 138	1 424 020	1 574 559
教育支出（单位：百万埃镑）	94 355	99 263	103 962	107 075	115 668	132 038
教育占国家公共支出比重	12.0%	11.5%	10.7%	8.9%	8.1%	8.4%
大学前教育占国家公共支出比重	8.6%	8.0%	7.4%	5.8%	5.3%	5.2%
高等教育占国家公共支出比重	2.5%	2.5%	2.3%	2.1%	1.9%	2.1%

从表 10.6 可以看出，尽管教育支出的数额有所提升，但教育占国家公共

---

[1] مراكز المعلومات ودعم اتخاذ القرار. ((تقييم سياسة مجانية التعليم قبل الجامعي وأثرها علي جودة مخرجات العملية التعليمية))[R/OL]، القاهرة: مركز المعلومات ودعم اتخاذ القرار. 2014: 17.

[2] 资料来源于埃及中央公共动员与统计局网站。

支出的比重呈逐年下降，从 2014—2015 学年的 12.0% 降至 2018—2019 学年的 8.1%，尽管这一数字在 2019—2020 学年小幅回升至 8.4%，但仍低于先前的水平。同社会和经济发展程度相似的国家相比，埃及在教育领域的投入和教育占政府支出比重仍相对较低。

在此背景下，为填补资金缺口，有关部门在制定教育政策时把目光投向了其他国家和国际组织。例如，《2014—2030 年大学前教育战略规划》在财政计划中明确指出，国际捐赠是《规划》实施的重要资金来源。阿联酋等国的捐款将用于学校的建设，而 UNICEF 等组织将在人才培训、计划准备等领域投资。[1]《2030 年高等教育发展国家战略》则认为外国留学生有助于增加各类高等教育机构的收入，提出"加强对外营销，增加学生数目"[2]。2021 年，美国通过美国国际援助局向埃及提供了 1.45 亿美元援助，帮助埃及公立高校的学生实现"职业成功"。美国已经向埃及职业中心提供 3.3 亿美元援助，将在 2025 年前在 22 所公立高校成立 30 所职业发展中心，覆盖学生总数达 1 500 万。[3] 2017 年，日本外相河野太郎在访问埃及时与埃及总统塞西进行会谈，表示日本将为埃及提供约 186 亿日元的教育借款，作为促进埃及政府引入日式教育的援助资金。[4] 埃及 8 所新技术大学的建设，也依赖世界银行所提供的 5 亿美元贷款。事实上，对外部援助的过分依赖会给教育政策的实施带来一系列问题。一方面，来自西方国家或国际组织的赠款或贷款通常附有特定的条件，政府不得不在实施政策的过程中满足其期待，进而导致教育主权被削弱；另一方面，为获得更多的援助，有关部门在制定教育政策时也会产生迎合外国的倾向，进而使部分政策措施脱离本国实际，实施效果势必大打折扣，且未必有利于本国人民。2021 年 1 月，埃及

[1] وزارة التربية والتعليم. ((الخطة الإستراتيجية للتعليم قبل الجامعي 2014-2030)) [Z/OL]. القاهرة: وزارة التربية والتعليم. 2014: 113.

[2] وزارة التربية والتعليم. ((الخطة الإستراتيجية للتعليم قبل الجامعي 2014-2030)) [Z/OL]. القاهرة: وزارة التربية والتعليم. 2014: 123.

[3] 资料来源于美国驻埃使馆网站。

[4] 马丽. 日本外相宣布向埃及提供教育借款 186 亿日元 [N/OL].（2017-09-13）[2021-06-25]. https://world.huanqiu.com/article/9CaKrnK5aIO.

时任教育部部长邵基签发部长令，允许外国资本获得埃及国际学校和私立学校的所有权。对此，教育专家凯迈勒·莫吉斯表示反对，称"该部长令会毁掉我们的下一代。获得学校所有权的公司或许是在埃及注册，但可能属于其他企业、资金或个人，他们的政策可能与我们的政策冲突，他们所属的国家可能对我们的国家安全造成威胁……他们可能会精心设计课程，培养出的下一代将会服务他们的利益，而不是我们的利益。"[1]

（二）缺少科研依托，政策基础不稳

不少本土学者曾经指出，埃及有关部门在制定教育政策时忽视科学研究的作用。这种忽视首先体现在政策制定中科研机构和教育专家的缺位。在埃及，教育专家常常无法参与教育政策的制定[2]，教育部也很少在制定政策时与科研机构展开合作。[3]与此对应的是，在有权制定政策的官员中，只有少数人具有与教育相关的专业背景[4]，这就容易使教育政策的科学基础薄弱。这里的"薄弱"主要体现为两点。第一，缺少对现实情况的有效评估。新政策的制定往往基于旧政策的成绩，如《2014—2030年大学前教育战略规划》的制定就参考了《2007—2012年大学前教育战略规划》和《2011—2017年技术教育规划》的实施成就。由于缺少充分的评估指标，这些成就的实际结果难以衡量，甚至令人生疑，其参考价值也因此降低。[5]此外，在描述教育政策的内部与外部环境时，科学方法的缺乏也会使描述浮于表层，

---

[1] 资料来源于《金字塔报》网站。

[2] رمضان، صلاح الدين عبده، أحمد غنيمي منهاوي. "دراسة في إشكالية العلاقة بين المثقف والسلطة"[J]. ((مجلة مستقبل التربية العربية)). عام 2010. العدد الـ64، م:17، 208-213.

[3] الحكومة المصرية المركزية. ((النشرة الدورية للمركز القومي للبحوث التربية والتنمية))[R]. القاهرة: الحكومة المصرية المركزية. 2006.

[4] منال سيد يوسف، "إجراءات مقترحة لتطوير عملية اختيار صانعي السياسة التعليمية في مصر"[J]. ((الإدارة التربوية)). عام 2019. العدد الـ22. م:22، 359-447.

[5] مصطفى عبد الله، "واقع التخطيط الإستراتيجي للتعليم قبل الجامعي في مصر"، مجمع الأبحاث للمؤتمر العلمي الرابع لشباب الباحثين للعلوم الاجتماعية والإنسانية والتربوية. 2018. [Z/OL]:1-49.

缺少深入的分析。[1] 第二，缺少对政策目标的有效设置。这一点集中体现于埃及教育政策中的"数据迷信"。"就高级别政策而言，官员们更注重量化层面的数据，因为数据能够凸显成就，并且易于谈论……政策的起草者也关注数据，因为其在报告中直观可感。"[2] 数据本身的确简单直白，但其所能承载的信息十分有限，若不结合相应的理论知识和专业分析方法进行解释说明，就会混淆视听，影响人们对政策正面与负面效应的理解。[3]

由于缺少科研依托，埃及教育政策的制定与实施质量一般。为保证后续实施的便利，教育政策的制定本应"慢工出细活"，但埃及教育制定的模式，在某种程度上"噱头大于实质"。有研究指出，《2014—2030 年大学前教育战略规划》在制定之时就没有考虑到规划所需技术条件和科学基础，只为获取政府的满意和关注。[4] 与之类似，许多政策措施在出台之际并未配有明确的成本估算、时间表，也未对可能导致的正面和负面结果进行评估，且在大范围普及之前缺少试点性实施，从而削弱了政策的现实性和准确性，增添了政策的隐患。

（三）精英主导政策，缺乏社会参与

长期以来，埃及教育政策的制定权被牢牢掌控在少数精英群体手中。毫无疑问，相比于普通民众，精英群体具有巨大的信息优势。信息优势虽然在一定程度上有助于提升政策制定的效率，但并不一定会使政策惠及人民。"尤其是当这些精英群体自己代表信息来源时，这些信息常常是失真、

[1] مصطفى عبد الله، "واقع التخطيط الإستراتيجي للتعليم قبل الجامعي في مصر"، مجمع الأبحاث للمؤتمر العلمي الرابع شباب الباحثين للعلوم الاجتماعية والإنسانية والتربوية[Z/OL]. 2018: 1-49.

[2] 资料来源于伊斯兰教育论坛网站。

[3] 资料来源于伊斯兰教育论坛网站。

[4] إسماعيل، طلعت حسين، "الخطة الإستراتيجية للتعليم قبل الجامعي دراسة تحليلية"[J]. ((دراسة تربوية ونفسية-مجلة كلية التربية لجامعة الزقازيق))، عام 2017. الـ96: 120-5.

不准确、不完整或不透明的，有时还被刻意粉饰。"[1] 这是因为，在参与政策制定时，政府官员及其顾问、商人和企业家等不同领域的精英人士往往会考虑自身的政治和经济利益，因而不能很好地代表大众的诉求。

精英对教育政策的把持，使其他社会主体难以参与教育政策的制定过程。随着埃及国际化程度的不断加深，越来越多的社会组织应运而生。它们关注社会的自由与民主，为联合国以及观察世界政治、经济和社会形势的国际组织提供月度或年度报告。[2] 相较于官方机构，这些社会组织在很多时候对社会需求和优先事项更为敏感。2011 年埃及革命后，埃及的社会组织与其他社会部门的联系变得更紧密了，但它们的发展依旧面临重重阻碍，在政策制定中的影响力仍然有限。[3] 埃及政府对这些组织怀有疑虑，阻碍其接受外部援助，不让其成为教育政策的制定者。[4] 再如，作为教育政策最直接的施行人，教师理应在教育政策制定的过程中拥有话语权，但在埃及，尽管教师工会是最大的工会组织，教师及教师工会在教育政策的制定过程中却"毫无分量可言"。此外，学生、家长、社区等教育的受益人群体是教育政策的基石，他们的支持与否与政策最终的成败密切相关，[5] 然而他们在教育政策制定中发挥的作用也是微乎其微。简言之，在精英群体和权威人士对教育政策的掌控下，社会各界在教育政策制定过程中的参与十分不足。[6]

[1] منال سيد يوسف. "إجراءات مقترحة لتطوير عملية اختيار صانعي السياسة التعليمية في مصر"[J]. ((الإدارة التربوية)). عام 2019. العدد الـ22: 359-447.

[2] طايع. فيصل الراوي. "العولمة السياسية والسياسة التعليمية"، ((مجلة التربية لكلية التربية لجامعة سوهاج))[J]. عام 2019. الـ58: 2-8.

[3] الوكالة الأمريكية للتنمية الدولية. ((تقرير استدامة منظمات المجتمع المدني لعام 2012 لمنطقة الشرق الأوسط وشمال إفريقيا))[R]، نيويورك: الوكالة الأمريكية للتنمية الدولية. عام 2013: 9.

[4] هلال، سمير رياض. ((التعليم العالي في مصر: هل تؤدي المجانية إلى تكافؤ الفرص))[R]. القاهرة: مجلس السكان الدولي. عام 2017: 26.

[5] بيومي، كمال حسني. ((تحليل السياسات التربوية وتخطيط التعليم المفاهيم والمداخل والتطبيقات)) [M] . عمان: دار الفكر العربي. عام 2009: 593.

[6] منال سيد يوسف. "إجراءات مقترحة لتطوير عملية اختيار صانعي السياسة التعليمية في مصر"[J]. ((الإدارة التربوية)). عام2019. العدد الـ22: 359-447.

（四）政策内容笼统，未能触及实质

许多埃及的教育政策存在文本空泛、内容笼统的问题，这既是部分政策制定者想要通过"喊口号"式宣传博得关注的主观意愿所致，又与政策制定中科研结果与专业知识缺位的客观不足相关。结果便是，教育政策中的不少内容重形式而轻内容，术语和提法层出不穷，但多是宏观的设想，少有具体的实行步骤。以《2014—2030年大学前教育战略规划》为例，其长期目标乃整个埃及教育体系所肩负的使命，与大学前教育并不完全贴合，光凭发展大学前教育也无法将其完成，因此不能称其为战略目标。[1]换言之，这些目标并不现实，只涵盖了大学前教育规模的扩大，却并未在"如何做"和"满足市场实际需求"的层面有实际建树，[2]而短期目标，如"确保每个孩子都有平等的机会，接受符合国际标准的教育"等，与其说是切实可行的战略目标，不如说是对2014年宪法第9条内容的重新表述。[3]其他教育政策亦存在类似的问题。

此外，由于在制定政策时未能采取相关教育学方法论指导下的科学步骤，部分措施和目标只停留在提升特定指标的层面，而忽略了造成这些指标低下的深层原因，遑论精准施策、对症下药。以失业问题为例，失业问题是埃及国民所面临的经济政治问题的根源之一，在《2014—2030年大学前教育战略规划》制定之际，埃及95%的失业者都是高中和大学毕业生。[4]"每年都有人数众多的中层和中下层职高、高等技术学院和大学文科毕业

[1] مصطفى عبد الله. واقع التخطيط الإستراتيجي للتعليم قبل الجامعي في مصر، المؤتمر العلمي الرابع شباب الباحثين للعلوم الاجتماعية والإنسانية والتربوية[Z/OL]. عام 2018: 1-49.

[2] السيد علي السيد جمعة. "تأثير الأوضاع الاقتصادية والاجتماعية على عملية التخطيط التربوي"[J]. ((دراسة تربوية ونفسية – مجلة كلية التربية بالزقازيق)). عام 2016. الـ97: 11-86.

[3] مصطفى عبد الله، واقع التخطيط الإستراتيجي للتعليم قبل الجامعي في مصر، المؤتمر العلمي الرابع شباب الباحثين للعلوم الاجتماعية والإنسانية والتربوية[Z/OL]، 2018، ص 1-49.

[4] مصطفى عبد الله، واقع التخطيط الإستراتيجي للتعليم قبل الجامعي في مصر، المؤتمر العلمي الرابع شباب الباحثين للعلوم الاجتماعية والإنسانية والتربوية[Z/OL]، 2018، ص 1-49.

生，刚进入就业市场就失业。"[1] 尽管如此，《规划》和之后的《2030 年高等教育发展国家战略》却对失业问题避而不谈，虽然呼吁将教育成果和市场需求进行对接，却并未提出具体方案。再以提高教育质量为例，虽然各阶段的教育政策都在课程内容、教学方法等方面做了相应的表态，并结合各类国际评估和榜单对埃及教育的进步提出了要求，但它们鲜少谈及补课、私立学校与公立学校差距悬殊等阻碍教育发展的深层原因。一言以蔽之，这种"只处理症状，不处理病灶"的做法只是局部和临时的解决方案，而非解决问题的长远之策。[2]

（五）偏重国际标准，盲目追求西方

纵览埃及教育政策可以发现，各类教育政策在改革措施、评估方式和预期指标等方面呈现出借鉴西方经验与模式、努力实现国际化的特征。诚然，理性借鉴发达国家的经验能够为教育的发展起到正向的助推作用，但一味追赶国际标准、盲目追求西方模式将会使教育丧失应尽的社会责任，在跟从全球化浪潮的过程中忽略对国家利益的关切。[3] 以语言教育为例，第一节所分析的三部教育政策反复强调英语的教学方法应与国际接轨，就连国家的官方语言阿拉伯语，其水平的衡量标准也与国际上的相关测试和排名挂钩，鲜明地体现出一种语言教育模式的"国际化"。然而这一模式忽略了本国当地的语境，正在以牺牲本地语言的专业知识为代价，同时也忽略了当地是否具有充分的条件来实施这些措施，如学校的基础设施、材料和技术资源的可获性、教师的语言能力、课堂教学的时长以及使用外语的机

---

[1] 毕健康，陈勇. 当代埃及教育发展与社会流动问题评析 [J]. 西亚非洲，2015（5）：114-126.

[2] 资料来源于伊斯兰教育论坛网站。

[3] مصطفى عبد الله، "واقع التخطيط الإستراتيجي للتعليم قبل الجامعي في مصر"، مجمع الأبحاث للمؤتمر العلمي الرابع لشباب الباحثين للعلوم الاجتماعية والإنسانية والتربوية[Z/OL].2018-1. [Z/OL]49:.

会等 [1]。

究其原因，首先，西方的教育体系在宗教、文化和意识形态方面有其独特性，与埃及社会的价值观念不完全重合。其次，现代西方教育模式是西方国家经历社会发展的诸多阶段后自然形成的产物，符合的是西方国家的国情，其宣扬的教育理念背后的内涵与埃及的实际情况不相适切。最后，西方教育在涉及第三世界国家时自觉或不自觉地带有一元论、种族主义、殖民主义等偏见，如若不加选择地将其全部采纳，必然会动摇受教育者的民族归属感和文化自信，从而影响其身份认同，加剧其迷茫感。

为应对教育政策面临的挑战，更好地推动教育政策取得实效，埃及政府可以在以下方面做出努力：增加教育支出，既要确保政府预算充裕，又要保障教育经费在各级机构得到落实；制定政策时充分参考教育专家和科研机构的意见，以科学理论和扎实调研为依托；以会议、研讨、民意调查等方式，动员各类社会主体参与政策制定，为完善教育政策献计献策；政策内容应具体明确、切实可行，在制定措施的同时确立实施主体，划清各部门权责，细化时间表，辅以明晰的跟踪体系与问责机制，提高政策制定过程的透明度，接受公众监督；教育政策应扎根于本国的历史文化与实际国情，走"立足于本土的国际化"之路。

---

[1] 苟淑英. 哥伦比亚双语教育政策及其特点、成效与挑战 [J]. 拉丁美洲研究，2020，42（5）：102-117+157.

第十一章 教育行政

本章主要讨论阿拉伯埃及共和国成立以来主要的教育行政管理模式，包含中央和地方教育行政的革新主张与实践等内容。

埃及人民通过建立一系列中央和地方的教育行政体制，使教育事业摆脱帝国主义和封建主义的双重压迫，蓬勃发展起来。

第一节 中央教育行政

一、中央教育行政的总体架构与行政模式

埃及中央教育行政由八个机构协同完成，其行政模式包含了从教育方针与战略规划到教育立法，再到教育法律法规执行的全过程。

可以说，埃及的中央教育行政制度仍属于中央集权制，尽管教育部试图推行分权制度，但效果不明显，因为教育部仍掌握着所有教育管理和监督权，自上而下地向各下属委员会、中心、机构发布教育政策和指示。

在中央层面，教育行政共涉及八个主要机构或方面：总统、人民委员会、舒拉委员会、部长委员会、政党、国家教育质量保障与认证机构、教

育部与高教部、非高等教育咨询机构与委员会（如政策与规划办、国家科研与科技委员会、技术指导委员会、非高等教育质量委员会、非高等教育咨询委员会、国际关系高级咨询委员会等）。其中，国家总统与部长委员会共同协商制定国家教育政策并监管实施，国家总统既有教育政策的立法权，又有执行权；部长委员会则是一个规划与执行机构，它有教育管理的立法作用，下属的服务委员会负责起草项目与法律并提交给委员会内部的最高政策委员会审批。人民委员会具有立法权，决定国家的一般性政策，但是它对国家教育管理立法和决策的作用有限，因为人民委员会内部的政党意见也会干预其行使权力，这导致被提交给人民委员会的法案有时没有得到深入的讨论就迅速通过了。舒拉委员会的权利仅限于讨论和发布教育报告并呈交给总统，即没有立法权，仅限于非强制的咨询功能。教育部是管理非高等教育一线工作的首要职能单位，为教育法律法规制定实施方案和细则，并根据实际情况呼吁立法。埃及中央教育行政架构与行政模式如图11.1所示。

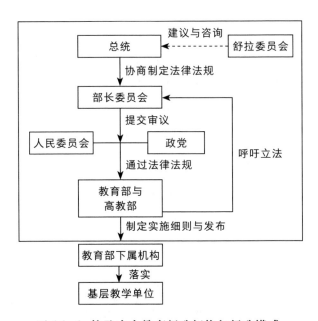

图11.1 埃及中央教育行政架构与行政模式

二、中央教育行政执行机构

教育部和高教部是中央教育行政层面的执行机构。

（一）教育部

1989 年，埃及政府发布了《关于教育部机构的第 203 号决议》，最终明确了中央教育管理机构的任务及管理办法。决议规定，教育部长领导教育的管理工作，负责协调教育政策与国家总政策之间的关系；通过附属于教育部的监督机构、管理机构和技术部门直接实施民族教育政策。决议还规定，教育部设副部长若干名，设部长办公厅事务司、技术事务司、教育规划和信息司、行政发展司、总秘书处、图书司。2014 年后教育部组织架构有所调整，根据教育部《2014 年 6 月 19 日关于教育部组织架构与职能更新的决议》[1]，教育部的 8 位副部长分管 7 个副部级部门，每个部门下辖若干司局，这些部门包括部长办公厅、普通教育部、职业教育与设备部、服务与活动部、秘书处、质量与信息科技部、教育指导中心管理部、安全部。

教育部负责制定普通教育的政策和计划，交付各省教育主管机关实施。为促进全民文化水平的提高，教育部还主管扫盲和成人教育工作。教育部下设扫盲和成人教育总局，并有专款支持其业务开展。尤为值得一提的是，埃及的扫盲和成人教育成果丰硕。历届政府都将这一工作当作全民教育的头等大事来抓，这使埃及人民的文盲率从 20 世纪 20 年代的 90% 下降到 2000 年的 33.4%。教育部与内政部协作，开办各种形式的技术培训班和成人教育中心，使扫盲运动与成人教育相结合，达到系统化、规范化、制度化。全国新闻媒体也积极参与，配合政府扫盲运动，开展大规模宣传教育工作。

---

[1] 资料来源于埃及教育部网站。

在此基础上，埃及政府还采取化整为零、层层齐抓的政策，将不同群体的扫盲教育任务分配给有关机关。例如，国防部负责士兵的扫盲工作，安排现役文盲士兵参加至少九个月的扫盲班或文化课学习班，使他们能达到小学毕业的文化水平，并掌握一技之长，将来成为自食其力的劳动者。内政部负责警察、保安人员、服刑人员的扫盲工作，社会事务和保障部负责 12—17 岁的辍学少年的扫盲工作，建立了数十所职业培训中心，对他们进行为期两年的技术训练，同时还有专门为家庭妇女和残疾人开办的职业培训所。其他国家部委和机关也有责任为本部门的职工开办各种形式的扫盲班和文化班，加强对职工的文化教育和技术培训。[1]

（二）高等教育与科研部

高等教育与科研部（高教部）主管高等学校教育，指导和管理大学最高委员会、科技学院最高委员会、最高私立大学委员会、最高私立学院委员会，负责制定各大学和高等学院的教育方针、政策和教学规划，并协调各大学和高等学院间的教学、科研等方面的工作。委员会通常由各大学和高等学院的正、副校长和教育专家及教授代表组成，[2] 主席由高教部部长兼任。各大学校长由高教部部长推荐，经总统批准任命；各大学秘书长由高教部部长推荐，经校长批准任命。此外还有管理干部培养学院、大学生管理最高委员会、留学最高委员会、联合国教科文组织 UNESCO 埃及国家委员会、高教项目管理与发展小组、阿拉伯语协会。

高教部负责高等教育政策和计划的制定，经大学最高委员会交付各高等学校实施。同时，高教部统一领导全国高校的管理、经费拨付、预算编列、学位评定和授予、国际学术与文化交流等工作，并对高校工作开展情

---

[1] 吴宝国，陈冬云，王岚. 埃及 [M]. 重庆：重庆出版社，2004：273-274.

[2] 吴宝国，陈冬云，王岚. 埃及 [M]. 重庆：重庆出版社，2004：267.

况进行监督。在这一体制下，公立大学在教学、行政和财务方面仍享有较大的自主权；私立大学在办学方针上必须遵循埃及政府的教育政策，但教务和财务上完全独立。

（三）其他教育行政机构

埃及政府还设置了 12 个辅助性教育管理机构，负责协助中央教育管理工作。这些机构分别是：（1）国家教学科研和技术委员会（1974 年成立）；（2）大学前教育最高委员会（1981 年成立）；（3）教育部分部和中心管理处领导委员会（1982 年成立）；（4）教育部管理分部领导委员会（1982 年成立）；（5）考试和教育评估最高委员会（1987 年成立）；（6）大学前技术教育质量委员会（1987 年成立）；（7）大学前教育计算机引进和运用民族计划执行委员会（1987 年成立）；（8）教学建筑总局（1988 年成立）；（9）国家教育研究和发展中心（1989 年成立）；（10）教学大纲和教材发展中心（1989 年成立）；（11）考评和教育评估发展中心（1990 年成立）；（12）扫盲与成人教育总局（1990 年成立）。这些机构主要承担教学研究、规划和评估等工作。[1]

三、全国性教育行政法规

（一）《埃及教育法》

早在共和国成立前的 1948 年，埃及政府就在全国实行小学义务教育。

---

[1] 时延春. 中国驻中东大使话中东——埃及 [M]. 世界知识出版社，2012：79.

1952 年埃及革命成功后，埃及政府逐渐建立起一套现代教育制度。政府不断加大对教育的财政投入，使教育事业得到快速发展。

1954 年纳赛尔上台执政后，继续在全国全面推动小学义务教育法的实施。1956 年埃及颁布《教育法》，初步奠定了教育制度的法律基础。1962 年起，埃及的公立高等学校全部实行免费教育。1970 年萨达特继任总统后，强调发展高等教育，使埃及高等院校的建设由此进入一个飞速发展的时期。20 世纪 50 年代，埃及仅新建了一所大学即艾斯尤特大学，而 1972—1976 年，埃及新建了苏伊士运河大学、曼苏尔大学等 7 所大学，这使得埃及更多的中学毕业生有机会进入大学学习。据联合国教科文组织统计，1970—1980 年，埃及高校在校生人数以年均 8.3% 的速度增长，埃及进入高教大众化阶段。

（二）《埃及学制法》

埃及政府于 1988 年颁布了第 233 号关于埃及学制的法令 [1]，确定埃及大学前教育的学制为 11 年，即从公民 6 岁到 17 岁，分为基础教育和高中教育两个阶段。埃及法律规定，凡年满 6 周岁的埃及儿童都有权接受八年的义务教育，即小学五年（原为六年，1988 年改为五年 [2]），初中三年。高中教育分为普通高中和技术高中两种，学制均为三年。高级技术高中学校为五年制，旨在培养工业、农业、商业、行政管理和服务业的技术人员。[3]

埃及政府重视学龄前教育，学校教育和家庭教育之间的关系被视为新教育政策中备受重视的领域之一。埃及政府重视早期教育，其宗旨是为了减少家庭环境差异对教育的影响，进而增强、提高全体公民的教育水平。

---

[1] 资料来源于埃及中央政府网站。

[2] 吴宝国，陈冬云，王岚. 埃及 [M]. 重庆：重庆出版社，2004：267.

[3] 时延春. 中国驻中东大使话中东——埃及 [M]. 北京：世界知识出版社，2012：79.

政府呼吁全社会在这十年里集中精力关心儿童保育事业，并赋予儿童工程在未来政策执行中的优先权，从而为埃及儿童创造更加美好的生活。

埃及的学龄前教育分为两部分：一部分为小学附属幼儿园的教育，属教育部管理范畴；另一部分为托儿所，只起到儿童保健作用。托儿所由获得社会事务部批准的非政府机构和个人开办，隶属于社会事务部。1991年12月8日，埃及政府颁布有关决议，重组幼儿园发展最高委员会，旨在加强对儿童培养政策的研究，为加强幼儿园管理制定相关政策，尽力改善幼儿园状况，提供服务，制定并实施培训计划，举办有关会议和研讨会，调动各方积极性，实现幼儿园发展目标。

埃及教育发展战略还要求将幼儿园的两个年级纳入基础教育阶段，使儿童的实际入学年龄提前至4岁。政府一直加大对幼儿园发展的投资，在幼儿园师资培训、校舍建设、教学设备更新等方面采取必要措施，为小学、初中、高中教育奠定良好基础。[1]

第二节 地方教育行政

一、地方教育行政的总体架构与行政模式

埃及的地方教育管理分为省、市（区）两级。

省级教育管理部门称教育厅，市级教育管理部门称教育局。各省区的厅局长由教育部任命，对教育部负责。教育部制定的普通教育政策和计划，由各省区教育厅局具体实施。省一级的教育行政体系为四级架构，由高至

[1] 时延春. 中国驻中东大使话中东——埃及 [M]. 北京：世界知识出版社，2012：79-80.

低分为省政府、省执行委员会、省人民委员会、省教育厅。省教育厅分为特级、一级、二级。开罗省、吉萨省的教育厅为特级教育厅，厅长为首席副部级。亚历山大省等 13 个省的教育厅为一级教育厅，厅长为副部级。法尤姆省等 12 个省的教育厅为二级教育厅。教育厅厅长处于地方教育局的行政架构顶端，其下是厅长助理、学段和部门处长、教学指导员、骨干教师、技术指导员、学科指导员、学科带头人和学科副带头人等。省委员会联系着教育厅和执政机构。省人民委员会联系着教育厅和省人民机构。

而地区级教育行政体系则为七级架构，由高至低分别为市（区）政府、市（区）执行委员会、市（区）人民委员会、村政府、村执行委员会、村人民委员会、市（区）教育局。市（区）教育局根据其辖市（区）教学班的数量分为三级：开罗省和吉萨省内各市，以及拥有 2 000 个以上行政班的行政市（区）设一级教育局；教学单位在 1 000—2 000 个的市（区）设二级教育局；教学单位在 100—250 个的设三级教育局。教育局则有正处级局长领导，其下是副局长（副处级）。学校是地方教育行政的基层机构，校长、副校长和学校管理委员会统一管理校内的一切行政事务和日常的教学工作。

上述组织架构标明，地区级的教育管理单位需要遵从更高一级的教育管理单位的决议或指示，而不能自主地以分权的方式执行教育管理。在地方教育管理中若干人和机构发挥不同的作用，其中最重要的是：市（区）长、市（区）执行委员会、市（区）人民委员会、教育局及其下辖机构。在村一级，村长、村执行委员会、村人民委员会在教育管理与教育决策领域发挥决定作用。地方层面的教育行政机构是执行中央教育部决策和指示的执行机构，它们仅有很小的向下级单位下达指示的权力。

二、教学机构的行政体系与行政模式

（一）非高等教育

在学校层面，教育行政的架构包括学校委员会、校长、副校长、完全学校的学段校长、校长助理、一级教师、教师、助理教师、社工。

学校是一个教育政策的执行机构。校长处于学校行政架构的最顶端，负责管理学校各类事务，管理校际关系，他也是大部分校内委员会、理事会的直接领导。副校长在校长不在时代理管理学校，同时也负责其他方面工作。如果学校班级少于 11 个班，学校则不设副校长，校长之下就是校长助理。此外，埃及学校里还有其他职位，如一级教师、教师、助理教师、社工，每一个岗位在教育行政中都发挥作用。还有校理事会、家长委员会、秘书处、教师委员会、学生会、班委会、校先锋会等，和校长共同管理学校。

（二）高等教育

大学和高等学院的管理体制有别于大学前教育，具有较高的独立性和自主性。每所大学均实行大学、学院、系三级管理制，并接受大学管理委员会的指导。大学、学院、系分别设有校务、院务、系务委员会，主管各自的日常工作。高等学院则要服从高教部的指导和高等学院最高委员会的管理。[1]

以开罗大学为例，其领导机构是校长主持的校务委员会，主管全校事务。校务委员会组成人员包括：校长、副校长、各学院院长、各研究所所长，另有四名熟悉大学教学的委员。教务长列席委员会，并担任秘书长。

---

[1] 吴宝国，陈冬云，王岚. 埃及 [M]. 重庆：重庆出版社，2004：267.

埃及所有大学均设副校长两名，一名为主管本科生教学、学生文体社会活动、学生会工作的专职副校长，一名为主管研究生教学、科研工作、校（国）际学术交流工作的专职副校长。但开罗大学还有一名协助校长管理喀土穆分校的专职副校长，即共设副校长三名。

各学院（研究所）设院（所）务委员会，由常任委员和轮值委员组成。常任委员包括院（所）长一席、副院（所）长二席、各系（部）主任若干席。轮值委员又分三类。（1）教授，各系（部）一席，任期一年。（2）副教授、讲师，又有两种情形：①当该院（所）下辖系（部）不超过十个时，每系（部）选派副教授、讲师各一席为轮值委员；②当该院（所）下辖系（部）超过十个时，每系（部）选派副教授、讲师各二席位轮值委员。以上两种情形产生的委员任期均为一年。（3）熟悉本院（所）业务的委员，至多三席，任期二年，不称职者可以撤换。

学院下设的系务委员会，也拥有在学术、行政、财务等方面相对独立性的权力。系务委员会由本系全体教授、副教授及3—5名讲师组成，讲师在委员会中的任期为一年。学院的学术会议，主要任务是研讨本院的教学、科研，动态调整本院原有的计划、规章和制度。学术会议由院长召集，每年至少一次，本院各教研组全体教授、副教授、讲师出席，副讲师和助教选派代表两名出席，学生代表两名出席（其中学生代表须从优等生中遴选）。[1]

---

[1] 朱威烈. 开罗大学 [J]. 阿拉伯世界，1980（1）：79-80.

第十二章 中埃教育交流

本章主要讨论中华人民共和国和阿拉伯埃及共和国之间的教育交流，在叙述中埃教育交流的历史与现状的基础上，尝试探究两国教育交流合作的模式与原则，并为今后双方在"一带一路"倡议框架下的教育交流提出建议。

第一节 教育交流历史

埃及是第一个与中国进行教育合作的阿拉伯国家，中埃教育合作史可以上溯至清朝。自 1956 年中华人民共和国和阿拉伯埃及共和国建立外交关系以来，两国间的教育合作取得了丰硕成果，在高层交流、高校教育项目、留学生交换等领域形成了一系列合作机制。

一、以经学为导向的中埃教育交流（1925—1954 年）

中埃两国教育交流史和中国阿拉伯语教育发展史高度相关。早在新中国成立前，就已经有埃及教师来华任教，成立于济南、后迁至北平（今北京）的成达师范学校和成立于上海的上海伊斯兰师范学校就是中埃教育交流史上的两个光辉例证。

1925 年 4 月，马松亭、唐柯三等在山东济南创办成达师范学校，由唐柯三先生任校长。1929 年，学校举迁北平，马松亭阿訇亲任校长。1932 年，成达师范学校开始向爱资哈尔大学选派留学生。马松亭阿訇亲自带领学生赴埃，并拜会时任埃及国王福阿德。福阿德国王慷慨赠予学校大量阿拉伯语经典书籍，并答应选派教师来华任教。[1]1933 年，爱资哈尔大学的两位外教穆罕默德·赛义德·达里和穆罕默德·易卜拉欣·福莱斐勒来校任教，这是阿拉伯国家首次正式派遣教师来我国教授阿拉伯语。1936 年，经过马松亭校长的不懈努力，成达师范学校图书馆建成。为纪念福阿德国王赠书义举，特命名为福阿德图书馆。这是我国历史上第一座收藏有大量阿拉伯文书籍的图书馆。[2]

成达师范学校作为近代中国与埃及开展教育交流的重要基地，还为我国近代阿拉伯语教育做出了重要贡献。1934 年，马松亭校长从埃及带回阿拉伯文铅字，经学校出版部重新翻铸铜模，鼓铸为活字，从此结束了我国不能印制阿拉伯文图书的历史。由爱资哈尔大学来华的福莱斐勒先生在任教期间编写了阿拉伯语语法教材《阿文新文法》，是我国阿拉伯语教学史上最早的由任课教师自编的新式语法教材之一。[3]

作为我国近代开埠较早的城市，上海也是中埃教育交流的重镇。1928 年，达浦生阿訇、哈德成阿訇由国外考察返沪。他们在上海穆斯林工商界人士的资助下，创办了上海伊斯兰师范学校。[4]上海伊斯兰师范学校的办学宗旨是"培养传道、著书及翻译阿拉伯、波斯文书籍和教授阿拉伯、波斯文字

[1] 丁俊. 中国阿拉伯语教育史纲 [M]. 北京：中国社会科学出版社，2013：46-47.
[2] 丁俊. 中国阿拉伯语教育史纲 [M]. 北京：中国社会科学出版社，2013：51.
[3] 丁俊. 中国阿拉伯语教育史纲 [M]. 北京：中国社会科学出版社，2013：52.
[4] 宛耀宾. 中国伊斯兰百科全书 [M]. 成都：四川辞书出版社，1994：55.

之人才"。为此，学校特延聘两位外教讲授阿拉伯语，一位是来自埃及亚历山大大学的穆罕默德·卡米勒，另一位是曾留学埃及、后在英国驻上海领事馆任领事的印度籍学者费德卢拉。据丁俊教授考证，这两位外教来沪任教的时间略早于 1933 年爱资哈尔大学教师赴成达师范学校任教，应视为外籍教师来华教授阿拉伯语之始。[1]

伴随着回民新式学校的兴起，我国阿拉伯语教育界开始有计划地选派留学生赴埃及留学。1930 年，云南回教俱进会及云南明德中学正式致函埃及爱资哈尔大学，请求接受中国留学生赴埃深造，爱资哈尔大学复函表示同意。经明德中学考试选拔，录取纳忠为公费生，张有成、林仲明为自费生，明德中学训育主任沙国珍担任领队。上海伊斯兰师范学校举荐该校滇籍毕业生马坚参加本次留学，旅费由校董马晋卿资助。这样，首届留埃学生团一行五人于 1931 年 11 月远赴埃及，进入了阿拉伯世界闻名遐迩的爱资哈尔大学。这是我国历史上第一次有组织地通过考试选拔赴阿拉伯国家留学人员。

此后，赴埃及留学人数增加。1932 年 12 月，北平成达师范学校遴选马金鹏、王世清等 5 名学生赴埃及留学，由马松亭校长亲自护送前往。1934 年 3 月，云南明德中学选送纳训、林兴华等 3 名学生赴埃。1934 年 4 月，上海伊斯兰师范学校选送金子宴、定中明、熊振宗等 5 名学生赴埃。

1936 年，亲任成达师范学校校长的马松亭阿訇再度赴埃，同埃及大学商讨选派中国留学生相关工作。埃及大学同意接收 20 名中国留学生，并获得法鲁克一世国王私人津贴。经成达师范学校严格考选，共有刘麟瑞等 15 名学生获得留学资格。这一批学生由成达师范教师庞士谦带领，于 1938 年 3 月赴埃。因学生获法鲁克一世资助，故又得名"法鲁克留埃学生团"。[2] 庞士谦在埃及担任中国留埃学生部部长期间，还曾受聘于爱资哈尔大学，"担

---

[1] 丁俊. 中国阿拉伯语教育史纲 [M]. 北京：中国社会科学出版社，2013：55.

[2] 庞士谦. 埃及九年 [M]. 北京：中国伊斯兰教协会，1988：189.

任中国文化讲座讲师",为埃及人民了解中国做出了不懈努力。[1]

二、以外交和语言人才培养为导向的中埃教育交流（1955—2000 年）

中华人民共和国成立后，特别在 1955 年万隆会议之后，我国同阿拉伯国家的交往日益密切。为发展同阿拉伯各国的友好关系，加深阿拉伯世界对新生的人民政权的了解，培养通晓阿拉伯语的各类人才，做好留学工作势在必行。万隆会议上，周恩来总理与纳赛尔总统进行了亲切友好的交流。纳赛尔总统对周总理提出的"求同存异"方针表示赞赏，在万隆会议闭幕后次月（即 1955 年 5 月）便派遣宗教事务部部长艾哈迈德·巴库里访华，随行的还有开罗大学教授卡迈尔。埃及客人曾与文化部、高教部、中国科学院、中国伊斯兰教协会相关负责人举行会谈，并于 5 月 31 日在北京签署了《中埃两国文化合作会谈纪要》（下文简称《纪要》）。《纪要》包括互派教师和留学生、文化艺术代表团互访、交换电影片等文化交流内容。这一《纪要》是在中埃两国尚无邦交的背景下签署的，对推动两国教育文化交流乃至建立正式外交关系发挥了重要作用。

根据《纪要》精神，教育部迅速开展留学生选派工作。至 1955 年 11 月，遴选工作初步完成。据杨福昌大使回忆，当时获选的学生共 7 名，分别是来自北京大学的夏珊安、郑守一，北京外国语学院（现名北京外国语大学）的余章荣，北京外贸学院（现名对外经济贸易大学）的顾中和、杨福昌，以及留苏预备部的两名学生。[2]

周总理非常关心新中国首批赴埃留学生的选拔工作，当他了解到这份

---

[1] 庞士谦. 埃及九年 [M]. 北京：中国伊斯兰教协会，1988：207.

[2] 吴思科. 中国和埃及的故事 [M]. 北京：五洲传播出版社，2017：20.

名单中没有穆斯林学生时，立即指示更换人选。最终，来自北京俄语学院留苏预备部的李振中（回族）和北京回民学院（高中）1955 届毕业生、时任回民学院学生会主席温亮（回族）入选。周总理又认为，原定选派的中方教师汉语方言口音重，不利于开展汉语教学，于是改由西北大学的金家祯老师担任。1955 年 12 月 24 日，师生一行从北京出发，于 1956 年 1 月 14 日抵达开罗，进入开罗大学学习。[1]

当时，埃及虽未与新中国建交，但也积极履行《纪要》的有关条款。埃方派遣的夏华比教授等三名教师于 1955 年 3 月来华，分别赴北京大学、中国伊斯兰教经学院授课，先于我国留学生赴埃及留学。[2] 夏华比教授曾在开罗大学任教，后担任艾因·夏姆斯大学东语系主任。[3] 据中国国际广播电台阿拉伯语部前主任刘元培回忆，夏华比教授曾在北大工作两年，后于 1977 年 10 月至 1988 年 9 月在中国国际广播电台从事播音稿修改润色工作，为阿拉伯语广播工作付出了大量心血。[4]

埃及的汉语教学之树在中埃两国的共同浇灌之下，也已经结出累累硕果。早在 1956 年两国建交之初，埃及已有一个汉语班。1958 年，艾因夏姆斯大学正式开办汉语专业。1958—1963 年，艾因夏姆斯大学中文系共培养了两届共 33 名毕业生。受当时国际形势和埃及内外政策的影响，中文系一度停办，直到 1977 年才恢复招生。

伴随着改革开放的东风，1978 年经国家教委统一考试，选拔出 8 名高校阿拉伯语专业骨干教师赴阿拉伯国家留学，其中有 6 名教师至开罗大学留学。这是改革开放后我国通过规范的选拔程序派往阿拉伯国家的第一批留学人员。1982 年 3 月，中国伊斯兰教协会派遣 10 名学生赴爱资哈尔大学留学。1993

---

[1] 丁俊. 中国阿拉伯语教育史纲 [M]. 北京：中国社会科学出版社，2013：108-110.

[2] 安惠侯，等. 丝路新韵——新中国和阿拉伯国家 50 年外交历程 [M]. 北京：世界知识出版社，2006：229.

[3] 安惠侯，等. 丝路新韵——新中国和阿拉伯国家 50 年外交历程 [M]. 北京：世界知识出版社，2006：246.

[4] 吴思科. 中国和埃及的故事 [M]. 北京：五洲传播出版社，2017：202-206.

年，中埃两国政府签署了《中埃两国文化交流协定》，其中有专门条款规定：埃及每年向中国穆斯林提供 15 名奖学金名额，在爱资哈尔大学学习。[1]

1996 年，为庆祝中埃建交 40 周年，两国教育部共同举办了"面向 21 世纪教育中埃高层研讨会"，此后这一研讨会不定期举行。埃及高等教育部还于 2005 年 5 月颁发"表彰奖"，表彰朱威烈、仲跻昆等 5 名中国教授在阿拉伯语教学方面的成就。[2] 截至 2006 年，双方共举办了 7 届中埃高层教育研讨会。[3]

1997 年 11 月 17 日，两国教育部长在开罗签署了关于互相认可学位证书的协议 [4]，北京大学、北京语言文化大学、北京外国语大学、北京第二外国语学院、上海外国语大学、上海师范大学、安徽大学、云南大学等 10 余所高校与埃及的开罗大学、亚历山大大学、艾因·夏姆斯大学、开罗美国大学、宰加济格大学、明尼亚大学等签订了交流合作协议和合作项目，建立了广泛而密切的校际交流与合作联系。同年，埃及驻华大使馆还向我国各高校阿拉伯语教学单位赠送了卫星电视接收系统。[5]

三、以文化交流为导向的中埃教育交流（进入 21 世纪以来）

1999 年，艾因·夏姆斯大学成立了汉学研究所，以开展语言教学研究。在世纪之交之年的汉学研究所的建立，标志着中埃教育合作向"以汉语促

[1] 杨志波. 中国穆斯林留学生今昔 [J]. 新月华，2004（1）：72.

[2] 安惠侯，等. 丝路新韵——新中国和阿拉伯国家 50 年外交历程 [M]. 北京：世界知识出版社，2006：240.

[3] 安惠侯，等. 丝路新韵——新中国和阿拉伯国家 50 年外交历程 [M]. 北京：世界知识出版社，2006：236. 239.

[4] 吴思科. 中国和埃及的故事 [M]. 北京：五洲传播出版社，2017：229.

[5] 张宏. 中国的阿拉伯语教育 [J]. 阿拉伯人之家，2005（49）：67.

全面人文合作"的趋势发展。2002 年中国教育部向艾因·夏姆斯大学语言学院中文系赠送了中文语音实验室和 5 000 余册书籍。在中埃双方的共同努力下，经过几十年的建设和发展，如今的艾因·夏姆斯大学中文系已成为埃及培养汉语人才的重要基地，成为中埃教育交流的重要窗口。

2001 年在中国的帮扶下，爱资哈尔大学开设了中文系。2006 年，苏伊士运河大学、科技大学也开办了中文系。2008 年，开罗大学孔子学院、苏伊士运河大学孔子学院先后挂牌成立。每年有来自埃及各地区、各阶层的学员 2 000 余人次在这两所孔子学院学习汉语。孔子学院也根据学员们的情况，分别开设了不同层级、不同方向的培训班。2009—2013 年，开罗高等语言翻译学院、亚历山大法鲁斯大学、哈勒旺大学、明尼亚大学、阿斯旺大学等也相继开办了中文系。[1]

2002 年 10 月，开罗中国文化中心落成并投入使用，这是我国在阿拉伯国家的唯一文化中心。中心自成立以来开设了多期汉语培训班，有两名中国专任教师授课，培训对象为有志于从事中埃文化交流的埃及各界友人。中心还应埃方要求，为候任驻华大使和驻沪领事官员开办了汉语培训班。此外，为了发展中埃友好关系，扩大两国文化教育交流，经埃中友协与中国驻埃及大使馆协商，一致同意联合举办短期汉语培训班。埃方负责招生、组织、管理并提供教室；中方负责提供教材和师资，后来为了改善教学手段，提高教学效果，中国驻埃及大使馆无偿向埃方提供了一套用于语言教学的电脑设备。培训班分为初级班和提高班，初级班从汉语拼音入手，结业时能说一些简单的生活用语；提高班重点训练学员的听说能力，同时增加读写能力训练。[2]

---

[1] 两所孔子学院学员数量统计时间不晚于 2017 年 1 月。见吴思科. 中国和埃及的故事 [M]. 北京：五洲传播出版社，2017：219-221.

[2] 安惠侯，等. 丝路新韵——新中国和阿拉伯国家 50 年外交历程 [M]. 北京：世界知识出版社，2006：256-257.

　　开罗大学中文系成立于 2004 年 9 月，时任中国教育部副部长袁贵仁访问埃及时，与开罗大学校长共同出席开学典礼。截至 2006 年，开罗大学中文系共有 3 名埃及教师和 3 名中国教师。系主任希沙姆·马利基博士与中国教师合作编写的教材得到了国家汉办（现为中外语言交流合作中心）的大力支持，为埃及的汉语教学做出了贡献。[1]

　　截至 2006 年，艾因·夏姆斯大学中文系共有 38 名埃及教师和 2 名中国教师（1 名教授、1 名副教授），共聘用过 50 余名中国教师。在历任系主任的高标准要求下，艾因·夏姆斯大学中文系的学生取得了骄人的成绩。1999 年，在北京举办的"99 国际大专辩论赛"上，艾因·夏姆斯大学代表队一举夺得非汉语国家组冠军，娜佳同学获得最佳辩手奖。2002 年，在第一届"汉语桥"世界大学生中文比赛上，艾因·夏姆斯大学的英琪同学荣获总决赛三等奖。此后历年的"汉语桥"比赛中，埃及选手都取得了不俗的成绩。

　　埃及是中东和阿拉伯国家、非洲国家中第一个在高等学校中开设汉语专业的国家。在长期的汉语教学中，埃及各所学校的中文系积累了丰富的经验，教师们为推动汉语教学、推动埃及和阿拉伯人民了解中国文化，促进阿拉伯国家和中国人民之间的友谊做出了重要贡献。为了表彰他们的业绩，2009 年 11 月 7 日，时任中国国务院总理温家宝为两名埃及本土汉语教师（艾因·夏姆斯大学奈哈莱教授、爱资哈尔大学阿卜杜·阿齐兹教授）、一名埃方孔子学院院长（苏伊士运河大学阿里·吉亚特教授）等九人颁发"中埃文化交流贡献奖"；2011 年 11 月 7 日，时任中国驻埃及大使宋爱国代表孔子学院总部向埃及 10 所高校中文系的 20 名本土汉语教师颁发了"汉语教学突出贡献奖和优秀教学奖"。[2]

---

[1] 吴思科. 中国和埃及的故事 [M]. 北京：五洲传播出版社，2017：225.

[2] 吴思科. 中国和埃及的故事 [M]. 北京：五洲传播出版社，2017：221.

第二节 教育交流的现状、制度与合作模式

一、中埃教育交流的现状

2010 年以后，中国和埃及的教育交流进入新的历史时期。在这一时期双方教育合作除了聚焦汉语外，还拓展出新的维度——职业教育合作。

（一）持续针对汉语教育合作发力

2012 年 11 月 12 日，埃及尼罗河电视台首次播出了《汉语文化教学》节目。这个节目筹办于 2012 年 6 月，最初是在中外语言交流合作中心支持下，尼罗河台与中国驻埃及大使馆教育处合作的汉语教学节目。该节目以阿拉伯语为讲授语言，原本只在尼罗河电视台高教频道播出，但节目播出后观众反响热烈，于是扩大到尼罗河电视台文化和教育频道等多个卫视频道播出。节目每周播出 4 次，每期节目 30 分钟，包括 20 分钟的语言教学和 10 分钟的中国文化知识介绍，旨在通过埃及主流媒体在阿拉伯国家推广汉语言和中华文化。

中方通过与海外其他国家电视台合作，播出中国自己制作的汉语教学节目，埃及尼罗河电视台是首例。随着节目影响不断扩大，2014 年，埃及尼罗河电视台向孔子学院总部提出正式申请，与北京语言大学合作承办电视孔子课堂。2015 年 5 月，孔子学院总部批准了这一申请。8 月 4 日，埃及尼罗河电视台孔子课堂揭牌。这是海外第一个通过卫星电视形式教授汉语的孔子课堂，它面向 22 个阿拉伯国家的亿万观众。尼罗河电视台孔子课堂以普及汉语和推广中国文化为主题，超越传统的面对面式教学，以其灵活、不受时空限制的特点而广受观众喜爱。

除了电视教学外，节目组还积极以网络为媒介，在社交媒体网站上进行网上补充教学。节目组将每期节目上传至网站，让不能在电视播出时间收看节目的观众也能观看。同时，节目组也定期上传一些在节目中讲到的汉语语言知识和中国文化知识，作为观众的课外阅读素材。

2015年，经中外语言交流合作中心批准，埃及赛区首次举办"汉语桥"非洲地区唯一大区赛。来自开罗大学、爱资哈尔大学、艾因·夏姆斯大学、苏伊士运河大学、哈勒旺大学、法尤姆大学、阿斯旺大学、埃及科技大学、亚历山大法鲁斯大学、开罗高等语言翻译学院10所高校的100余名选手分别在埃及吉萨省、开罗省、伊斯梅利亚省三个分赛区参加预赛。决赛在爱资哈尔大学成功举行，爱资哈尔大学校长、埃及旅游部部长顾问、中国驻埃及大使以及各高校中文系师生、媒体代表等700余人观看了比赛。埃及尼罗河电视台高教频道、《金字塔报》《消息报》、中国国际广播电台、新华社、《人民日报》等10余家中埃媒体对此次比赛进行了采访和报道。[1]

（二）聚焦职业教育合作

2011年中埃开展了共建埃及渔业与水产教学培训中心项目。项目于2011年5月16日正式开工，选址在埃及伊斯梅里亚市苏伊士运河大学，占地面积1.46公顷，用于建设教学与培育中心及实验室大楼、苗种孵化培育车间、饵料培育车间及配套设施等。中国水产科学研究院渔业工程研究所负责本工程各项目的立项和设计工作，于2009—2014年派员9人次赴埃及进行工程技术指导，其中2013年年底派员2名高级工程师赴埃及伊斯梅里亚援苏伊士运河大学渔业项目点与外方协调处理二期遗留问题。目前该培训中心年产鱼苗3 500万尾、虾苗1.5亿尾，有助于埃及提高渔业科研水平

---

[1] 吴思科. 中国和埃及的故事 [M]. 北京：五洲传播出版社，2017：225-226.

和生产能力。

　　2014 年北京信息职业技术学院与埃及 MEK 慈善基金会成功签署了中埃技术合作项目。此项目协议规定每年埃及都会派遣留学生来学院学习，2021年首批 25 名埃及留学生来到中国。学院为这些留学生制定了"1+3"的课程模式，即第一年全身心地学习汉语，后 3 年学习机电一体化技术。[1]2015 年北京信息职业技术学院与埃及 MEK 慈善基金会签署了共建"埃中应用技术学院"协议，规定埃及苏伊士运河大学将为中方学院提供一座专门的大楼，用于建立苏伊士运河大学的分院，在该院将完全以中国的职业教育模式，举办中高级职业技术教育合作项目。2018 年 6 月 21 日"埃中应用技术学院"正式揭牌。

　　2019 年苏伊士运河经济区职业技术培训中心项目在经历了从 2017 年开始的为期 2 年的可行性研究后，终于决定落户泰达合作区扩展区一期 TEDA TOWN 内。泰达合作区作为中埃两国经贸合作的示范性平台，其完善的配套设施及平台资源有利于加快职业技术培训中心建设。该职业技术培训中心预计占地 40 000 平方米，建筑面积约为 7 880 平方米，建设标准将参照中国的高等职业学校，配套教学楼、宿舍、实训室、餐厅及活动场地等，拟开设机械、电力、可再生能源、汽车装配和维修、工业机器人、电子产品设计制作和装配维修、通信网络技术等专业，为埃及特别是苏伊士运河经济区培养实用型专业技术人才。[2]对于埃及而言，该职业技术培训中心项目的落地恰逢其时，目前埃及在经济社会发展过程中对职业技能培训的需求量极大，职业技术培训中心的设立有利于深化中埃产业和教育合作，培养出的技术人才不仅能服务苏伊士运河经济区经济发展，还能帮助当地和在埃投资企业提高生产力。

---

　　[1] 北京青年报. 北京信息职业技术学院：首批埃及留学生举行开学典礼 [EB/OL].（2014-10-13）[2021-08-21]. http://zqb.cyol.com/html/2014-10/13/nw.D110000zgqnb_20141013_7-11.htm.

　　[2] 中国贸易报. 中企助力埃及职业教育发展 [EB/OL].（2019-09-16）[2021-06-25]. https://www.tech.net.cn/news/show-87644.html.

2020 年 11 月 30 日埃及鲁班工坊正式揭牌。埃及鲁班工坊是由天津轻工职业技术学院、天津交通职业学院联合埃及艾因·夏姆斯大学和开罗高级维修技术学校合作建设。其中在艾因·夏姆斯大学建设数控设备应用与维护、新能源应用技术、汽车运用与维修技术三个专业；在开罗高级维修技术学校建设数控加工技术和汽车维修技术两个专业。中方两所院校为埃及培训师资，指导 5 个专业的双语专业标准、课程标准和教材编写，以及初中高级培训大纲的制订。埃及是发展中大国，工业高度集中，产业发展对汽车运用与维修、新能源、数控等专业领域的应用技术人才需求量大。建立鲁班工坊目的是向埃及青年提供职业技能培训，为埃及培养应用技术人才。

二、中埃教育合作的制度保障

目前中国和埃及的教育合作的主要制度保障是"两个文件、一个计划、一个平台"。两个文件指《中华人民共和国和阿拉伯埃及共和国关于加强两国全面战略伙伴关系的五年实施纲要》和《中国—阿拉伯国家合作论坛 2020 年至 2022 年行动执行计划》；一个计划指中非合作论坛下的中非高校"20+20"合作计划；一个平台是指孔子学院平台。

（一）《中华人民共和国和阿拉伯埃及共和国关于加强两国全面战略伙伴关系的五年实施纲要》

2006 年，应时任阿拉伯埃及共和国总理艾哈迈德·纳齐夫邀请，时任中华人民共和国国务院总理温家宝于 2006 年 6 月 17—18 日对阿拉伯埃及共和国进行正式访问。6 月 17 日，温家宝与纳齐夫共同签署了《中华人民共和国和阿拉伯埃及共和国关于加强两国全面战略伙伴关系的五年实施纲要》

（以下简称《纲要》）。

《纲要》第四十至四十二条规定："（四十）双方欢迎通过交换教学大纲、学习计划、教材等发展公共教育的相关材料，交流教育管理制度、文凭制度方面的信息与经验，促进教育领域合作。同时加强互派汉语和阿拉伯语教师方面的合作。（四十一）双方欢迎近年来中埃高校间签署的合作协议，鼓励两国高校、学术机构和院系间保持并加强交流，同时鼓励增加双方奖学金及学术资助金名额、开展合作办学等。中方愿向埃方提供更多理科专业的赴华硕士和博士研究生奖学金名额。（四十二）埃方表示期待吸取中方在教育和高级技术培训等领域的先进经验，包括获得额外的埃及赴华培训学生名额、与中方在应用技术培训领域开展合作等。"[1]

《纲要》是目前中埃教育合作与教育交流的重要指导文件，简而言之，它包含了三个合作方向：能力建设合作，如苏伊士运河大学的水产培训中心、鲁班工坊都是这一方向下的合作；合作办学，如埃及大学向北京语言大学、北京信息职业技术学院派遣留学生，学习中方院校的优势专业；职业技术教育合作，如苏伊士运河经济区职业技术培训中心项目就属于该方向下的合作。

（二）《中国—阿拉伯国家合作论坛 2020 年至 2022 年行动执行计划》

2020 年 8 月中阿合作论坛第九届部长级会议通过了《中国—阿拉伯国家合作论坛 2020 年至 2022 年行动执行计划》（下文简称《计划》）。部长级会议两年举办一次，每次会议都产出未来两年的执行计划。《计划》的第十二条是"教育和科研合作"，其中指出："一、继续加强教育和科研领域合

---

[1] 新华社网站. 中华人民共和国和阿拉伯埃及共和国关于加强两国全面战略伙伴关系的五年实施纲要（全文）[EB/OL]. (2016-01-22) [2021-8-21]. http://www.xinhuanet.com/world/2016-01/22/c_1117855474.htm.

作，鼓励双方教育和研究机构之间的交流，加强并支持中阿高校之间的交流，逐步增加双方包括公派硕士和博士在内的奖学金名额，推动中阿高校积极建立校际联系，鼓励双方高校开展历史文化、科技应用，尤其是在科技的落地和转移领域，以及在纳米科技、生物科技、新能源、农业和食品药品产业等领域的联合科研。二、通过增加奖学金名额、在阿拉伯国家开设孔子学院等方式，支持阿拉伯国家汉语教师的培养计划。实施'中阿翻译联合培养计划'。三、通过举办研讨会、会议、讲座和互换学术、智库刊物、杂志等方式，鼓励中阿双方研究机构间合作。"[1]

（三）中非高校"20+20"合作计划

进入 21 世纪以来，随着中非合作论坛成功举办，中非教育合作也进入了转型期。中非高校"20+20"合作计划正是为了迎合转型期中非教育合作发展而出台的计划。该框架的主要内容包括："中非合作论坛为中非教育合作搭建桥梁；中非政府发挥主体作用，宏观指导 20 对高校建立'一对一'的合作关系；高校之间沟通交流，互相来访，签署协议；依照合作协议，贯彻落实具体的合作项目；相关政府部门核查监督项目的实施，并推动项目的进一步开展。"[2] 埃及是非洲重要的阿拉伯国家，因此诸多教育合作项目也是在该框架下展开的，其中具有代表性的是北京语言大学和苏伊士运河大学的合作项目。2013 年北京语言大学与埃及苏伊士运河大学在教育部"20+20 中非高校合作项目"基础上落实了合作中关于培养模式、培养效果等方面的细节问题，签署了《中国北京语言大学与埃及苏伊士运河大学双学位联合培养项目协议》。

---

[1] 中华人民共和国外交部. 中国—阿拉伯国家合作论坛 2020 年至 2022 年行动执行计划 [EB/OL].（2020-08-10）[2021-06-26]. http://www.chinaarabcf.org/chn/lthyjwx/bzjhywj/djjbzjhy/t1805170.htm.

[2] 李萍萍. 中非高等教育交流与合作研究 [D]. 金华：浙江师范大学，2013：24.

（四）孔子学院平台

孔子学院每年选拔优秀学员 60 余名，给予奖学金，使其获得赴华短、中期语言进修的机会；部分特别优秀的学员，还可以获得赴华汉语本科、硕士、博士学位学习的全额奖学金。

三、中埃教育合作的模式

（一）总模式：政府搭台，高校企业唱戏

从合作主体看，中国高校、企业和埃及高校是双方合作的主体，即"中方高校–埃方高校""中方企业–埃方高校"之间的合作。目前，埃及的开罗大学、亚历山大大学、艾因·夏姆斯大学、苏伊士运河大学、扎加齐格大学、明尼亚大学、本哈大学、开罗美国大学、开罗英国大学和中国的北京大学、北京外国语大学、北京第二外国语学院、北京语言大学、上海外国语大学、上海师范大学、安徽大学、中非泰达投资股份有限公司等签订了交流合作协议，开展了一批合作项目。[1]

从资金来源看，资金主要来自教育部的拨款和中方单位的配套，少部分来自埃及高教部。目前，资助学生的奖学金有两国间教育合作执行计划奖学金和教学机构成员科研任务奖学金、埃及高教部联合监管奖学金、开罗大学、苏伊士运河大学和尼罗河电视台孔子课堂的奖学金、中国省政府奖学金、中国科技部提供给各大科研机构的教育和科研培训奖学金。在中埃两国政府间文化合作执行计划框架下，中方每年给埃及提供 20 个博士学位奖学金名额。

---

[1] 吴思科. 中国和埃及的故事 [M]. 北京：五洲传播出版社，2017：229.

（二）具体合作模式

1．直接校际合作

直接校际合作，顾名思义，就是中国高校直接与埃方高校签署"一对一"的合作协议。从合作主体讲，可以是校级层面合作，也可以是中方高校中的具体机构与埃方高校合作。从人才培养模式看，合作通过互派留学生、共建基地的方式培养人才。目前比较典型的有"北京语言大学–苏伊士运河大学""上海交通大学–埃及中国大学"之间的合作案例。

北京语言大学与苏伊士运河大学的合作属于校级层面合作，兼具互派留学生和共建基地两种培养模式。早在 2008 年北京语言大学就和埃及苏伊士运河大学在中非高校"20+20"计划的框架下签署了合作协议，当时的合作协议仅限于双方互派留学生。2014 年两校的合作上升到共建基地、联合培养人才的层面。双方签署了《中国北京语言大学与埃及苏伊士运河大学合作成立"北语–苏伊士运河学院"（简称"中埃学院"）合作协议》。两校将以合作办学的方式开展国际关系、历史、文博、商业、法学、教育学等专业的教育。

上海交通大学与埃及中国大学的合作属于"下属机构对高校"的合作方式，培养模式仅限于共建基地。2019 年，上海交通大学健康管理与服务创新中心与埃及中国大学署建立埃及中医医院协议，旨在培养埃及中医药人才，邀请埃及医疗人员到中国学习交流，还将在埃及中国大学等学校开设相关课程并派遣中国专家进行授课。

2．"高校–非高校"教育合作

"高校–非高校"模式下的教育合作，合作主体除了高校之外还包括基金会、教育企业等。在高校与基金会合作的模式下，高校主要负责提供教育的人力资源和部分资金，而基金会主要负责融资；基金会可以直接资助学生赴外方合作高校留学，也可以和外方高校共建教育基地。在高校与教育集团合作的模式下，埃及高校和中方教育企业团直接签订合作协议，教育集团负责招生、手续办理，并收取中介费用，而最终的学生录取决定权仍在外方高校。

"高校-基金会"合作模式下北京信息职业技术学院与埃及慈善基金会签署协议，确定了每年向中国派遣 25 名埃及留学生和共建"埃中应用技术学院"的两种培养模式。"高校-教育企业"合作模式下，中教启程（北京）国际教育咨询有限公司与埃及开罗大学、亚历山大大学、苏伊士运河大学、坦塔大学等大学签署了合作协议，代为招收阿拉伯语相关专业的本科、硕士、博士申请人。

3. 政府项目平台下的校际合作

政府项目平台下的校际合作是指中埃两国院校在中国教育部或埃及高教部的项目框架下展开合作。该合作模式下有互派留学生和共建基地两种培养模式。

互派留学生的模式。一般而言，中国教育部每年通过国家留学基金委展开国际区域问题研究及外语高层次人才培养项目，该项目主要针对中国高校阿拉伯语和阿拉伯语语言文学专业的本硕博学生，也包含少量的非外语专业的从事国别区域研究的学生。学生来源主要是北京外国语大学、上海外国语大学、北京大学、北京第二外国语学院、北京语言大学、对外经济贸易大学、天津外国语大学等，此外还有外交部预备干部。外方的合作院校一般为开罗大学和艾因·夏姆斯大学。中国教育部和省政府还会为埃及来华留学生提供中国国家奖学金、省（市）政府奖学金等，接收埃及留学生赴华各高校学习或进修各种专业。

共建基地的模式。该模式是在政府提出明确的合作项目后，中埃有意愿且有能力合作的院校在项目下签署合作协议。其中典型的例子有鲁班工坊项目下的天津轻工职业技术学院、天津交通职业学院与埃及艾因·夏姆斯大学、开罗高级维修技术学校之间的合作。

4．合办孔子学院

孔子学院的合作模式是，中方大学同对象国的大学、中学或企业合办孔子学院、孔子课堂。因此埃及所有的孔子学院／课堂都是中埃双方共建的，属于汉语教育合作。目前埃及共有两所孔子学院：开罗大学孔子学院、苏伊士运河大学孔子学院。

开罗大学孔子学院是埃及建立的第一所孔子学院，由北京大学和埃及开罗大学合办，2008 年 3 月 18 日孔子学院举行开班仪式，进入实质性教学阶段。孔子学院开设了汉语导游强化班，汉语初级班，汉语口语初级班、中级班，HSK 班等。此外，还举办中国文化月、中国诗词朗诵比赛、暑假中国文化之旅夏令营等活动。

苏伊士运河大学孔子学院于 2008 年 4 月 1 日正式揭牌成立，当时由华北电力大学和苏伊士运河大学合作运营，2014 年起改由北京语言大学和苏伊士运河大学合作运营。目前孔院已在哈勒旺大学和泰达苏伊士经贸合作区建立了两个孔子课堂，在埃及英国大学、开罗纳赛尔城、卢克索导游工会和赫尔格达导游工会开办了多个教学点。

第三节 中埃教育合作的案例与思考

一、中埃教育合作的典型案例

（一）鲁班工坊合作项目案例

2020年11月30日，埃及鲁班工坊"云揭牌"启动仪式通过互联网云端技术在中埃两国同时举行。作为非洲鲁班工坊的标杆和样板工程，埃及两个鲁班工坊是天津市在非洲建设的规模最大、专业数量最多的鲁班工坊。

2018年底，由天津轻工职业技术学院与天津交通职业学院联合埃及艾因·夏姆斯大学、开罗高级维修技术学校共建的埃及鲁班工坊启动建设。其中，与艾因·夏姆斯大学共建数控设备应用与维护、新能源应用技术、汽车运用与维修技术3个专业；与开罗高级维修技术学校共建数控加工技术和汽车维修技术2个专业，首次实现了工坊内的中高职有效衔接。

埃及鲁班工坊占地1820平方米，其中，艾因·夏姆斯大学部分约为1200平方米，建有数控设备应用与维护、新能源应用技术、汽车运用与维修技术3个专业实训室；开罗高级维修技术学校部分约为620平方米，建有数控加工技术和汽车维修技术2个专业实训室，1个智能电脑鼠实训区。启动运营后，工坊将致力于为埃及青年提供技术技能培训，为"走出去"的中国企业服务。

目前天津轻工职业技术学院与天津交通职业学院为埃及鲁班工坊一期共投入1300万元的设备。同时，在中埃双方的共同努力下，埃及鲁班工坊已完成了对埃及教师的师资培训和5个建设专业的双语专业标准、课程标准、教材的编写，以及初中高级培训大纲的制订。

鲁班工坊是天津原创并率先主导推动实施的职业教育国际知名品牌。从 2016 年开始，天津已先后在泰国、英国、葡萄牙、吉布提、南非、尼日利亚等 12 个国家建设了鲁班工坊，将优秀的职业教育成果带出国门，与世界分享。[1]

（二）埃中应用技术学院合作案例

埃中应用技术学院（ECCAT，以下简称"埃中学院"）项目是中国与埃及在高等职业教育领域的一项重要合作成果。埃中学院由北京信息职业技术学院（BITC）、埃及苏伊士运河大学（SCU）和埃及慈善基金会（MEK）联合创办，由中国政府提供设备支持、北京信息职业技术学院提供教学资源，帮助埃及学生提升职业技能，以促进埃及经济发展和产业结构转型。学院设于埃及伊斯梅利亚市，于 2018 年 6 月 21 日正式揭牌。

埃中学院的建设和运作以"师训"和"生训"为核心。在学院筹建过程中，第一批 8 名苏伊士运河大学教师先行于 2017 年 5 月 8 日至 6 月 2 日到北京进行为期一个月的专业培训，为实施埃中应用技术学院合作课程教学做准备。2018 年 9 月 5 日至 10 月 3 日，第二批埃及苏伊士运河大学教师也在北京信息职业技术学院顺利完成培训。对埃及教师进行培训是埃中应用技术学院建设过程中的一个重要内容，有利于埃及苏伊士运河大学的教师们了解中国职业教育和北京信息职业技术学院的教学方式与管理模式，为埃中应用技术学院师资培养提供有力支持。

早在 2014 年，北京信息职业技术学院就开始接收埃及留学生。这些学生由埃及慈善基金会选派，综合素质较高，知识理解能力较强，学习积极主动。考虑到埃及学生无汉语基础的实际学情，北京信息职业技术学院在

---

[1] 中国教育新闻网. 埃及鲁班工坊启动运营 [EB/OL]. （2020-12-01）[2021-07-03]. http://m.jyb.cn/rmtzcg/xwy/wzxw/202012/t20201201_378325_wap.html.

留学生入学的第一年先进行系统的汉语教学，再引导学生接触专业汉语。经过一年的学习，埃及学生可参加汉语水平考试（HSK），从第二年开始专业课的学习。

专业课的授课语言、教材、课件等均为汉语，根据学生对汉语掌握情况适当辅之以英语。教师从信息技术学科对学生的知识与技能要求出发，针对埃及学生实训经历不足的弱点，在教学实践中引入大量视听、操作类课程。教师还借助互联网教学平台，综合运用典型案例分析、头脑风暴、任务驱动等教学方法，逐渐探索出一条中埃信息技术领域职业教育合作的新路径。

在考核环节，北京信息职业技术学院借鉴英国商业与技术教育委员会采取的多元化的考核方式，注重过程考核，不但关注学生的知识理解和掌握情况，也重视锻炼学生的实践能力和创新能力。学生在华期间，教师还组织学生前往中国的电子信息类企业（如牡丹集团、华为公司等）观摩见习，使学生更直观地了解中国通信技术产业发展状况。

（三）北京语言大学与苏伊士运河大学全方位合作案例

北京语言大学 2008 年开始同苏伊士运河大学在中非高校"20+20"计划下展开合作。该合作的最大特点是合作模式多样、合作领域多样、合作主体丰富。2008—2014 年两校间的合作框架不断完善，从互派留学生协议扩展到两校合作共建人才培养基地——"北语-苏伊士运河学院"，再到两校共建苏伊士运河大学孔子学院。校际合作模式涵盖了留学生互派、共建教育基地、汉语合作教育，可谓是中埃全方位教育合作。

从多合作模式互相反哺的角度说，两校合建的中埃学院目的是联合培养学生，而苏伊士运河大学孔院交由北京语言大学运营后，随着业务的不断拓展，又给中埃学院的发展添砖加瓦。苏伊士运河大学孔院协助大学建设中文系，并与北京语言大学合作开展"1+2+1"的本科办学项目，即学生第一年在埃及学习，第二年和第三年在北京语言大学学习，第四年再回到埃及完成论文，如学生水平达到双方大学的要求，则可获得两个学位。由于孔子学院合作的拓展，两校合建的中埃学院被赋予了新的职能和使命——埃及汉语人才的学历教育，这使得中埃学院的教学资源被利用的更加充分了，最终形成了以孔院促中埃学院发展、促两校教育合作的格局。

从合作主体丰富的角度来讲，实际上，北语和苏伊士运河大学的合作采用了"1+1+x"的模式，x指其他机构——郭沫若纪念馆。郭沫若是中国著名的文学家，其故居现为郭沫若博物馆。合作项目得到郭沫若纪念馆的支持，对学生了解中国文化、文学有很大的帮助。此外，故居还是一个老北京四合院，到此参观也可以让埃及学生了解北京文化、四合院文化。综上，郭沫若纪念馆是埃及学生学习汉语和中国文化的绝佳基地。

除了参观考察外，郭沫若纪念馆还联合大学开办了演讲比赛等语言竞赛活动。苏伊士运河大学还和纪念馆合作成立相关领域的研究中心，开展深度的学术研究和交流，合作举办学术论坛，出版论文集、译著、专著等。2016年苏大孔院和郭沫若纪念馆合作建立了郭沫若研究中心，2018年和社科院合作举办"郭沫若研究高端论坛"。这一系列合作对海外汉学研究做出了巨大贡献。

在"1+1+x"的模式下，双方合作办学的资金来源也更加广泛。由于郭沫若纪念馆的加盟和资助，埃及学生可获得免费参观的机会。此外，纪念馆协同上级单位社科院资助苏伊士运河大学孔院举办各类学科竞赛和研讨会，切实提高了教育合作质量。

二、中埃教育合作的特点与发展趋势

现阶段的中埃教育合作呈现出以下三个特点。

第一，以职业教育为重心，切实贴合埃方需求。2010 年以后的中埃合作主要聚焦职业教育，这与目前埃及的现实需求息息相关，尤其是 2014 年塞西总统执政后政府在经济建设领域发力，大兴基础设施建设工程，形成了以基建促经济增长的发展模式。因此，埃及需要大量的职业技术人才配合国家经济发展战略实施。而埃及对职业教育与培训的需求正好符合 2006 年两国签订的《中华人民共和国和阿拉伯埃及共和国关于加强两国全面战略伙伴关系的五年实施纲要》第四十二条内容，埃及借鉴中国高级技术培训等领域的先进经验，与中方在应用技术培训领域开展合作。在现实需求和制度保障的双重推进下，中埃职业教育合作蓬勃发展。

第二，从"单纯接收留学生"到"量身打造教学体系"转变。2014 年以前中国高校和埃及高校的合作模式较为传统，一般采取直接接收埃方留学生的方式，根据中方制定的培养方案以英文或中文授课，达到培养目的。中方高校一般将留学生看作一个整体，不区分国籍，因此对埃及留学生的授课内容不一定符合埃及的现实需求，也不一定和学生之前所学内容衔接。2014 年以后，双边教育合作更侧重通过联合建立培养基地的方式，这样的合作模式下，中方与埃方教师合作，为埃及留学生量体裁衣地制定一套符合埃及国情的培养方案，并对埃方师资进行培训，大大提高了合作教育的质量。

第三，第三方单位助力，教育合作内涵更加丰富。目前很多中埃高校的教育合作已经突破了原有的"一对一"模式，发展到"1+1+x"模式，如北京信息技术职业学院在联合培养项目中同牡丹集团、华为公司合作，为学生提供实践的机会；北京语言大学和苏伊士运河大学合作项目邀请郭沫若纪念馆、老舍纪念馆等名人纪念馆加盟丰富了联合培养的文化维度。

　　总而言之，无论是职业教育合作导向、量体裁衣提供有针对性的培养方案还是第三方机构加盟合作办学，都有效地提升了教育合作的针对性、专业性和丰富性，极大地提升了教育合作的质量。中埃教育合作更加倾向于"以合作促援助"，更加注重埃及的实际需求，以高质量的课程和管理体系援助埃及培养经济社会发展所需人才。

结　语

　　通过介绍埃及的国情概况、文化传统、教育历史、学前教育、基础教育、高等教育、职业教育、教师教育、教育政策、教育行政和中埃教育合作与交流等情况，不仅加深了我们对埃及文化和教育的了解，还可以看出：第一，埃及教育是阿拉伯世界与非洲地区的明珠；第二，埃及教育发展与国家发展息息相关；第三，中埃教育合作方兴未艾，未来大有可为。

一、埃及教育：阿拉伯世界与非洲地区的明珠

　　埃及是世界四大文明古国之一，先后经历了法老文明、波斯文明、希腊罗马文明、科普特文明、伊斯兰文明等古老文明的洗礼，后又同西方文明产生了碰撞与交融。埃及一直是阿拉伯世界和非洲的文化和教育中心，从 20 世纪之初开始就为区域各国培养了许多人才。

　　2016 年 2 月 25 日，埃及总统塞西宣布出台中长期发展战略——埃及"2030 愿景"，该愿景强调了教育改革在埃及社会转型中的关键作用，重点提出了教育改革的目标和途径。

　　目前，埃及有中东和北非地区最庞大的教育体系，集学前教育、基础教育、高等教育、职业教育、成人教育、教师教育为一体，兼顾世俗教育和宗教教育。埃及的学前教育是一个相对独立的教育阶段，共包

括两个学年，每年 9 月份开始，次年 6 月份结束。基础教育分为初级和高级两个阶段：初级阶段对应小学和初中，共 9 年；高级阶段则对应高中，共 3 年。高等教育分为大学教育和专科教育两类，学制分别是 3 年或 4 年。职业教育阶段从初中结束后开始，学生可以选择继续升入普通高中或接受职业技术教育，其中职业技术教育按学制分为三年制和五年制的职业技术高中，学生从职业高中毕业后可根据意愿升入职业技术大学。埃及的成人教育内涵丰富，由之前的扫盲教育转型为继续教育，为已经拥有基础学历或已经工作的埃及公民提供再教育和再就业的机会。自 2016 年"2030愿景"出台以来，国家提出了"2030 年埃及无文盲"的口号。埃及的教师教育不仅关注教师的教学技能，同时也关注教师的综合能力与素质的发展、教师的社会地位等。

埃及不断完善的教育政策和教育行政体系是近年来教育质量不断攀升的保障。从教育政策看，2016 年发布的《2030 年高等教育发展国家战略》和 2014 年发布的《2014—2030 年大学前教育战略规划》与 2016 年出台的埃及"2030 愿景"相切合，阐明了埃及各阶段教育在未来的发展方向。从教育行政体系看，埃及中央教育行政与地方教育行政配合紧密，共同出台、执行相关教育法律法规，保证了埃及教育在标准化、专业化、多元化、国际化的道路上不断进取。

二、埃及教育发展与国家发展息息相关

一个国家的教育发展和国家的经济实力密不可分，埃及也不例外。埃及的教育虽然起步早，20 世纪 50 年代开始在阿拉伯国家和非洲国家中处于领先水平，但是在 80 年代以后随着国家经济衰退而没有保持住之前的领先态势。在本书编写的过程中，数据和相关政策文件的收集是一大难点。这

个问题一方面归因于埃及教育系统的信息化、数字化程度不高，很多文件没有电子版，或尚未通过相关机构的网站发布；另一方面归因于数据统计、政策法规和教育体系的建设不完善，可能相关文献本身就不存在。资料收集之难在一定程度上反映了当代埃及教育发展放缓的态势。从中埃教育合作交流看，两国的教育合作自 21 世纪起，逐渐从"互鉴交流"转向"单方援助"，即从过去的通过互派留学生的合作模式转为中国政府援助埃及进行能力建设的合作模式。这从另一个侧面反映了当代埃及的教育发展困境。

教育和经济发展息息相关。近年来埃及的教育发展受制于经济下行下的教育投资不足，而教育投入不足在一定程度上会使经济增长乏力。2012年埃及的政府教育投入在国内生产总值总量中占 3.8%，[1] 低于经合组织国家的平均水平。教育支出直接影响了 GDP 增长关键因素——全要素生产率（Total Factor Productivity，简称 TFP）。因为教育支出每增长 10 个百分点，TFP 年增长率将会上升 2.78 个百分点。[2] 1961—2004 年 TFP 对国内生产总值增长的贡献率仅为 0.9%，这意味着埃及的国内生产总值增长主要依靠有形资产和劳动力投入。[3] 换言之，埃及的 GDP 增长主要是靠汗水换来的，而非技术与智慧。更糟的是，1960—2000 年埃及的 TFP 的增长率是一个负值，也就是说，同等的有形资产和劳动力投入的产出越来越少。TPF 持续下降导致埃及在全球竞争力排名中由 2007 年的第 115 位下滑至 2014 年的第 140 位。

2014 年塞西总统上任后大力发展教育事业，旨在突破埃及经济发展的"智力桎梏"。多年的努力取得了可喜的成果。世界银行最新数据显示 [4]，埃及政府 2020 年在教育行业的投资占 GDP 总值的 6%，2019—2020 年全球竞

[1] 资源来源于世界银行网站。

[2] 缪勒. 公共选择理论 [M]. 3 版. 北京：中国社会科学出版社，2017：593.

[3] IMF. Arab Republic of Egypt: 2014 Article IV Consultation-Staff Report[R]. Washington D. C: IMF, 2015.

[4] 资源来源于世界银行网站。

争力排名也回升至第 120 位，然而埃及国际综合竞争力仍低于它在 2007 年时的水平。此外，2020 年埃及人力资本指数（HC）为 4.9，说明埃及 18 岁的青年只能实现其生产力的 49%。这些数据反映了埃及的教育产出质量仍存在不足，埃及在教育提质发展方面还有很长的路要走。

三、中埃教育合作方兴未艾，未来大有可为

埃及是"一带一路"倡议的重要支点国家。对于"一带一路"建设，习近平主席曾提出，要创新合作模式，加强"五通"，即政策沟通、道路联通、贸易畅通、货币流通、民心相通。中国驻埃及大使馆前教育参赞霍文杰教授就曾表示，"民心相通"应作为"五通"的基础。正如古语所言："国之交在于民相亲，民相亲在于心相通。"文化教育交流在"一带一路"建设中长期愿景中占有不可动摇的地位。

目前，塞西政府大力发展经济，过程中人才短板不断显现，教育系统在一些领域无法为国家经济建设供给对口人才，而中埃之间的教育合作正好能解决这一问题。塞西总统珍视与中国的友好关系，希望借鉴中国各方面的经验，包括教育领域的经验，因此中埃教育合作与交流前景广阔。教育合作不仅能为埃及教育发展注入新的活力，还能培养出一批友华、亲华的埃及栋梁之材，从而达到"双赢"的目的。中埃教育合作是未来埃及教育发展的新途径、新趋势，也是推动共建"一带一路"走深走实的新抓手。

综上，中埃教育合作方兴未艾，大有可为。为使教育合作在未来发展更快，产出更多辉煌的果实，还须注意在以下问题上发力，着力构建"中埃教育共同体"。

第一，制定中埃高校间的教育和科研合作的长期机制。尽管两国签署了不少教育合作协议，但其中有一些没有得到很好的执行。中埃两国教育

部门不妨共同主持建立一个"中国—埃及研究合作项目"，为那些长期从事研究的中埃研究人员成立一个专门的科研基金会，或建设一个培养科研人才的长期机制。在此之前，须把两国已签订的协议切实履行下去。

第二，找到一种培养新型专业人才的新模式。为实现中国"一带一路"倡议和埃及"新苏伊士运河项目"的有效对接，双方应着力培养一批通晓国际规则、拥有国际视野、能参与国际交流的新型专业人才。具体来说，可以采用一种"英语＋阿拉伯语／汉语＋专业"的培养模式，重点培养科技、海运、金融、政治方面的人才。除了利用现有的校际交流（奖助学）项目，还可以借助姊妹城市等平台，或建立新的联合委员会等专职机构去推动。

第三，创新现代职业教育合作模式。加强两国在职业培训、职业教育方面的合作，符合埃及复苏经济、改善就业形势的要求。双方可以创新现代职业教育合作模式，比如共建职业教育学校，提供短期的职业教育和技能培训，以培养一批符合埃及市场要求的技术工人。

第四，加强两国专家学者的合作。培养适应当代国际交流需要的新型人才，须集合两国专家学者、教育科研工作者的力量。成立"中国事务埃及专家协会"和"埃及事务中国专家协会"是很有必要的，这两个协会应囊括一批精通汉语、阿拉伯语、英语和国际规则，通晓国情社情和对方国家文化传统的学者。[1]

第五，从单一合作模式向多元模式转型。很多中埃高校间的合作仅停留在互派留学生层面，但是这样的合作往往效果不佳，可能无疾而终。因此，单纯的互派留学生不利于形成稳定、持久的教育合作机制。应该采用多元模式进行合作，如从互派留学生起步，逐渐转向共建联合培养基地，利用专业的团队建设课程体系和教材体系，创造出一套真正适合外方留学

---

[1] 吴思科. 中国和埃及的故事 [M]. 北京：五洲传播出版社，2017：234-235.

生的教学体系，增加项目的吸引力与含金量。这样一来，合作办学点还可以吸引外方合作院校的自费学生前来学习，最终扩大合作和交流的规模。此外，还可以考虑通过"1+1+x"的模式将与合作领域相关机构或企业纳入合作框架之中，形成"学习＋实践"的培养模式，提高教育合作质量。

参考文献

一、中文文献

安惠侯，等. 丝路新韵——新中国和阿拉伯国家 50 年外交历程 [M]. 北京：世界知识出版社，2006.

本书编写组. 习近平总书记教育重要论述讲义 [M]. 北京：高等教育出版社，2020.

陈逢华，靳乔. 阿尔巴尼亚文化教育研究 [M]. 北京：外语教学与研究出版社，2021.

陈万里，王有勇. 当代埃及社会与文化 [M]. 上海：上海外语教育出版社，2002.

陈建明. 埃及与中东 [M]. 北京：北京大学出版社，2005.

丁俊. 中国阿拉伯语教育史纲 [M]. 北京：中国社会科学出版社，2013.

冯增俊，陈时见，项贤明. 当代比较教育学 [M]. 2 版. 北京：人民教育出版社，2015.

耿艳凤. 论埃及教育 [M]. 长春：吉林教育出版社，2012.

顾明远. 顾明远教育演讲录 [M]. 北京：人民教育出版社，2014.

国家信息中心"一带一路"大数据中心."一带一路"大数据报告（2017）

[M]．北京：商务印书馆，2017.

贺国庆，朱文富，等．外国职业教育通史 [M]．北京：人民教育出版社，2014.

胡善美．非洲的世界文明古国：埃及 [M]．北京：科学普及出版社，1999.

黄雅婷．塔吉克斯坦文化教育研究 [M]．北京：外语教学与研究出版社，2021.

季诚钧，等．埃及高等教育研究 [M]．北京：中国社会科学出版社，2010.

教育部课题组．深入学习习近平关于教育的重要论述 [M]．北京：人民出版社，2019.

李超民．埃及社会保障制度 [M]．上海：上海人民出版社，2011.

李从军．迁徙风暴：城镇化建设启示录 [M]．北京：新华出版社，2013.

李洪峰，崔璨．塞内加尔文化教育研究 [M]．北京：外语教学与研究出版社，2021.

李建忠．战后非洲教育研究 [M]．南昌：江西教育出版社，1996.

李乾正，陈克勤．当今埃及教育概览 [M]．郑州：河南教育出版社．1994.

李振中，白菊民．开罗大学 [M]．长沙：湖南教育出版社，1993.

刘辰，孟炳君．阿联酋文化教育研究 [M]．北京：外语教学与研究出版社，2021.

刘迪南，黄莹．蒙古国文化教育研究 [M]．北京：外语教学与研究出版社，2021.

刘捷．教育的追问与求索 [M]．北京：人民出版社，2021.

刘捷．专业化：挑战 21 世纪的教师 [M]．北京：教育科学出版社，2002.

刘进，张志强，孔繁盛．"一带一路"高等教育研究（2019）：国际化展望 [M]．北京：北京理工大学出版社，2020.

刘生全．教育成层研究 [M]．北京：教育科学出版社，2011.

刘欣路，董琦．约旦文化教育研究 [M]．北京：外语教学与研究出版社，2021.

卢梭．社会契约论 [M]．何兆武，译．上海：商务印书馆，2005.

卢晓中. 比较教育学 [M]. 北京：人民教育出版社，2020.

陆有铨. 教育的哲思与审视 [M]. 北京：人民教育出版社，2016.

马克思，恩格斯. 马克思恩格斯全集：第 3 卷 [M]. 北京：人民出版社，1972.

马克思，恩格斯. 马克思恩格斯全集：第 9 卷 [M]. 北京：人民出版社，1961.

南开大学历史系. 中国和阿拉伯人民的友好关系 [M]. 保定：河北人民出版社，1958.

秦惠民，王名扬. 高等教育与家庭流动 [M]. 北京：科学出版社，2019.

秦惠民. 教育法治与大学治理 [M]. 北京：人民出版社，2021.

瞿葆奎. 教育学文集：第 24 卷 [M]. 北京：人民教育出版社，1991.

任钟印. 东西方教育的覃思 [M]. 北京：人民教育出版社，2017.

邵瑞珍. 学与教的心理学 [M]. 上海：华东师范大学出版社，1990.

时延春. 中国驻中东大使话中东——埃及 [M]. 世界知识出版社，2012.

石筠弢. 学前教育课程论 [M]. 2 版. 北京：北京师范大学出版社，2014.

孙有中. 跨文化研究论丛 [M]. 北京：外语教学与研究出版社，2019.

滕大春. 教育史研究与教育规律探索 [M]. 北京：人民教育出版社，2019.

宛耀宾. 中国伊斯兰百科全书 [M]. 成都：四川辞书出版社，1994.

王承绪，顾明远. 比较教育 [M]. 5 版. 北京：人民教育出版社，2015.

王定华，秦惠民. 北外教育评论：第 2 辑 [M]. 北京：外语教学与研究出版社，2021.

王定华，杨丹. 人类命运的回响——中国共产党外语教育 100 年 [M]. 北京：外语教学与研究出版社，2021.

王定华. 教育路上行与思 [M]. 北京：人民出版社，2020.

王定华. 美国高等教育：观察与研究 [M]. 2 版. 北京：人民教育出版社，2021.

王定华. 美国基础教育：观察与研究 [M]. 2 版. 北京：人民教育出版社，2021.

王定华. 新时代高品质学校建设方略 [M]. 长春：东北师范大学出版社，2019.

王定华. 中国基础教育：观察与研究 [M]. 北京：人民教育出版社，2021.

王定华. 中国教师教育：观察与研究 [M]. 北京：人民教育出版社，2020.

王海利. 埃及通史 [M]. 上海：上海社会科学院出版社，2014.

王吉会，车迪. 刚果（布）文化教育研究 [M]. 北京：外语教学与研究出版社，2021.

王晶，刘冰洁. 摩洛哥文化教育研究 [M]. 北京：外语教学与研究出版社，2021.

王名扬. 美国公立研究型大学内部质量改进的实证研究 [M]. 北京：中国社会科学出版社，2020.

吴宝国，陈冬云，王岚. 埃及 [M]. 重庆：重庆出版社，2004.

吴式颖，李明德. 外国教育史教程 [M]. 3 版. 北京：人民教育出版社，2015.

吴式颖. 外国现代教育史 [M]. 北京：人民教育出版社，1997.

吴思科. 中国和埃及的故事 [M]. 北京：五洲传播出版社，2017.

习近平. 论坚持推动构建人类命运共同体 [M]. 北京：中央文献出版社，2018.

习近平. 习近平谈"一带一路"[M]. 北京：中央文献出版社，2018.

谢维和. 我的教育觉悟 [M]. 北京：人民教育出版社，2016.

许林根，杨灏城. 埃及 [M]. 北京：社会科学文献出版社，2006.

杨汉清. 比较教育学 [M]. 3 版. 北京：人民教育出版社，2015.

杨鲁新，王乐凡. 北马其顿文化教育研究 [M]. 北京：外语教学与研究出版社，2021.

苑大勇. 国际高等教育协同创新与人才培养比较研究 [M]. 北京：知识产权出版社，2020.

张方方，李丛. 安哥拉文化教育研究 [M]. 北京：外语教学与研究出版社，2021.

张弘，陈春侠. 乌克兰文化教育研究 [M]. 北京：外语教学与研究出版社，2021.

郑通涛，方环海，陈荣岚."一带一路"视角下的教育发展研究 [M]. 广州：世界图书出版广东有限公司，2017.

中国伊斯兰百科全书编辑委员会. 中国伊斯兰百科全书 [M]. 成都：四川辞书出版社，1994.

仲跻昆. 阿拉伯文学史：第 4 卷 [M]. 北京：北京大学出版社，2020.

朱睿智，杨傲然. 莫桑比克文化教育研究 [M]. 北京：外语教学与研究出版社，2021.

朱金平. 穆巴拉克传 [M]. 北京：东方出版社，1998.

主流. 实用公民出国旅游常识 [M]. 成都：成都时代出版社，2016.

二、英文文献

Al-ASWANY A. On the state of Egypt[M]. New York: Vintage Books, 2011.

DIANA C. Globalization impact on education reform in Egypt[M]. European University Institute Working Papers. Florence: Robert Schuman Centre for Advanced Studies, 2010.

ERLICH H. Students and university in 20th century Egyptian politics[M]. London: Frank Cass, 1989.

EUROPEAN TRAINING FOUNDATION. Egypt[R]. Turin: Torino Process, 2014.

GUERVIELLE A. New Egypt[M]. New Jersey: Gorgias Press, 2002.

HARBY MK, EL-AZZAWI ME. Education in the United Arab Republic in the twentieth century[M]. Cairo: Ministry of Education, 1960.

HOPWOOD D. Egypt: politics and society 1945-1990[M]. London: Oxford

University Press, 1993.

HYDE G. Education in modern Egypt: ideals and realities[M]. London: Routledge & Kegan Paul Ltd, 1978.

JUDITH C. Education in Egypt[M]. London: Croom Helm, 1986.

LIPPMAN W. Egypt after Nasser[M]. New York: Paragon House, 1989.

RADWAN A. Old and new forces in Egyptian education[M]. New York: Bureau of Publications, Teachers College, Columbia University, 1951.

ROERT W. ZAMAN M. Schooling Islam: the culture and politics of modern Muslim education[M]. Princeton: Princeton University Press, 2007.

SIKA MN. Educational reform in Egyptian primary schools since the 1990s: a study of the political values and behavior of sixth grade students[M]. N.Y: Edwin Mellen Press, 2010.

WEST J, HEARNS C. Hello! English for primary schools[M]. Cairo: Egyptian International Publishing Company–Longman,1993.

WICKHAM C. Mobilizing Islam: religion activism and political change in Egypt[M]. Columbia: Columbia University Press, 2002.

ZAALOUK M. The pedagogy of empowerment: community schools as a social movement in Egypt[M]. Cairo: The American University in Cairo Press, 2004.

三、阿文文献

أحمد عبد الوهاب. الإنفاق على قطاع التعليم: بين مطالب الشارع المصري والتطبيق[M]. القاهرة: المركز المصري لدراسات السياسات العامة، عام 2018.

رفاعة الطهطاوي. المرشد الأمين للبنات والبنين في القرن الواحد والعشري[M]. القاهرة: دار الكتاب المصري، عام 2012.

بيومي، كمال حسني. تحليل السياسات التربوية وتخطيط التعليم المفاهيم والمداخل والتطبيقات[M]. عمان: دار الفكر العربي، عام 2009.

محمود فهمي حجاز. أصول الفكر العربي الحديث عند رفاعة الطهطاوي[M]. القاهرة: دار الفكر العربي، عام 1973.

وزارة التربية والتعليم. مبارك والتعليم: المشروع القومي لتطوير التعليم، سطور مضيئة لإنجازات رئيس مستنير وآمال متجددة وطموحات واعدة في ولاية جديدة[M]. القاهرة: وزارة التربية والتعليم، عام 1999.